陽明全集

四部備要

子部

中華書局據明謝氏刻本校刊

桐鄉　陸費逵　總勘
杭縣　高時顯　吳汝霖　輯校
杭縣　丁輔之　監造

文錄五 雜著

書汪汝成格物卷 癸酉

予於汝成格物致知之說博文約禮之說博學篤行之說一貫忠恕之說蓋不獨一論再論五六論數十論不止矣汝成於吾言始而駭以拂既而疑焉又既而大疑焉又既而稍釋焉而稍喜焉而又疑焉最後與予遊於玉泉蓋論之連日夜而始快然以釋油然以喜冥然以契不知予言之非汝成也不知汝成之言非予言也於戲若汝成可謂不苟同於予亦非苟異於予者矣卷首汝成之請蓋其時尚有疑於予今既釋然予可以無言也已敘其所以而歸之

書石川卷 甲戌

先儒之學得有淺深則其爲言亦不能無同異學者惟當反之於心不必苟求其同亦不必故求其異要在於是而已今學者於先儒之說苟有未合不妨致思思之而終有不同固亦未爲甚害但不當因此而遂加非毀則其爲罪大矣

同志中往往似有此病故特及之程先生云賢且學他是處未須論他不是處此言最可以自警　見賢思齊焉見不賢而內自省則不至於責人已甚而自治嚴矣　議論好勝亦是今時學者大病今學者於道如管中窺天少有所見即自足自是傲然居之不疑與人言論不待其辭之終而已先懷輕忽非笑之意訑訑之聲音顏色拒人於千里之外不知有道者從傍視之方爲之疏息汗顏若無所容而彼悍然不顧略無省覺斯亦可哀也已近時同輩中往往亦有是病者相見時可出此以警勵之　某之於道雖亦略有所見未敢盡以爲是也其於後儒之說雖亦時有異同未敢盡以爲非也朋友之來問者皆相愛者也何敢以不盡吾所見正期體之於心務期真有所見其孰是孰非而身發明之庶有益於斯道也若徒入耳出口互相標立門戶以爲能學則非某之初心其所以見罪之者至矣近聞同志中亦有類此者切須戒勉乃爲無負孔子云默而識之學而不厭斯乃深望於同志者也

與傅生鳳　甲戌

祁生傳鳳志在養親而苦於貧徐曰仁之爲祁也憫其志嘗育而教之及曰仁去祁生乃來京師謁予遂從予而南聞予言若有省將從事於學然痛其親之貧且老其繼母弟又瞽而愚無所資以爲養乃記誦訓詁學文辭冀以是干升斗之祿日夜不息遂以是得危疾幾不可救同門之士百計寬譬之不能已乃以質於予予曰嘻若生者亦誠可憐者也生之志誠出於孝親然已陷於不孝而不之覺矣若生者亦誠可憐者也生聞之悚然來問曰家貧親老而不爲祿仕得爲孝乎予曰不得爲孝矣欲求祿仕而至於成疾以殞其軀得爲孝乎生曰不得爲孝矣殞其軀而欲讀書學文以求祿仕祿仕可得乎生曰不可得祿仕矣曰然則爾何以能免於不孝於是泫然泣下甚悔且曰鳳何如而可以免於不孝予曰保爾精毋絕爾生正爾情毋辱爾親盡爾職毋以得失爲爾惕安爾命毋以外物戕爾性斯可以免矣其父聞其疾危來視遂欲攜之同歸予憐鳳之志而不能成也哀鳳之貧而不能賑也憫鳳之去而不能留也臨別書此遺之

書王天宇卷　甲戌

徐曰仁數爲予言天宇之爲人予既知之矣今年春始與相見於姑蘇話通宵益信曰仁之言天宇誠忠信者也才敏而沈潛者也於是乎慨然有志於聖賢之學非豪傑之士能然哉出茲卷請予言予不敢虛則爲誦古人之言曰聖誠而已矣君子之學以誠身格物致知者立誠之功也譬之植焉誠其根也格致其培壅而灌溉之者也後之言格致者或異於是矣不以植根而徒培壅焉灌漑焉敝精勞力而不知其終何所成矣是故聞日博而心日外識益廣而僞益增涉獵考究之愈詳而所以緣飾其奸者愈深以甚是其爲弊亦既可覩矣顧猶泥其說而莫之察也獨何歟今之君子或疑予言之爲禪矣或疑予言之求異矣然吾不敢茍避其說而内以誣於己外以誣於人也非吾天宇之高明其孰與信之

書王嘉秀請益卷　甲戌

仁者以天地萬物爲一體莫非己也故曰己欲立而立人己欲達而達人古之

人所以能見人之善若己有之見人之不善則惻然若己推而納諸溝中者亦仁而已矣今見善而妬其勝己見不善而疾視輕蔑不復比數者無乃自陷於不仁之甚而弗之覺者邪夫可欲之謂善人之秉彝好是懿德故凡見惡於人者必其在己有未善也瑞鳳祥麟人爭快覩虎狼蛇蝎見者持挺刃而向之矣夫虎狼蛇蝎未必有害人之心而見之必惡爲其有虎狼蛇蝎之形也今之見惡於人者雖其自取未必盡惡無亦在外者猶有惡之形歟此不可以不自省也

君子之學爲己之學也爲己故必克己克己則無己無己者無我也世之學者執其自私自利之心而自任以爲爲己漭焉入於隳墮斷滅之中而自任以爲無我者吾見亦多矣嗚呼自以爲有志聖人之學乃墮於末世佛老邪僻之見而弗覺亦可哀也夫有一言而可以終身行之者其恕乎強恕而行求仁莫近焉恕之一言最學者所喫緊其在吾子則猶對病之良藥宜時時勤服之也見賢思齊焉見不賢而內自省夫能見不賢而內自省則躬自厚而薄責於人矣此遠怨之道也

書孟源卷　乙亥

聖賢之學坦如大路但知所從入苟循循而進各隨分量皆有所至後學厭常喜異往往時入斷蹊曲徑用力愈勞去道愈遠向在滁陽論學亦懲末俗卑污未免專就高明一路開導引接蓋矯枉救偏以拯時弊不得不然若終迷陋習者已無所責其間亦多興起感發之士一時趨向皆有可喜近來又復漸流空虛爲脫落新奇之論使人聞之甚爲足憂雖其人品高下若與終迷陋習者亦微有間然究其歸極相去能幾何哉孟源伯生復來金陵請益察其意向不爲無進而說談之弊亦或未免故因其歸而告之以此遂使歸告同志務相勉於平實簡易之道庶無負相期云耳

書楊思元卷　乙亥

楊生思元自廣來學既而告歸曰夫子之教思元既略聞之懼不克任請所以砭其疾者而書諸紳予曰子強明者也警敏者也強明者病於矜高是故亢而不能下警敏者病於淺陋是故浮而不能實砭子之疾其謙默乎謙則虛虛則

無不容是故受而不溢德斯聚矣默則愼愼則無不密是故積而愈堅誠斯立矣彼少得而自盈者不知謙者也少見而自衒者不知默者也自盈者吾必惡之自衒者吾必恥之而人有不我惡者乎有不吾恥者乎故君子之觀人而必自省也其謙默乎

書玄默卷 乙亥

玄默志於道矣而猶有詩文之好何耶弈小技也不專心致志則不得況君子之求道而可分情於他好乎孔子曰辭達而已矣蓋世之爲辭章者莫不以是藉其口亦獨不曰有德者必有言有言者不必有德乎德猶根也言猶枝葉也根之不植而徒以枝葉爲者吾未見其能生也予別玄默久友朋得玄默所爲詩者見其辭藻日益以進其在玄默固所爲根盛而枝葉茂者耶玄默過留都示予以斯卷書此而遺之玄默尙有以告我矣

書顧維賢卷 辛巳

維賢以予將遠去持此卷求書警戒之辭只此警戒二字便是予所最丁寧者

今時朋友大患不能立志是以因循懈弛散漫度日若立志則警戒之意當自有不容已故警戒者立志之輔能警戒則學問思辯之功切磋琢磨之益將日新又新沛然莫之能禦矣程先生云學者爲氣所勝習所奪只好責志又云凡爲詩文亦喪志又言且省外事但明乎善惟盡誠心其文章雖不中不遠矣所守不約泛濫無功學問之道四書中備矣後儒之論未免互有得失其得者不能出於四書之外失者遂有毫釐千里之謬故莫如專求之四書四書之言簡實苟以忠信進德之心求之亦自明白易見與不善人居如入鮑魚之肆久而不覺其臭則與之俱化孔子大聖尚賴三益之資致三損之戒吾儕從事於學顧隨俗同汙不思輔仁之友欲求致道恐無是理矣非笑詆毀聖賢所不免伊川有涪州之行孔子尚微服過宋今日風俗益偷人心日以淪溺苟欲自立違俗拂衆指摘非笑紛然而起勢所必至亦多由所養未深高自標榜所致學者便不當自立門戶以招謗速毀亦不當故避非毀同流合汚維賢溫雅朋友中最爲難得似非微失之弱恐詆笑之來不能無動纔爲所動卽依阿隱忍久將

淪胥以溺每到此便須反身痛自切責爲己之志未能堅定亦便志氣激昂奮發但知明己之善立己之誠以求快足乎己豈暇顧人非笑指摘故學者只須責自家爲己之志未能堅定志苟堅定則非笑詆毀不足動搖反皆爲砥礪切磋之地矣今時人多言人之非毀亦當顧恤此皆隨俗習非之久相沿其說莫知以爲非不知裏許盡是私意爲害不小不可以不察也

壁帖 壬午

守仁鄙劣無所知識且在憂病奄奄中故凡四方同志之辱臨者皆不敢相見或不得已而相見亦不敢有所論說各請歸而求諸孔孟之訓可矣夫孔孟之訓昭如日月凡支離決裂似是而非者皆異說也有志於聖人之學者外孔孟之訓而他求是舍日月之明而希光於螢爝之微也不亦繆乎不負遠來之情聊此以謝荒迷不次

書王一爲卷 癸未

王生一爲自惠負笈來學居數月皆隨衆參謁默然未嘗有所請視其色津津

若有所喜然一日衆皆退乃獨復入堂下而請曰致知之訓千聖不傳之祕也一爲既領之矣敢請益予曰千丈之木起於膚寸之萌芽子謂膚寸之外無所益歟則何以至於千丈子謂膚寸之外有所益歟則膚寸之外子將何以益之一爲躍然起拜曰聞教矣又三月思其母老於家告歸省視因書以與之

書朱守諧卷 甲申

守諧問爲學予曰立志而已問立志予曰爲學而已守諧未達予曰人之學爲聖人也非有必爲聖人之志雖欲爲學誰爲學有其志矣而不日用其力以爲之雖欲立志亦烏在其爲志乎故立志者爲學之心也爲學者立志之事也譬之弈焉弈者其事也專心致志者其心一也以爲鴻鵠將至者其心二也惟弈秋之爲聽其事專也思援弓繳而射之其事分也守諧曰人之言曰知之未至行之不力予未有知也何以能行乎予曰是非之心知也人皆有之子無患其無知惟患不肯知耳無患其知之未至惟患不致其知耳故曰知之非艱行之惟艱今執途之人而告之以凡爲仁義之事彼皆能知其爲善也告之以凡爲

不仁不義之事彼皆能知其爲不善也途之人皆能知之而子有弗知乎如知其爲善也致其知爲善之知而必爲之則知至矣如知其爲不善也致其知爲不善之知而必不爲之則知至矣知猶水也人心之無不知猶水之無不就下也決而行之無有不就下者決而行之者致知之謂也此吾所謂知行合一者也吾子疑吾言乎夫道一而已矣

書諸陽卷　甲申

妻姪諸陽伯復請學既告之以格物致知之說矣他日復請曰致知者致吾心之良知也是既聞教矣然天下事物之理無窮果惟致吾之良知而可盡乎抑尚有所求於其外也乎復告之曰心之體性也性卽理也天下寧有心外之性寧有性外之理乎寧有理外之心乎外心以求理此告子義外之說也理也者心之條理也是理也發之於親則爲孝發之於君則爲忠發之於朋友則爲信千變萬化至不可窮竭而莫非發於吾之一心故謂端莊靜一爲養心而以學問思辯爲窮理者析心與理而爲二矣若吾之說則端莊靜一亦所以窮理而

學問思辯亦所以養心非謂養心之時無有所謂理而窮理之時無有所謂心也此古人之學所以知行並進而收合一之功後世之學所以分知行爲先後而不免於支離之病者也曰然則朱子所謂如何而爲温清之節如何而爲奉養之宜者非致知之功乎曰是所謂知矣而未可以爲致知也知其如何而爲温清之節則必實致其温清之功而後吾之知始至知其如何而爲奉養之宜則必實致其奉養之力而後吾之知始至如是乃可以爲致知耳若但空然知之爲如何温清奉養而遂謂之致知則孰非致知者耶易曰知至至之知至者知也至之者致知也此孔門不易之教百世以俟聖人而不惑者也

書張思欽卷　乙酉

三原張思欽元相將葬其親卜有日矣南走數千里而來請銘於予予之不爲文也久矣辭之固而請弗已則與之坐而問曰子之乞銘於我也將以圖不朽於其親也則亦寧非孝子之心乎雖然子以爲孝子之圖不朽於其親也盡於是而已乎將猶有進於是者也夫圖之於人也則曷若圖之於子乎傳之於其

人之口也則曷若傳之於其子之身乎故子爲賢人也則其父爲賢人之父矣子爲聖人也則其父爲聖人之父矣其與托之於人之言也孰愈夫叔梁紇之名至今爲不朽矣則亦以仲尼之爲子耶抑亦以他人爲之銘耶思欽蹙然而起稽顙而後拜曰元相非至於夫子之門則幾失所以圖不朽於其親者矣明日入而問聖人之學則語以格致之說焉求格致之要則語之以良知之說焉思欽躍然而起拜而復稽曰元相苟非至於夫子之門則尚未知有其心又何以圖不朽於其親乎請歸葬吾親而來卒業於夫子之門則庶幾其不朽之圖矣

書中天閣勉諸生

雖有天下易生之物一日暴之十日寒之未有能生者也承諸君之不鄙每予來歸咸集於此以問學爲事甚盛意也然不能旬日之留而旬日之間又不過三四會一别之後輒復離羣索居不相見者動經年歲然則豈惟十日之寒而已乎若是而求萌蘖之暢茂條達不可得矣故予切望諸君勿以予之去留爲

聚散或五六日八九日雖有俗事相妨亦須破冗一會於此務在誘掖獎勸砥礪切磋使道德仁義之習日親日近則世利紛華之染亦日遠日疏所謂相觀而善百工居肆以成其事者也相會之時尤須虛心遜志相親相敬大抵朋友之交以相下爲益或議論未合要在從容涵育相感以誠不得動氣求勝長傲遂非務在默而成之不言而信其或矜己之長攻人之短粗心浮氣矯以沽名訐以爲直挾勝心而行憤嫉以圮族敗羣爲志則雖日講時習於此亦無益矣諸君念之念之

書朱守乾卷　乙酉

黃州朱生守乾請學而歸爲書致良知三字夫良知者即所謂是非之心人皆有之不待學而有不待慮而得者也人孰無是良知乎獨有不能致之耳自聖人以至於凡人自一人之心以達於四海之遠自千古之前以至於萬代之後無有不同是良知也者是所謂天下之大本也致是良知而行則所謂天下之達道也天地以位萬物以育將富貴貧賤患難夷狄無所入而弗自得也矣

書正憲扇　乙酉

今人病痛大段只是傲千罪百惡皆從傲上來傲則自高自是不肯屈下人故爲子而傲必不能孝爲弟而傲必不能弟爲臣而傲必不能忠象之不仁丹朱之不肖皆只是一傲字便結果了一生做箇極惡大罪的人更無解救得處汝曹爲學先要除此病根方纔有地步可進傲之反爲謙謙字便是對症之藥非但是外貌卑遜須是中心恭敬撙節退讓常見自己不是真能虛己受人故爲子而謙斯能孝爲弟而謙斯能弟爲臣而謙斯能忠堯舜之聖只是謙到至誠處便是允恭克讓温恭允塞也汝曹勉之敬之其毋若伯魯之簡哉

書魏師孟卷　乙酉

心之良知是謂聖聖人之學惟是致此良知而已自然而致之者聖人也勉然而致之者賢人也自蔽自昧而不肯致之者愚不肖者也愚不肖者雖其蔽昧之極良知又未嘗不存也苟能致之卽與聖人無異矣此良知所以爲聖愚之同具而人皆可以爲堯舜者以此也是故致良知之外無學矣自孔孟既沒此

學失傳幾千百年賴天之靈偶復有見誠千古之一快百世以俟聖人而不惑者也每以啓夫同志無不躍然以喜者此亦可以驗夫良知之同然矣間有聽之而疑者則是支離之習沒溺既久先橫不信之心而然使能姑置其舊見而平氣以繹吾說蓋亦未有不幡然而悔悟者也南昌魏氏兄弟舊學於予既皆有得於良知之說矣其季良貴師孟因其諸兄而來請其資稟甚穎而意向甚篤然以偕計北上不得久從於此吾雖略以言之而未能悉也故特書此以遺之

書朱子禮卷 甲申

子禮爲諸暨宰問政陽明子與之言學而不及政子禮退而省其身懲己之忿而因以得民之所惡也窒己之慾而因以得民之所好也舍己之利而因以得民之所趨也惕己之易而因以得民之所忽也去己之蠹而因以得民之所患也明己之性而因以得民之所同也三月而政舉嘆曰吾乃今知學之可以爲政也已他日又見而問學陽明子與之言政而不及學子禮退而修其職平民

之所惡而因以懲己之忿也從民之所好而因以窒己之慾也順民之所趨而因以舍己之利也警民之所忽而因以惕己之易也拯民之所患而因以去己之蠹也復民之所同而因以明己之性也朞年而化行嘆曰吾乃今知政之可以為學也已他日又見而問政與學之要陽明子曰明德親民一也古之人明明德以親其民親民所以明其明德也是故明明德體也親民用也而止至善其要矣子禮退而求至善之說炯然見其良知焉曰吾乃今知學所以為政而政所以為學皆不外乎良知焉信乎止至善其要也矣

書林司訓卷 丙戌

林司訓年七十九矣走數千里謁予於越予憫其既老且貧媿無以為濟也嗟乎昔王道之大行也分田制祿四民皆有定制壯者修其孝弟忠信老者衣帛食肉不負戴於道路死徙無出鄉出入相友疾病相扶持烏有耄耋之年而猶走衣食於道路者乎周衰而王迹熄民始有無恆產者然其時聖學尚明士雖貧困猶有固窮之節里閭族黨猶知有相恤之義逮其後世功利之說日浸以

盛不復知有明德親民之實士皆巧文博詞以飾詐相規以僞相軋以利外冠裳而內禽獸而猶或自以爲從事於聖賢之學如是而欲挽而復之三代嗚呼其難哉吾爲此懼揭知行合一之說訂致知格物之謬思有以正人心息邪說以求明先聖之學庶幾君子聞大道之要小人蒙至治之澤而嘵嘵者皆視以爲狂惑喪心詆笑訾怒予亦不自知其力之不足日擠於顛危莫之救以死而不顧也不亦悲夫予過彭澤時嘗憫林之窮使邑令延爲社學師至是又失其業於歸也不能有所資給聊書此以遺之

書黃夢星卷　丁亥

潮有處士黃翁保號坦夫者其子夢星來越從予學越去潮數千里夢星居數月輒一告歸省其父去二三月輒復來如是者屢屢夢星質性温然善人也而甚孝然稟氣差弱若不任於勞者竊怪其乃不憚道途之阻遠而勤苦無已也因謂之曰生既聞吾說可以家居養親而從事矣奚必往來跋涉若是乎夢星跽而言曰吾父生長海濱知慕聖賢之道而無所從求入既乃獲見吾鄉之薛

楊諸子者得夫子之學與聞其說而樂之乃以責夢星曰吾衰矣吾不希汝業舉以干祿汝但能若數子者一聞夫子之道焉吾雖啜粥飲水死塡溝壑無不足也矣夢星是以不遠數千里而來從每歸省求爲三月之留以奉菽水不許則求爲踰月之留亦不許居未旬日卽已具資糧戒童僕促之啓行夢星涕泣以請則責之曰唉兒女子欲以是爲孝我乎不能黃鵠千里而思爲翼下之雛徒使吾心益自苦故亟遊夫子之門者固夢星之本心然不能久留於親側而倏往倏來吾父之命不敢違也予曰賢哉處士之爲父孝哉夢星之爲子也勉之哉卒成乃父之志斯可矣今年四月上旬其家忽使人來訃云處士沒矣嗚呼惜哉嗚呼惜哉聖賢之學其久見棄於世也不啻如土苴苟有言論及之則衆共非笑詆斥以爲怪物惟世之號稱賢士大夫者乃始或有以之而相講究然至考其立身行己之實與其平日家庭之閒所以訓督期望其子孫者則又未嘗不汲汲焉惟功利之爲務而所謂聖賢之學者則徒以資其談論粉飾文具於其外如是者常十而八九矣求其誠心一志實以聖賢之學督教其子如

處士者可多得乎而今亡矣豈不惜哉豈不惜哉阻遠無由往哭遥寄一奠以
致吾傷悼之懷而敘其遺子來學之故若此以風勵夫世之爲父兄者亦因以
益勵夢星使之務底於有成以無忘乃父之志

王文成公全書卷之八

王文成公全書卷之九

別錄一　奏疏

陳言邊務疏 弘治十二年時進士

邇者竊見　皇上以彗星之變警戒修省又以虜寇猖獗命將出師　宵旰憂勤不遑寧處此誠　聖主遇災能警臨事而懼之盛心也當茲多故主憂臣辱孰敢愛其死況有一二之見而忍不以上聞耶臣愚以爲今之大患在於爲大臣者外託愼重老成之名而內爲固祿希寵之計爲左右者內挾交蟠蔽壅之資而外肆招權納賄之惡習以成俗互相爲奸憂世者謂之迂狂進言者目以浮躁沮抑正大剛直之氣而養成怯懦因循之風故其衰耗頹塌將至於不可支持而不自覺今幸上天仁愛適有邊陲之患是憂慮警省易轅改轍之機也此在　陛下必宜自有所以痛革弊源懲艾而振作之者矣新進小臣何敢僭聞其事以干出位之誅至於軍情之利害事機之得失苟有所見是固芻蕘之所可進卒伍之所得言者也臣亦何爲而不可之有雖其所陳未必盡合時論

然私心竊以爲必宜如此則又不可以苟避乖剌而遂已於言也謹陳便宜八
事以備採擇一曰蓄材以備急二曰舍短以用長三曰節師以省費四曰屯田
以足食五曰行法以振威六曰敷恩以激怒七曰捐小以全大八曰嚴守以乘
弊何謂蓄材以備急臣惟將者三軍之所恃以動得其人則克以勝非其人則
敗以亡其可以不豫蓄哉今者邊方小寇曾未足以辱偏裨而　朝廷會議推
舉固已倉皇失措不得已而思其次一二人之外曾無可以繼之者矣如是而
求其克敵致勝其將何恃而能乎夫以南宋之偏安猶且宗澤岳飛韓世忠劉
錡之徒以爲之將李綱之徒以爲之相尚不能止金人之衝突今以一統之大
求其任事如數子者曾未見有一人萬一如虜寇長驅而入不知　陛下之臣孰
可使以禦之若之何其猶不寒心而早圖之也臣愚以爲今之武舉僅可以得
騎射搏擊之士而不足以收韜略統馭之才今公侯之家雖有教讀之設不過
虛應故事而實無所裨益誠使公侯之子皆聚之一所擇文武兼濟之才如今
之提學之職者一人以教育之習之以書史騎射授之以韜略謀猷又於武學

生之內歲升其超異者於此使之相與磨礱砥礪日稽月考別其才否比年而
校試三年而選舉至於兵部自尚書以下其兩侍郎使之每歲更迭巡邊於科
道部屬之內擇其通變特達者二三人以從因使之得以周知道里之遠近邊
關之要害虜情之虛實事勢之緩急無不深諳熟察於平日則一旦有急所以
遙度而往莅之者不慮無其人矣孟軻有云苟爲不畜終身不得臣願自今畜
之也何謂舍短以用長臣惟人之才能自非聖賢有所長必有所短有所明必
有所蔽而人之常情亦必有所懲於前而後有所警於後吳起殺妻忍人也而
稱名將陳平受金貪夫也而稱謀臣管仲被囚而建霸孟明三北而成功顧上
之所以駕馭而鼓動之者何如耳故曰用人之仁去其貪用人之智去其詐用
人之勇去其怒夫求才於倉卒艱難之際而必欲拘於規矩繩墨之中吾知其
必不克矣臣嘗閱諸道路之言曩者邊關將士以驍勇強悍稱者多以過失罪
名擯棄於閑散之地夫有過失罪名其在平居無事誠不可使處於人上至於
今日之多事則彼之驍勇強悍亦誠有足用也且被擯棄之久必且悔艾前非

以思奮勵今誠委以數千之衆使得立功自贖彼又素熟於邊事加之以積慣之餘其與不習地利志圖保守者功宜相遠矣古人有言使功不如使過是所謂使過也何謂簡師以省費臣聞之兵法曰日費千金然後十萬之師舉夫古之善用兵者取用於國因糧於敵猶且日費千金今以中國而禦夷虜非漕輓則無粟非征輸則無財是故固不可以言因糧於敵矣然則今日之師可以輕出乎臣以公差在外甫歸旬日遙聞出師竊以爲不必然者何則北地多寒今炎暑漸熾虜性不耐我得其時一也虜恃弓矢今大雨時行觔膠解弛二也虜逐水草以爲居射生畜以爲食今已蜂屯兩月邊草殆盡野無所獵三也以臣料之官軍甫至虜迹遁矣夫兵固有先聲而後實者今師旅既行言已無及惟有簡師一事猶可以省虛費而得實用夫兵貴精不貴多今速　詔諸將密於萬人之內取精健足用者三分之一而餘皆歸之京師萬人之聲既揚矣今密歸京師邊關固不知也是萬人之威猶在也而其實又可以省無窮之費豈不爲兩便哉況今官軍之出戰則退後功則爭先亦非邊將之所喜彼之請兵徒

以事之不濟則責有所分焉耳今誠於邊塞之卒以其所以養京軍者而養之以其所以賞京軍者而賞之旬日之閒數萬之衆可立募於帳下奚必自京而出哉何謂屯田以給食臣惟兵以食爲主無食是無兵也邊關轉輸水陸千里踣頓捐棄十而致一故兵法曰國之貧於師者遠輸遠輸則百姓貧近師貴賣貴賣則百姓財竭此之謂也今之軍官既不堪戰陣又使無事坐食以益邊困是與敵爲謀也三邊之戍方以戰守不暇耕農誠使京軍分屯其地給種授器待其秋成使之各食其力寇至則授甲歸屯遙爲聲勢以相犄角寇去仍復其業因以其暇繕完虜所拆毀邊牆亭堡以遏衝突如此雖未能盡給塞下之食亦可以少息輸餽矣此誠持久俟時之道王師出於萬全之長策也何謂行法以振威臣聞李光弼之代子儀也張用濟斬於轅門狄青之至廣南也陳曙戮於戲下是以皆能振疲散之卒而摧方強之虜今邊臣之失機者往往以計倖脫朝喪師於東陲暮調守於西鄙罰無所加兵因縱弛如此則是陛下不惟不寘之罪而復爲曲全之地也彼亦何憚而致其死力哉夫法之不行自上犯之

也今總兵官之頭目動以一二百計彼其誠以武勇而收錄之也則亦何不可之有然而此輩非勢家之子弟卽豪門之夤緣皆以權力而強委之也彼且需求刻剝騷擾道路仗勢以奪功無勞而冒賞懈戰士之心興邊戎之怨爲總兵者且復資其權力以相後先其委之也敢以不受乎其受之也其肯以不庇乎苟戾於法又敢斬之以殉乎是將軍之威固已因此輩而索然矣其又何以臨師服衆哉臣願　陛下手敕提督等官發令之日卽以先所喪師者斬於轅門以正軍法而所謂頭目之屬悉皆禁令發回毋使瀆擾侵冒以撓將權則士卒奮勵軍威振肅克敵制勝皆原於此不然雖有百萬之衆徒以虛國勞民而亦無所用之也何謂敷恩以激怒臣聞殺敵者怒也今師方失利士氣消沮三邊之戍其死亡者非其父母子弟則其宗族親戚也今誠撫其瘡痍問其疾苦恤其孤寡振其空乏其死者皆無怨尤則生者自宜感動然後簡其強壯宣以國恩喻以屬讎明以天倫激以大義懸賞以鼓其勇暴惡以深其怒痛心疾首日夜淬礪務與之俱殺父兄之讎以報　朝廷之德則我之兵勢日張士氣日

奮而區區醜虜有不足破者矣何謂捐小以全大臣聞之兵法曰將欲取之必固與之又曰佯北勿從餌兵勿食皆捐小全大之謂也今虜勢方張我若按兵不動彼必出銳以挑戰挑戰不已則必設詐以致師或捐棄牛馬而僞逃或掩匿精悍以示弱或詐潰而埋伏或潛軍而請和是皆誘我以利也信而從之則墮其計矣然今邊關守帥人各有心虜情虛實事難卒辦當其挑誘之時畜而不應未免必有剽掠之虞一以爲當救一以爲可邀從之則必陷於危亡之地不從則又懼於坐視之誅此王師之所以奔逐疲勞損失威重而醜虜之所以得志也今若恣其操縱許以便宜其縱之也不以其坐視其捐之也不以爲失機養威爲憤惟欲責以大成而小小挫失皆置不問則我師常逸而兵威無損此誠勝敗存亡之機也何謂嚴守以乘弊臣聞古之善戰者先爲不可勝以待敵之可勝蓋中國工於自守而胡虜長於野戰今邊卒新破虜勢方劇若復與之交戰是投其所長而以勝予敵也爲今之計惟宜嬰城固守遠斥候以防奸勤閑諜以謀虜熟訓練以用長嚴號令以肅惰而又頻加犒享使皆畜力養銳

譬之積水俟其盈滿充溢而後乘怒急決之則其勢幷力驟至於崩山漂石而
未已昔李牧備邊日以牛酒享士士皆樂爲一戰而牧屢抑止之至其不可禁
遏而始奮威幷出若不得已而後從之是以一戰而破強胡今我食既足我盛
既盛我怒既深我師既逸我守既堅我氣既銳則是周悉萬全而所謂不可勝
者既在於我矣由是我足則虜日以匱我盛則虜日以衰我怒則虜日以曲我
逸則虜日以勞我堅則虜日以虛我銳則虜日以鈍索情較計必將疲罷奔逃
然後用奇設伏悉師振旅出其所不趨趨其所不意迎邀夾攻首尾橫擊是乃
以足當匱以盛敵衰以怒加曲以逸擊勞以堅破虛以銳攻鈍所謂勝於萬全
立於不敗之地而不失敵之敗者也右臣所陳非有奇特出人之見固皆兵家
之常談今之爲將者之所共見也但今邊關將帥雖或知之而不能行類皆視
爲常談漫不加省勢有所軼則委於無可奈何事憚煩難則爲因循苟且是以
玩習弛廢一至於此　陛下不忽其微乞　敕兵部將臣所奏熟議可否傳行
提督等官即爲斟酌施行毋使視爲虛文務欲責以實效庶於軍機必有少補

臣不勝爲 國惓惓之至

乞養病疏 十五年八月時官刑部主事

臣原籍浙江紹興府餘姚縣人由弘治十二年二甲進士弘治十三年六月除授前職弘治十四年八月奉 命前往直隸淮安等府會同各該巡按御史審決重囚已行遵奉 奏報外切緣臣自去歲三月忽患虛弱咳嗽之疾劑灸交攻入秋稍愈遽欲謝去藥石醫師不可以爲病根既植當復萌芽勉強服飲頗亦臻效及奉 命南行漸益平復遂以爲無復他慮竟廢醫言捐棄藥餌衝冒風寒恬無顧忌內耗外侵舊患仍作及事竣北上行至揚州轉增煩熱遷延三月尫羸日甚心雖戀 闕勢不能前追誦醫言則既晚矣先民有云忠言逆耳利於行良藥苦口利於病臣之致此則是不信醫者逆耳之言而畏難苦口之藥之過也今雖悔之其可能乎臣自惟田野豎儒粗通章句遭遇 聖明竊祿部署未效答於涓涘懼遂填於溝壑螻蟻之私期得暫離職任投養幽閑苟全餘生庶申初志伏望 聖恩垂憫乞 敕吏部容臣暫歸原籍就醫調治病痊

之日仍赴前項衙門辦事以圖補報臣不勝迫切願望之至

乞　宥言官去權姦以章　聖德疏　正德元年時官兵部主事

臣聞君仁則臣直大舜之所以聖以能隱惡而揚善也臣邇者竊見　陛下以南京戶科給事中戴銑等上言時事特　敕錦衣衞差官校拿解赴京臣不知所言之當理與否意其間必有觸冒忌諱上干雷霆之怒者但銑等職居諫司以言爲責其言而善自宜嘉納施行如其未善亦宜包容隱覆以開忠讜之路乃今赫然下令遠事拘囚在　陛下之心不過少示懲創使其後日不敢輕率妄有論列非果有意怒絶之也下民無知妄生疑懼臣切惜之今在廷之臣莫不以此舉爲非宜然而莫敢爲　陛下言者豈其無憂國愛君之心哉懼陛下復以罪銑等者罪之則非惟無補於國事而徒足以增　陛下之過舉耳然則自是而後雖有上關　宗社危疑不制之事　陛下孰從而聞之陛下聰明超絶苟念及此寧不寒心況今天時凍沍萬一差去官校督束過嚴銑等在道或致失所遂填溝壑使　陛下有殺諫臣之名興羣臣紛紛之議其時　陛下必

將追咎左右莫有言者則既晚矣伏願　陛下追收前旨使銑等仍舊供職擴
大公無我之仁明改過不吝之勇　聖德昭布遠邇人民胥悅豈不休哉臣又
惟君者元首也臣者耳目手足也　陛下思耳目之不可使壅塞手足之不可
使痿痺必將惻然而有所不忍臣承乏下僚僭言實罪伏覩　陛下明旨有政
事得失許諸人直言無隱之條故敢昧死為　陛下一言伏惟俯垂宥察不勝
干冒戰慄之至

自劾乞休疏 十年時官鴻臚寺卿

臣由弘治十二年進士歷任今職蓋叨位竊祿十有六年中間鰥曠之罪多矣
邇者　朝廷舉考察之典揀汰僚臣反顧內省點檢其平日正合擯廢之列雖
以階資稍崇偶幸漏網然其不職之罪臣自知之不敢重以欺　陛下況其氣
體素弱近年以來疾病交攻非獨才之不堪亦且力有不任夫幸人之不知而
鼠竄苟免臣之所甚恥也淑慝混淆使勸懲之典不明臣之所甚懼也伏惟
陛下明燭其罪以之為顯罰使天下曉然知不肖者之不得以倖免臣之願死

且不朽若從末減罷歸田里使得自附於乞休之末臣之大幸亦死且不朽臣
不勝惶恐待罪之至

乞養病疏 十年八月

頃者臣以 朝廷舉行考察自陳不職之狀席藁待罪其時臣疾已作然不敢以疾請者人臣鰥曠廢職自宜擯逐以彰 國法疾非所言矣 陛下寬恩曲成留使供職臣雖冥頑亦寧不知感激自奮及其壯齒陳力就列少效犬馬然臣病侵氣弱力不能從其心臣自往歲投竄荒夷往來道路前後五載蒙犯瘴霧魑魅之與游蠱毒之與處其時雖未即死而病勢因仍漸肌入骨日以深積後值聖恩汪濊掩瑕納垢復玷清班收斂精魂旋回光澤其實內病潛滋外強中槁頃來南都寒暑失節病遂大作且臣自幼失母鞠於祖母岑今年九十有六耄甚不可迎侍日夜望臣一歸爲訣臣之疾痛抱此苦懷萬無生理 陛下至仁天覆惟恐一物不遂其生伏乞放臣暫回田里就醫調治使得目見祖母之終臣雖殞越下土永銜犬馬帷蓋之恩倘得因是苟延殘喘復爲完人臣齒

未甚衰暮猶有圖效之日臣不勝懇切願望之至

諫迎佛疏 稿具未上

臣自七月以來切見道路流傳之言以為 陛下遣使外夷遠迎佛教郡臣紛紛進 諫皆斥而不納臣始聞不信既知其實然獨竊喜幸以為此乃陛下聖智之開明善端之萌蘖郡臣之諫雖亦出於忠愛至情然而未能推原 陛下此念之所從起是乃為善之端作聖之本正當將順擴充遡流求原而乃狃於世儒崇正之說徒爾紛爭力沮宜乎 陛下之有所拂而不受忽而不省矣愚臣之見獨異於是乃惟恐 陛下好佛之心有所未至耳誠使 陛下好佛之心果已真切懇至不徒好其名而必務得其實不但好其末而必務求其本則堯舜之聖可至三代之盛可復矣豈非天下之幸 宗社之福哉臣請為 陛下言其好佛之實陛下聰明聖知昔者青宮固已播傳四海即位以來偶值多故未暇講求五帝三王神聖之道雖或時御 經筵儒臣進說不過日襲故事就文敷衍立談之間豈能遽有所開發 陛下聽之以為聖賢之道不過如此

則亦有何可樂故漸移志於騎射之能縱觀於遊心之樂蓋亦無所用其聰明施其才力而偶託寄於此　陛下聰明豈固遂安於是而不知此等皆無益有損之事也哉馳逐困憊之餘夜氣清明之際固將厭倦日生悔悟日切而左右前後又莫有以神聖之道爲　陛下言者故遂遠思西方佛氏之教以爲其道能使人清心絕欲求全性命以出離生死又能慈悲普愛濟度羣生去其苦惱而躋之快樂今災害日興盜賊日熾財力日竭天下之民困苦已極使誠身得佛氏之道而拯救之豈徒息精養氣保全性命豈徒一身之樂將天下萬民之困苦亦可因是而蘇息故遂特降　綸音發幣遣使不憚數萬里之遙不愛數萬金之費不惜數萬生靈之困斃不厭數年往返之遲久遠迎學佛之徒是蓋

陛下思欲一洗舊習之非而幡然於高明光大之業也　陛下試以臣言反而思之　陛下之心豈不如此乎然則　聖知之開明善端之萌蘖者亦豈過爲諛言以佞　陛下哉　陛下好佛之心誠至則臣請毋好其名而務得其實毋好其末而務求其本　陛下誠欲得其實而求其本則請毋求諸佛而求諸

聖人毋求諸外夷而求諸中國此又非臣之苟爲遊說之談以誑　陛下臣又請得而備言之夫佛者夷狄之聖人聖人者中國之佛也在彼夷狄則可用佛氏之教以化導愚頑在我中國自當用聖人之道以參贊化育猶行陸者必用車馬渡海者必以舟航今居中國而師佛教是猶以車馬渡海雖使造父爲御王良爲右非但不能利涉必且有沈溺之患夫車馬本致遠之具豈不利器乎然而用非其地則技無所施　陛下若謂佛氏之道雖不可以平治天下或亦可以脫離一身之生死雖不可以參贊化育而時亦可以導羣品之囂頑就此二說亦復不過得吾聖人之餘緒　陛下不信則臣請比而論之臣亦切嘗學佛最所尊信自謂悟得其蘊奧後乃窺見聖道之大始遂棄置其說臣請毋言其短言其長者夫西方之佛以釋迦爲最中國之聖人以堯舜爲最臣請以釋迦與堯舜比而論之夫世之最所崇慕釋迦者莫尙於脫離生死超然獨存於世今佛氏之書具載始末謂釋迦住世說法四十餘年壽八十二歲而沒則其壽亦誠可謂高矣然舜年百有十歲堯年一百二十歲其壽比之釋迦則又高

也佛能慈悲施捨不惜頭目腦髓以救人之急難則其仁愛及物亦誠可謂至矣然必苦行於雪山奔走於道路而後能有所濟若堯舜則端拱無爲而天下各得其所惟克明峻德以親九族則九族既睦平章百姓則百姓昭明協和萬邦則黎民於變時雍極而至於上下草木鳥獸無不咸若其仁愛及物比之釋迦則又至也佛能方便說法開悟羣迷戒人之酒止人之殺去人之貪絕人之嗔其神通妙用亦誠可謂大矣然必耳提面誨而後能若在堯舜則光被四表格於上下其至誠所運自然不言而信不動而變無爲而成蓋與天地合其德與日月合其明與四時合其序與鬼神合其吉凶其神化無方而妙用無體比之釋迦則又大也若乃詛咒變幻眩怪揑妖以欺惑愚冥是故佛氏之所深排極詆謂之外道邪魔正與佛道相反者不應好佛而乃好其所相反求佛而乃求其所排詆者也　陛下若以堯舜既沒必欲求之於彼則釋迦之士亦已久矣若謂彼中學佛之徒能傳釋迦之道則吾中國之大顧豈無人能傳堯舜之道者乎　陛下未之求耳　陛下試求大臣之中苟其能明堯舜之道者日日

與之推求講究乃必有能明神聖之道致　陛下於堯舜之域者矣故臣以爲
陛下好佛之心誠至則請毋好其名而務得其實毋好其末而務求其本務
得其實而求其本則請毋求諸佛而求諸聖人毋求諸夷狄而求諸中國者果
非妄爲遊說之談以誑　陛下者矣　陛下果能以好佛之心而好聖人以求
釋迦之誠而求諸堯舜之道則不必涉數萬里之遙而西方極樂只在目前則
不必縻數萬之費斃數萬之命歷數年之久而一塵不動彈指之間可以立躋
聖地神通妙用隨形隨足此又非臣之繆爲大言以欺　陛下必欲討究其說
則皆鑿鑿可證之言孔子云我欲仁斯仁至矣一日克己復禮而天下歸仁孟
軻云人皆可以爲堯舜豈欺我哉　陛下反而思之又試以詢之大臣詢之羣
臣果臣言出於虛繆則甘受欺妄之戮臣不知　諱忌伏見　陛下善心之萌
不覺踊躍喜幸輒進其將順擴充之說惟　陛下垂察則　宗社幸甚天下幸
甚萬世幸甚臣不勝祝望懇切殞越之至專差舍人某具疏奏上以　聞

辭新任乞以舊職致仕疏　十一年十月時陞南贛僉都御史

臣原任南京鴻臚寺卿去歲四月嘗以不職自劾求退後至八月又以舊疾交作復乞　天恩赦回調理皆未蒙　准允黽勉尸素因循日月至今年九月十四日忽接吏部咨文蒙　恩陞授前職聞命驚惶感泣之餘莫知攸措竊念臣才本庸劣性復迂疏兼以疾病多端氣體羸弱待罪鴻臚閑散之地猶懼不稱況茲巡撫重任其將何才以堪夫因才器使　朝廷之大政也量力受任人臣之大分也膴仕顯官臣心豈獨不願一時貪倖茍受後至潰政僨事臣一身戮辱亦奚足惜其如　陛下之事何況臣疾病未已精力益衰平居無事尚爾奄奄軍旅驅馳豈復堪任臣在少年粗心浮氣狂誕自居自後涉歷漸久稍知慚沮遠今思之悔創靡及人或未考其實臣之自知則既審矣又何敢崇飾舊惡以誤　國事伏願　陛下念　朝廷之大政不可輕地方之重寄不可苟體物情之有短長憫凡愚之所不逮別選賢能委以茲任憫臣之愚不加譴逐容令仍以鴻臚寺卿退歸田里以免負乘之誅臣雖顛殞敢忘銜結臣自幼失慈鞠於祖母岑今年九十有七旦暮思臣一見爲訣去歲乞休雖迫疾病實亦因此

臣敢輒以螻蟻苦切之情控於　陛下冀得便道先歸省視岑疾少伸反哺之私以俟矜允之　命臣衷情迫切不自知其觸昧條憲臣不勝受　恩感激瀆冒戰懼哀懇祈望之至

謝　恩疏　十二年正月二十六日

臣原任南京鴻臚寺卿正德十一年九月十四日准吏部咨爲缺官事該部題奉　聖旨王守仁陞都察院左僉都御史巡撫南贛汀漳等處地方寫敕與他欽此欽遵臣自以非才多病懼不勝任以致僨事當具本乞　恩辭免容令原職致仕隨於十月二十四日節該欽奉　敕諭爾前去巡撫江西南安贛州福建汀州漳州廣東南雄韶州惠州潮州各府及湖廣郴州地方撫安軍民修理城池禁革奸弊一應地方賊情軍馬錢糧事宜小則徑自區畫大則奏請定奪欽此欽遵外十一月十四日續准兵部咨爲緊急賊情事內開都御史文森遷延誤事見奉　敕書切責乃敢託疾避難奏回養病見今盜賊劫掠民遭荼毒萬一王守仁因見地方有事假託辭免不無愈加誤事該本部題奉聖旨既地

方有事王守仁着上緊去不許辭避遲誤欽此聞報憂惕不遑寧處一面扶疾候　旨至浙江杭州府地方於十二月初二日復准吏部咨該臣　奏爲乞恩辭免新任仍照舊職致仕事奏奉　聖旨王守仁不准休致南贛地方見今多事着上緊前去用心巡撫欽此備咨到臣感　恩懼罪之餘不敢冒昧復請隨於本月初三日起程至次年正月十六日已抵贛州接管巡撫外伏念臣氣體羸弱質性迂疏聊爲口耳之學本非折衝之才鴻臚閑散尚以疾病而不堪巡撫繁難豈其精力之可任但前官以辭疾招議適踵效尤之嫌而　聖旨以多事爲言恐蹈避難之罪遂爾冒於負乘不暇虛於覆餗黽勉莅事忽已踰旬受　恩思效每廢寢食顧兵糧耗竭之餘加之以師旅而盜賊殘破之後方苦於瘡痍尚爾一籌之未展敢云期月而可觀況炎毒舊侵懼復中於瘴癘尪衰日積憂不任於驅馳心有餘而才不逮足欲進而力不前徒切感　恩之報莫申效死之誠臣敢不勉其智之所不足竭砥礪於已盡其力之所可爲付利鈍於天亮無補於河嶽亦少致其涓埃稍俟狐鼠巢穴之平終遂麋鹿山林之

請臣不勝受恩感激之至

給由疏 十二年二月二十五日

臣見年四十六歲係浙江紹興府餘姚縣民籍由進士弘治十三年二月內除授刑部雲南清吏司主事弘治十五年八月內告回原籍養病弘治十七年七月內病痊赴部改除兵部武選清吏司主事正德元年十二月內爲宥言官去權奸以彰 聖德事蒙 恩降授貴州龍場驛驛丞正德五年三月內蒙陞江西吉安府廬陵縣知縣本年十月內陞南京刑部四川清吏司主事正德六年正月內調吏部驗封清吏司主事本年十月內陞本部文選清吏司員外郎正德七年三月內陞本部考功清吏司郎中本年十二月初八日蒙陞南京太僕寺少卿正德八年十月二十二日到任至正德九年四月二十一日止歷俸六箇月本日到任吏部劄付蒙陞南京鴻臚寺卿本月二十五日到任至正德十一年九月十四日止連閏歷俸二十九箇月零十二日本日准吏部咨蒙 恩陞都察院右僉都御史巡撫南贛汀漳等府於正德十二年正月十六日前到

地方行事支俸起扣至本月二十五日止又歷俸十日連前共轄歷俸三十六箇月三年考滿例應給由緣臣係巡撫官員見在福建漳州等府地方督調官軍夾剿漳浦等處流賊未敢擅離緣係三年給由事理爲此具本奏 聞

參失事官員疏 十二年三月十五日

據江西按察司整飭兵備帶管分巡嶺北道副使楊璋呈據贛州府信豐縣及信豐守禦千戶所各報稱正德十二年二月初七日有龍南強賊突來地名崇僊屯劄已經差委興國縣義民蕭承會同信豐龍南官兵相機剿捕續據申報強賊突來本縣小河住劄離縣約有四十餘里乞要發兵策應又據申報本月初九日有龍南流賊六百餘人突至城下除嚴督軍兵固守城池緣本所縣無兵禦敵誠恐前賊攻城卒難止遏乞調峯山弩手并該縣兵夫救護又經差委南安府經歷王祚南康縣縣丞舒富統領弩手殺手前去約會二縣掌印官并領官兵相機攻圍去後續據縣丞舒富呈本月初十日蒙委統領殺手陳禮舫打手吳尚能等共五百名經歷王祚義民蕭承統領峯山加善雙秀弩手各三

百名先後到於信豐縣會剿至十一日止有該所管屯千戶林節帶兵四十餘名出城據鄉導馬客等報稱止有強賊六百餘人在地名花園屯劄當同各官將兵分布劄定只見前賊一陣止有百十餘徒先出有前哨義民蕭承領兵就與敵殺斬獲賊級四顆奪獲白旗一面頃刻衆賊出營分爲三哨約有二千餘徒職知龍南反招賊首黃秀魁糾合廣東龍川縣浰頭賊首池大鬢賊首池大安新總幷池大昇共爲一陣賊首楊金巢自爲一陣勢甚猖獗卑職督統本哨兵快奮勇交鋒殺死賊徒二十餘人不意賊衆一湧前衝殺手陳禮鲂百長鍾德昇等見勢難當俱各不聽約束先行漫散有南康縣報效義士楊習舉等仍與前賊死敵不退俱被戳傷身死及有經歷王祚上馬不便亦被執去賊勢得勝仍要攻城隨與蕭承林節等收集衆兵退至南營山把截遇蒙本道親臨該縣督剿各賊聞知退至牛州離城少遠至十二日前賊差人告招十三日蒙本道差蕭承前去招撫就將經歷王祚放回賊往原巢去訖等因到道備呈到臣隨據龍南縣知縣盧鳳呈稱本縣捕盜主簿周政會同鎮撫劉鏜千戶洪恩統

領機兵旗軍於本月十八日前去信豐縣截捕探得強賊池大鬢黃秀魁等從
鴉鵲隘越過安遠縣住劄本職督兵追截前賊已往廣東龍川縣復回原巢浰
頭去訖據安遠縣知縣劉瑀稟稱於本月十九日統領水元大石等保民兵弩
手前去龍泉等保截剿各賊遯回原巢去訖難以窮追以此掣兵回縣緣由查
得先據該道及信豐縣所各稟報前事已經批仰該道兵備等官急調招撫義
官葉芳協同石背兵夫斷賊歸路及調峯山弩手與南康打手人等責委縣丞
舒富統領前後夾擊又看得此賊既離巢穴利在速戰仍仰該府急行所屬隣
近官司俱要乘險設伏厚集以待及於各鄉村往來路徑多張疑兵使賊不敢
輕易奔突仍調安遠縣知縣劉瑀星夜起集水元大石等保民兵一千横接龍
南邀其不備若賊猶屯信豐急自龍南直趨浰頭搗其巢穴賊進無所獲退無
所處不過旬日可以坐擒仰各遵照施行去後今據前因參看得縣丞舒富承
委督剿不能相度機宜輕率驟進以致殺傷兵快原其心雖出奮勇責以師律
均爲敗事經歷王祚臨陣潰奔爲賊所執後雖倖免終係失機信豐所縣知縣

黄天爵千戸鄭鐸巡捕副千戸朱誠惟知固城自守不肯發兵應援龍南知縣
盧鳳捕盜主簿周政隄備鎭撫劉鏜千戸洪恩地當關隘正可防遏坐視前賊
往來略不出兵邀擊千戸林節卽其兵力之寡似難全責究其失律之罪亦宜
分受安遠縣知縣劉瑀承調追襲緩不及事俱屬違法南康縣百長鍾德昇等
臨陣不前故違約束先行潰散失誤軍機應合處以軍法該道兵備副使楊璋
守備都指揮同知王泰俱屬提督欠嚴但楊璋往來調度卒能招撫前賊計其
功勞可以贖罪及照廣東龍川縣掌印捕盜等官明知首賊池大鬢等在彼地
方爲巢卻亦不行時嘗巡邏縱其過境劫掠又各不行乘機追捕俱屬故違所
據前項失事官員俱屬遵奉　敕諭事理卽行提問但前項賊徒擁衆數千變
詐百出命雖陽受招撫其實陰懷異圖況其黨與根連三省萬一乘閒復出爲
患必大正係緊關用人隄備之際除將百長鍾德昇等查勘的確處以軍法及
方面軍職另行參究外其餘前項各官且量加督責姑令戴罪隄備各自相機
行事勉圖後功以贖前罪仍一面委官前去信豐縣地方查勘前項殺死兵快

數目及有無隱匿別項事情方行參　奏緣係地方緊急賊情及參失事官員
事理未敢擅便爲此具本請
旨

閩廣捷音疏　十二年五月初八日

據福建按察司整飭兵備兼管分巡漳南道僉事胡璉呈會同分守右參政艾
洪經理軍務左參政陳策副使唐澤將領都指揮僉事李胤督據河頭等哨委
官指揮徐麒知縣施祥知事曾瑤等呈稱各職統領軍兵五千餘人進至長富
村等處見得賊衆地險巢穴數多兼且四路裝伏勢甚猖獗尅期於正德十二
年正月十八日等各分哨路從長富村至闊竹洋新洋大豐五雷大小峯等處
與賊交鋒前後大戰數合擒斬首從賊犯黃燁等共計四百三十二名顆俘獲
賊屬一百四十六名口燒燬房屋四百餘間奪獲馬牛等項被賊殺死老人許
六打手黃富璘等六名餘賊俱各奔聚象湖山拒守各職又統官兵追至蓮花
石與賊對劄誠恐賊衆我寡呈乞添兵策應等因到道行據大溪哨指揮高偉

呈報統兵約會蓮花石官兵攻打象湖山適遇廣東委官指揮王春等領兵亦至彼境大傘地方卑職與指揮覃桓縣丞紀鏞領兵前去會勦不意大傘賊徒突出卑職等奮勇抵戰覃桓紀鏞馬陷深泥與軍人易成等七名兵快李崇靜等八名俱被賊傷身死卑職亦被戳二鎗勢難抵敵只得收兵暫回聽候緣象湖山係極高絕險自來官兵所不能攻今賊勢日盛若不添調狼兵稍俟秋冬會舉夾攻恐生他變通行呈稟閱續奉本院紙牌爲進兵方略事備行各職遵奉密諭佯言犒衆退師俟秋再舉密切部勒諸軍乘懈奮擊依蒙密差義官曾崇秀瓜探虛實乘賊怠弛會選精兵一千五百名當先重兵四千二百名繼後分作三路各職統領俱於二月十九日夜銜枚直趨三路並進直搗象湖山奪其隘口各賊雖已失險但其閱賊徒類皆驍勇精悍猶能淩塹絕谷超躍如飛復據上層峻險四面飛打滾木礧石以死拒敵我兵奮勇鏖戰自辰至午呼聲震天撼搖山谷三司所發奇兵復從閱道鼓噪突登賊始驚潰大敗我兵乘勝追殺擒斬大賊首黃猫狸游四舜廣東大賊首蕭細第郭虎等二百九十一名

顆俘獲賊屬一百三十三名口其閑墜崖墮壑死者不可勝計奪回水黃牛贓
銀鎗刀等物燒燬房屋五百餘間餘賊潰散復入流恩山岡等巢與諸賊合勢
亦被各賊殺死頭目賴頣打手楊緣等一十四名次早各職分兵追勦指揮高
偉推官胡寧道亦由大豐領兵來會仍與前賊交鋒大戰擒斬首從賊犯巫姐
旺等一百六十三名顆俘獲賊屬一百六名口餘賊敗走各又遯入廣東交界
黃蠟溪上下漳溪大山去訖又據金豐三團哨委官指揮王鎧李誠通判龔震
等各呈稱賊首詹師富等恃居可塘洞山寨聚糧守險勢甚強固各職依奉會
議分兵五路連日攻打生擒大賊首詹師富江萬苑克起羅招賢等四名餘賊
敗走復入竹子洞等處大山嘯聚隨又分兵追襲與賊連戰擒首從賊犯范與
長等二百三十五名顆俘獲賊屬八十二名口奪回被虜男婦五名口奪獲馬
牛等物亦被各賊殺死老人胡文政一名戳傷鄉夫葉永旺等五名又據指揮
徐麒等呈稱黃蠟溪上下漳溪與廣東饒平縣幷本省永定縣山界相連遵依
約會廣東官兵幷金豐哨指揮韋鑑大溪哨推官胡寧道等於三月二十一日

子時發兵齊至黃蠟廣東義民饒四等領兵亦至會合我兵三路進攻賊出拒戰甚銳我兵奮勇大噪而前擒斬首從賊犯温宗富等九十一名顆俘獲賊屬一十三名口餘賊敗走各兵乘勝追至赤石巖仍與大戰良久賊復大敗又擒斬首從賊犯游宗成等一百四十六名顆俘獲賊屬九十名口又據中營委官指揮張鉞百戶呂希良等呈稱領兵追趕黃蠟溪等處逃賊至地名陳呂村遇賊拒戰當陣擒斬首從賊犯朱老叔等六十六名顆俘獲賊屬八名口各另呈解到道轉解審驗紀功外續據委官知府鍾湘呈稱蒙調官兵先後兩月之閒攻破長富村等處巢穴三十餘處擒斬首從賊犯一千四百二十餘名顆俘獲賊屬五百七十餘名口奪回被虜男婦五名口燒燬房屋二千餘閒奪獲牛馬贓仗無算卽今脅從餘黨悉願攜帶家口出官投首聽撫安插本職遵照兵部

奏行勘合幷巡撫都察院節行案牌事理出給告示發委知縣施祥縣丞余道招撫脅從賊人朱宗玉翁景璘等一千二百三十五名家口二千八百二十八名口俱經審驗安插復業緣由呈報到道轉呈到臣及據廣東按察司分巡

嶺東道兵備僉事等官顧應祥等會呈遵依本院案驗委官統領軍兵會同福
建尅期進勦隨奉本院進兵方略當即遵依揚言班師一面出其不意從牛皮
石嶺脚隘等處分爲三哨鼓噪並進賊瞻顧不暇望風瓦解節據指揮楊昻王
春通判徐璣陳策義官余黃孟等各報稱於本年正月二十四等日尅破古村
未窖禾村大水山栢林等巢生擒大賊首張大背劉烏嘴蕭乾爻范端蕭王即
蕭五顯蒯釗蘇瑢賴隆等幷擒斬首從賊犯乘勝前進會同福建官軍尅期夾
攻間探知大傘賊徒潰圍殺死指揮覃相縣丞紀鏞等情當即進兵策應各賊
畏我兵勢燒巢奔走生擒賊首羅聖欽餘賊退入箭灌大寨合勢乘險併力拒
敵蒙委知縣張戩督同指揮張天杰分哨由別路進兵攻破白土村赤口巖等
巢直擣箭灌大寨諸賊迎戰我兵奮勇合擊遂破箭灌當陣斬獲首從賊犯共
計二百二十四名顆俘獲賊屬八十四名口及牛馬贓仗等物各寨賊黨聞風
奔竄已散復聚愈相連結各設機險以死拒守各職統兵分兵並進於三月二
十等日攻破水竹大重坑苦宅溪靖泉溪白羅南山等巢直擣洋竹洞三角湖

等處前後大戰十餘生擒賊首温火燒張大背雷振蔡晟賴英等幷擒斬賊犯共一千四十八名顆俘獲賊屬八百三十八名口奪獲馬牛贓銀銅錢衣帛器仗蕉紗等物前後共計生擒大賊首一十四名擒斬賊犯一千二百五十八名顆俘獲賊屬九百二十二名口奪獲水黃牛馬一百三十九頭匹贓仗衣布等物共二千一百五十七件疋葛蕉紗九十六斤一兩贓銀三十二兩四錢八分銅錢一百四十二文各開報到道收審緣由呈報前來卷查先爲急報賊情事准兵部咨該本部題巳經福建廣東總鎮巡按等衙門都御史陳金御史胡文靜等會議區畫各該守巡兵備等官欽遵整備糧餉起調軍兵約會進勦閒臣於本年正月十六日始抵贛州地方行事先於本月初三日於南昌地方據兩省各官呈稟師期不同事體參錯誠恐彼此推調致誤軍機當臣備遵該部咨來事理具開進兵方略行仰各官協同上緊密切施行去後續據福建右參政等官艾洪等會呈指揮覃桓縣丞紀鏞被大傘賊衆突出馬陷深泥被傷身死及據各哨呈稱賊寨險惡天氣漸暄我兵遭挫賊勢日甚乞要奏添狼兵候秋

再舉備呈到臣參看得各官頓兵不進致此敗衂顯是不奉節制故違方略及
照奏調狼兵非惟日久路遙緩不及事兼恐師老財費別生他虞且勝敗由人
兵貴善用當此挫折各官正宜協憤同奮因敗求勝豈可輒自退阻倚調狼兵
坐失機會臣當日卽自贛州起程親率諸軍進屯長汀上杭等處一面督令各
官密照方略火速進勦立功自贖敢有支吾推調定以軍法論處一面查勘失
事緣由另行參奏間隨據各呈捷音到臣參照閩廣賊首詹師富溫火燒等恃
險從逆已將十年黨惡聚徒動以萬計鼠狐得肆跳梁蛇豕漸無紀極劫剽焚
驅數郡遭其荼毒轉輸征調三省爲之騷然臣等奉行誅勦三月之內遂克殲
取渠魁掃蕩巢穴百姓解倒懸之苦列郡獲再生之安此非　朝廷威德廟堂
成算何以及此及照福建領兵各官始雖疏於警備稍損軍威終能戮力協謀
大致克捷論過雖有計功亦多其間福建如僉事胡璉參政陳策副使唐澤知
府鍾湘廣東如僉事顧應祥都指揮僉事楊懋知縣張戩才調俱優勞勣尤著
伏乞俯從惟重之典以作敢戰之風除將二省兵快量留防守其餘悉令歸農

及將功次另行勘報外原係捷音事理爲此具本題　奏

申明賞罰以厲人心疏　十二年五月初八日

據江西按察司整飭兵備帶管分巡嶺北道副使楊璋呈伏覩　大明律內該載失誤軍事條領兵官已承調遣不依期進兵策應若承差告報軍期而違限因而失誤軍機者並斬從軍違期條若軍臨敵境託故違期三日不至者斬主將不固守條官軍臨陣先退及圍困敵城而逃者斬此罰典也及查得原擬直隸山東江西等處征勦流賊陞賞事例一人幷二人爲首就陣擒斬以次劇賊一名者五兩二名者十兩三名者賞實授一級不願者賞十兩陣亡者陞一級俱世襲不願者賞十兩擒斬從賊六名以上至九名者止陞實授二級餘功加賞不及六名除陞一級之外扣算賞銀三人四人五人以上共擒斬以次劇賊一名者賞銀十兩均分從賊一名者賞五兩均分領軍把總等官自斬賊級不准陞賞部下獲功七十名以上者陞署一級五百名者陞實授一級不及數者量賞一人捕獲從賊一名者賞銀四兩二名者賞八兩三名者陞一級以次劇

賊一名者陞署一級俱不准世襲不願者賞五兩此皆賞格也賞罰如此宜乎
人心激勸功無不立然而有未能者蓋以賞罰之典雖備然罰典止行於參提
之後而不行於臨陣對敵之時賞格止行於大軍征勦之日而不行於尋常用
兵之際故也且以嶺北一道言之四省連絡盜賊淵藪近年以來如賊首謝志
珊高快馬黃秀魁池大鬢之屬不時攻城掠鄉動輒數千餘徒每每督兵追勦
不過遙為聲勢俟其解圍退散卒不能取決一戰者以無賞罰為之激勸耳合
無申明賞罰之典今後但遇前項賊情領兵官不拘軍衞有司所領兵衆有退
縮不用命者許領兵官軍前以軍法從事領兵官不用命者許總統兵官軍前
以軍法從事所統兵衆有能對敵擒斬功次或赴敵陣亡從實開報覆勘是實
轉達奏聞一體陞賞至若生擒賊徒鞫問明白卽時押赴市曹斬首示衆庶使
人知警畏亦與見行事例決不待時無相悖戾如此則賞罰旣明人心激勵盜
賊生發得以卽時撲滅糧餉可省事功可見矣具呈到臣卷查三省賊盜二三
年前總計不過三千有餘今據各府州縣兵備守備等官所報已將數萬蓋已

不啻十倍於前臣嘗深求其故詢諸官僚訪諸父老采諸道路驗諸田野皆以爲盜賊之日滋由於招撫之太濫招撫之太濫由於兵力之不足兵力之不足由於賞罰之不行誠有如副使楊璋所議者臣請因是爲　陛下略言其故盜賊之性雖皆兇頑固亦未嘗不畏誅討夫惟爲之而誅討不及又從而招撫之然後肆無所忌蓋招撫之議但可偶行於無辜脅從之民而不可常行於長惡怙終之寇可一施於回心向化之徒而不可屢施於隨招隨叛之黨南贛之盜其始也被害之民恃官府之威令猶或聚衆而與之角鳴之於官而有司者以爲既招撫之則皆置之不問盜賊習知官府之不彼與也益從而讎脅之民不任其苦知官府之不足恃亦遂靡然而從賊由是盜賊益無所畏而出劫日頻知官府之必將己招也百姓益無所恃而從賊日衆知官府之必不能爲己地也夫平良有冤苦無伸而盜賊乃無求不遂爲民者困征輸之劇而爲盜者獲犒賞之勤則亦何苦而不彼從乎是故近賊者爲之戰守遠賊者爲之鄉導處城郭者爲之交援在官府者爲之間諜其始出於避禍其卒也從而利之故曰

盜賊之日滋由於招撫之太濫者此也夫盜賊之害神怒人怨孰不痛心而獨有司者必欲招撫之亦豈得已哉誠使強兵悍卒足以殲渠魁而蕩巢穴則百姓之憤雪地方之患除功成名立豈非其所欲哉然而南贛之兵素不練養類皆脆弱驕惰每遇征發追呼拒攝旬日而始集約束齎遣又旬日而始至則賊已稇載歸巢矣或猶遇其未退望賊塵而先奔不及交鋒而已敗以是禦寇猶驅羣羊而攻猛虎也安得不以招撫爲事乎故凡南贛之用兵不過文移調遣以苟免坐視之罰應名勦捕聊爲招撫之媒求之實用斷有不敢何則兵力不足則勦捕未必能克勦捕不克則必有失律之咎則必征調日繁督責日至糾舉論劾者四面而起往往坐視而至於落職敗名者有之招撫之策行則可以安居而無事可以無調發之勞可以無戴罪殺賊之責無地方多事不得遷轉之滯夫如是孰不以招撫爲得計是故寧使百姓之荼毒而不敢出一卒以抗方張之虜寧使孤兒寡婦之號哭顛連疾苦之無告而不敢提一旅以忤反招之賊蓋招撫之議其始也出於不得已其卒也遂守以爲常策故曰招撫之太

蓋由於兵力之不足者此也古之善用兵者驅市人而使戰收散亡之卒以抗強虜今南贛之兵尙足以及數千豈盡無可用乎然而金之不止鼓之不進未見敵而亡不待戰而北何者進而效死無爵賞之勸退而奔逃無誅戮之及則進有必死而退有幸生也何苦而求必死乎吳起有云法令不明賞罰不信雖有百萬何益於用凡兵之情畏我則不畏敵畏敵則不畏我今南贛之兵皆畏敵而不畏我欲求其用安可得乎故曰兵力之不足由於賞罰之不行者此也

今　朝廷賞罰之典固未嘗不具但未申明而舉行耳古者賞不踰時罰不後事過時而賞與無賞同後事而罰與不罰同況過時而不賞後事而不罰其亦何以齊一人心而作興士氣是雖使韓白爲將亦不能有所成況如臣等腐儒小生才識昧劣而素不知兵者亦復何所冀乎議者以南贛諸處之賊連絡數郡蟠據四省非奏調狼兵大舉夾攻恐不足以掃蕩巢穴是固一說也然臣以爲狼兵之調非獨所費不貲兼其所過殘掠不下於盜大兵之興曠日持久聲勢彰聞比及舉事諸賊渠魁悉已逃遯所可得者不過老弱脅從無知之氓於

是乎有横罹之慘於是乎有妄殺之弊班師未幾而山林之閒復已呼嘯成羣此皆往事之已驗者臣亦近揀南贛之精銳得二千有餘部勒操演略有可觀誠使得以大軍誅討之賞罰而行之平時假臣等以便宜行事不限以時而惟成功是責則比於大軍之舉臣竊以爲可省半費而收倍功臣請以近事證之臣於本年正月十五日抵贛卷查兵部所咨申明律例今後地方但有草賊生發事情緊急該管官司卽便依律調撥官軍乘機勦捕應合會捕者亦就調發策應但係軍情火速差人申奏敢有遲延隱匿巡撫巡按三司官卽便參問依律罷職充軍等項發落雖不係聚衆草賊但係有名強盜肆行劫掠賊勢兇惡或白晝攔截或明火持杖不拘人數多少一面設法緝捕卽時差人申報合干上司幷具申本部知會處置如有仍前朦朧隱蔽不卽申報以致聚衆滋蔓貽患地方從重參究決不輕貸等因題奉　欽依備行前來時以前官久缺未及施行臣卽刊印數千百紙通行所屬布告遠近未及一月而大小衙門以賊情來報者接踵亦遂屢有斬獲一二人或五六人七八人者何者兵得隨時調用

而官無觀望執肘則自然無可推託逃避思効其力由此言之律例具存前此惟不申明而舉行耳今使賞罰之典悉從而申明之其獲効亦未必不如是之速也伏望　皇上念盜賊之日熾哀民生之日蹙憫地方荼毒之愈甚痛百姓冤憤之莫伸特　勅兵部俯采下議特假臣等　令旗令牌使得便宜行事如是而兵有不精賊有不滅臣等亦無以逃其死夫任不專權不重賞罰不行以致於僨軍敗事然後選重臣假以總制之權而往拯之縱善其後已無救於其所失矣臣才識淺昧且體弱多病自度不足以辦此行從　陛下乞骸骨苟全餘喘於林下但今方待罪於此心知其弊不敢不爲　陛下盡言　陛下從臣之請使後來者得效其分寸收討賊之功臣亦得以少逭死罪於萬一緣係申明賞罰以厲人心事理爲此具本請旨

攻治盜賊二策疏　十二年五月二十八日

據江西按察司整飭兵備帶管分巡嶺北道副使楊璋呈奉臣批據南安府申大庾縣報正德十二年四月內被拳賊四百餘人前來打破下南等寨續被上

猶橫水等賊七百餘徒截路打寨劫殺居民又據南康縣報輋賊一夥突來龍
句保虜劫居民續被輋賊三百餘徒突來坊民郭加瓊等家擄捉男婦八十餘
口耕牛一百餘頭又有輋賊一陣虜劫上長龍鄉耕牛三百餘頭男婦子女不
知其數又據上猶縣申被橫水等村輋賊糾同逃民四散虜劫人財續據三門
總甲蕭俊報輋賊與逃民約有數百在於地名梁灘虜牽人牛本月十六日准
本縣捕盜主簿利昱牒報輋賊劫打頭里茶坑等處駐劄未散已關統兵官縣
丞舒富等前去追勦賊已退回橫水等巢去訖各申本院批兵備道議處回報
案照四月初五日據南康府呈同前事彼時本院見在福建漳州督兵未回未
知前賊向往行查未報續據龍南縣稟被廣東浰頭等處強賊池大鬢等三千
餘徒突來攻圍總甲王受寨所又經會委義官蕭承調兵前去會勦隨據本縣
呈前賊退去訖等因又查得先據南康縣申呈上猶賊首謝志珊糾合廣東賊
首高快馬統衆二千餘徒攻圍南康縣治殺損官兵已經議委知府邢珣等查
勘失事緣由呈報外續該兵部題咨巡撫都御史孫燧會同南贛都御史王守

仁將前項賊犯謝志珊等量調官軍設法勦捕務期盡絕應該會同兩廣鎮巡官行事照例約會施行題奉　欽依轉行查勘前賊見今有無出沒及曾否集有兵糧相度機宜即今可否勦捕惟復應會兩廣調集軍馬待時而動務要查議明白處置停當具由呈報仍督各該地方牢固把截用心防守以備不虞等因隨奉本院案驗議照前賊連絡三省盤據千里必須三省之兵剋期並進庶可成功但今湖廣已有偏橋苗賊之征廣東又有府江猺獞之伐雖欲約會夾攻目今已是春深雨水連綿草木茂盛非惟緩不及事抑且虛糜糧餉合無一面募兵練武防守愈嚴積穀貯糧軍需大備告招者撫順其情暫且招安肆惡者乘其閒隙量擣其穴候三省約會停當然後大舉庶有備無患事出萬全通行呈詳去後今奉前因隨會同分守左參議黃宏守備都指揮同知王泰查勘得南安府所屬大庾南康上猶三縣除賊巢小者未計其大者總計三十餘處有名大賊首有謝志珊志海志全楊積榮賴文英藍瑤陳曰能蔡積昌賴文聰劉通劉受蕭居謨陳尹誠閔永廣蔡積慶蔡西薛文高洪祥徐華張祥劉清才

譚曰眞蘇景祥藍淸奇朱積厚黃金瑞藍天鳳藍文亨鍾鳴鍾法官王行雷明
聰唐洪劉元滿所統賊衆約有八千餘徒且與湖廣之桂陽桂東𩵋黃聶水老
虎神仙秀才等巢廣東之樂昌巢穴相聯盤據流劫三省爲害多年贛州之龍
南因與廣東之龍川浰頭賊巢接境被賊首池大鬢大安大升糾合龍南賊首
黃秀魁賴振祿鍾萬光王金巢鍾萬貴古興鳳陳倫鍾萬璇杜思碧孫福榮黃
萬珊黃秀珏羅積善王金曾子柰王金柰王洪羅鳳璇黎用璇黃本瑞鄭文鉞
陳秀玹陳珪劉經藍斌黃積秀等所統賊衆約有五千餘徒不時越境流劫信
豐龍南安遠等縣已經夾攻三次俱被漏網所據前賊占據居民田土數千萬
頃殺虜人民尤難數計攻圍城池敵殺官兵焚燒屋廬姦汙妻女其爲荼毒有
不忍言神人之所共怒天討所當必加者也今聞廣湖二省用兵將畢夾攻之
舉亦惟其時但深山茂林東奔西竄兼之本道兵糧寡弱必須那借京庫折銀
三萬餘兩動調狼兵數千前來協力約會三省並進夾攻庶可噍類無遺等因
又據廣東樂昌縣知縣李增稟稱本年二月內有東山賊首高快馬等八百餘

徒在地名櫃頭村行劫又據乳源縣稟報賊徒千餘在洲頭街等處打劫備申照詳及據湖廣整飭郴桂等處兵備副使陳璧呈稱本年二月內據黄砂保走報廣東強賊三百餘徒突出攻劫又據宜章所飛報樂昌縣山峒苗賊二千餘衆出到九陽等處搜山捉人未散又報東西二山首賊發票會集四千餘徒聲言要出桂陽等處攻城又報江西長流等峒輋賊六百餘徒又一起四百餘徒各出劫掠及據桂東縣申報強賊一起七百餘徒前到本縣殺人祭旗捉擄男婦未散又據桂陽縣報強賊六百餘徒聲言要來攻寨等因各稟報到道看得前項苗賊四山會集報到之數將及萬餘我兵寡弱防守尚且不足敵戰將何以支況郴桂所屬永興等縣原無城池防守地方重計實難爲處伏望軫念荼毒請軍追捕等因又據郴州桂陽縣申本縣四面俱係賊巢正德三年以來賊首龔福全等作耗殺死守備都指揮鄧昊雖蒙征勦惡黨猶存正德七年兵備衙門計將賊首龔福全招撫給與冠帶設爲猺官賊首高仲仁李賓黎穩梁景聰扶道全劉付與李玉景陳賓李聰曹永通謝志珊給與衣巾設爲老人未及

兩月已出要路刦殺軍民動輒百千餘徒號稱高快馬遊山虎金錢豹過天星
密地蜂總兵等名目隨處流刦正德十一年七月內龔福全張打旗號僭稱延
溪王李賓黎穩粱景聰僭稱總兵都督將軍名目各穿大紅虜民擡轎展打涼
傘擺列頭踏響器其餘猺賊俱乘馬匹千數餘徒出刦樂昌及江西南康等縣
拒敵官軍後蒙撫諭將賊首高仲仁李賓給與冠帶重設猺官未寧半月仍前
出刦本年正月十六日一起八百餘徒出刦樂昌縣虜捉知縣韓宗堯刦庫刦
獄又一起七百餘徒打刦生員譚明浩家一起六百餘徒從老虎等峒出刦一
起五百餘徒從與寧等縣出刦切思前賊陽從陰背隨撫隨叛目今猺賊萬餘
聚集山峒聲言要造呂公大車攻打州縣城池官民徬徨呈乞轉達請調三省
官軍夾勦等情各備申到臣除備行江西廣東湖廣三省該道守巡兵備守備
等官嚴督各該府州縣所掌印巡捕巡司把隘隄備等官起集兵快人等加謹
防禦相機截捕去後查得先因地方盜賊日熾民被荼毒竊計兵力寡弱既不
足以防遏賊勢事權輕撓復不足以齊一人心乞要申明賞罰假臣等　令旗

令牌使得便宜行事庶幾舉動如意而事功可成已經具題間今復據各呈申前因臣等參看得前項賊徒惡貫已盈神怒人怨譬之疽癰之在人身若不速加攻治必至潰肺決腸然而攻治之方亦有二說若　陛下假臣等以賞罰重權使得便宜行事期於成功不限以時則兵衆既練號令既明人知激勵事無掣肘可以伸縮自由相機而動一寨可攻則攻一寨一巢可撲則撲一巢量其罪惡之淺深而爲撫勦度其事勢之緩急以爲後先如此亦可以省供饋之費無征調之擾日翦月削使之澌盡灰滅此則如昔人拔齒之喻日漸動搖齒投而兒不覺者也然而今此下民之情莫不欲大舉夾攻以快一朝之忿蓋其怨恨所激不復計慮其他必須南調兩廣之狼達西調湖湘之土兵四路並進一鼓成擒庶幾數十年之大患可除千萬人之積寃可雪然此以兵法十圍五攻之例計賊二萬須兵十萬日費千金殆於道路不得操事者七十萬家積粟料財數月而事始集刻期舉謀又數月而兵始交聲迹彰聞賊強者設險以拒敵黠者挾類而深逃迨於鋒刃所加不過老弱脅從且狼兵所過不減於盜轉輸

之苦重困於民近年以來江西有姚源之役瘡痍甫起福建有汀漳之寇軍旅
未旋府江之師方集於兩廣偏橋之討未息於湖湘兼之杼柚已輕種不入土
而營建所輸四征未已誅求之刻百出方新若復加以大兵民將何以堪命此
則一拔去齒而皃亦隨斃者也夫由前之說則如臣之昧劣實懼不足以堪事
必擇能者任之而後可若大舉夾攻誠可以分咎而薄責然臣不敢以身謀而
廢國議惟　陛下擇其可否斷而行之緣係地方緊急賊情事理為此具本請
旨
類奏擒斬功次疏　十二年五月二十八日
據江西按察司整飭兵備帶管分巡嶺北道副使楊璋呈正德十二年二月二
十等日據贛州府龍南縣申總甲王受等呈蒙差各役領兵與同已招大賊首
黃秀璣等前往安遠截捕流賊賴振祿等行至地名湖江背不料黃秀璣反招
主令伊弟黃大滿黃細滿等沿途打搶民財放火燒燬民人劉必甫等房屋仍
與賊首賴振祿等連謀行劫本役督率兵快人等前到地名黎坑際下與賊對

敵當陣殺獲賊首黃秀璣黃大滿黃細滿黃積瑜首級四顆奪獲黃黑旗二面殺死賊徒三十餘名本年四月初九日又有廣東浰頭老賊首池大鬢串同反招賊首黃秀魁陳秀顯等糾衆四百餘徒打刧千長何甫等家本役又率兵夫至地名陳坑水與賊交鋒殺獲首從賊人陳秀顯等一十二顆奪獲紅旗一面大小黃牛五頭餘賊歸巢去訖及據南安府申據大庾縣隘長張德報稱湖廣桂陽縣魚黃峒輋賊首唐飛劍總兵嚴宗清千總賴必等糾衆刧虜當起兵夫追至界首南流拗與賊對敵殺獲唐飛劍嚴宗清首級二顆及南安縣申准縣丞舒富關輋賊三百餘人出刧當有保長王萬湖等帶領鄉兵擒捕殺獲賊級一顆生擒賊二名奪回被虜人口三名口奪獲黃牛二頭各解報到道審驗明白等因又據廣東按察司分巡嶺南道僉事黃昭呈韶州府乳源縣知縣沈淵申稱本年二月十八日有東山猺賊首高快馬等衆突來城外并附近鄉村打刧欲行攻陷南城當卽起集鄉兵及打手民壯固守城池及相機與敵射傷賊徒三名各賊退在北城外劄營隨調深峒等處土兵協力奪勇與賊交鋒射傷

賊徒二十餘名射死賊徒一十六名奪回被虜人口三十二名口又據捕盜老
人梁真等殺獲賊級二顆生擒賊徒一名及據樂昌縣知縣李增申強賊六百
餘徒出刧當集打手兵壯前去截捕到地名雲門寺與賊交鋒斬獲賊級二十
四顆生擒賊徒二名奪獲馬七匹又據曲江縣猺總盤宗興等擒獲賊徒一名
奪獲馬一匹各呈解到道審驗是實等因幷據潮州府揭陽縣申流賊刧長樂
海豐等縣黃義官等家隨調兵快行至地名長門徑與賊對敵擒獲賊徒張宏
福王木四等一十六名俘獲賊婦二口及據惠州府申准捕盜通判徐璣牒稱
流賊一夥約有八十餘徒圍刧新地屯徐百戶等家當督兵快打手追殺至地
名馬騣逕擒獲賊徒杜棟等四名殺獲賊級一顆又督總甲鄭全等在地名葵
頭障擒獲賊徒張仔等一十二名及千長彭伯璿等率兵擒獲賊徒黃貴等一
十五名殺獲賊級一顆俘獲賊婦一口又有總甲黃廷珠追獲賊徒雷進保等
八名俱解赴嶺東道審驗等因及據湖廣郴桂等處兵備副使陳璧守備指揮
同知李璋各呈廣東苗賊一千餘徒出刧與寧等處當起郴州殺手令閑住千

戶孔世傑等管領追襲至地名大田橋遇賊當陣擒斬首從賊人龐廣等三十二名顆奪獲賊仗四十七件馬騾五匹奪回被虜人口二百五十名口幷據老人劉宣等捕獲賊徒雷克怒等六名俘獲婦女三口申報到道審驗明白各備由呈申開報到臣先爲巡撫地方事節該欽奉敕命爾巡撫江西南安贛州福建汀州漳州廣東南雄韶州惠州潮州各府及湖廣郴州地方但有賊盜生發卽便設法勦捕欽此欽遵已經備行各道守巡兵備守備等官嚴督府衞所州縣掌印捕盜等官集起父子鄉兵及顧募打手殺手弩手人等各於賊行要路去處加謹防禦遇有盜賊出殺就便相機截捕獲功呈報以靖地方今據各呈除行各該兵備等官將斬獲賊級閱驗明白發仰梟首生擒賊犯問招回報俘獲賊屬幷牛馬賊物俱變賣價銀入官與器械俱貯庫被虜人口給親完聚獲功人員照例量行給賞外緣係擒獲功次事理爲此具本題知

添設清平縣治疏 十二年五月二十八日

據福建按察司兵備僉事胡璉呈奉本院批據漳州府呈准知府鍾湘關據南

靖縣儒學生員張浩然等連名呈稱南靖縣治僻在一隅相離盧溪平和長樂
等處地里遙遠政教不及小民罔知法度不時劫掠鄉村肆無忌憚釀成大禍
今日動三軍之衆合二省之威雖曰殲厥渠魁掃除黨類此特一時之計未爲
久遠之規乞於河頭中營處所添設縣治引帶汀潮俟襟清寧人煙輳集道路
適均政教既敷盜賊自息考之近日龍巖添設漳平而寇盜以靖上杭添設永
定而地方以寧此皆明驗今若添設縣治可以永保無虞等情又據南靖縣義
民鄉老曾敦立林大俊等呈稱河頭地方北與盧溪流恩山岡接徑西南與平
和象湖山接境而平和等鄉又與廣東饒平縣大傘箭灌等鄉接境皆係窮險
賊巢兩省民居相距所屬縣治各有五日之程名雖分設都圖實則不聞政教
往往相誘出劫一呼數千所過荼毒有不忍言正德二年雖蒙統兵勦捕未曾
設有縣治不過數月遺黨復與今蒙調兵勦撫雖少寧息誠恐漏網之徒復踵
前弊呈乞添設縣治以控制賊巢建立學校以移易風俗庶得久安長治等因
蒙漳南道督同本職與南靖縣知縣施祥帶領耆民曾敦立等幷山人洪欽順

等親詣河頭地方踏得大洋陂背山面水地勢寬平周圍量度可六百餘丈西
接廣東饒平北聯三團盧溪堪以建設縣治合將南靖縣清寧新安等里漳浦
縣二三等都分割管攝隨地糧差及看得盧溪枋頭坂地勢頗雄宜立巡檢司
以爲防禦就將小溪巡檢司移建仍量加編弓兵點選鄉夫協同巡邏遇有盜
賊隨卽撲捕再三審據通都民人合詞執稱南靖地方極臨邊境盜賊易生上
策莫如設縣況今奏凱之後軍餉錢糧尚有餘剩各人亦願鑿山採石挑土築
城砍伐樹木燒造甎瓦數月之內工可告成爲照南靖縣相離盧溪等處委的
寫遠難以隄防管束今欲於河頭添設縣治枋頭坂移設巡檢司外足以控制
饒平隣境內足以壓服盧溪諸巢又且民皆樂從不煩官府督責誠亦一勞永
逸事頗相應具呈到道呈乞照詳等因奉批看得開建縣治控制兩省猺寨以
奠數邑民居實亦一勞永逸之圖但未經查勘奏請仍仰該道會同始議各官
再行該府拘集父老子弟及地方新舊居民審度事體斟酌利害如果遠近無
不稱便軍民又皆樂從事已舉興勢難中輟卽便具由呈來以憑奏請定奪仍

一面俯順民情相度地勢就於建縣地內預行區畫街衢井巷務要均適端方
可以永久無弊聽從願徙新舊人民各先占地建屋任便居住其縣治學校倉
場及一應該設衙門姑且規留空址待奏准　命下之日以次建立仍一面通
行鎮巡等衙門公同會議此係設縣安民地方重事各官務要計處周悉經畫
審當毋得苟且雷同致貽後悔批呈作急勘報等因依蒙拘集坊郭父老及河
頭新舊居民再三詢訪各交口稱便有地者願歸官丈量以建城池有山者願
聽上砍伐以助木石有人力者又皆忻然相聚挑築土基業已垂成惟恐上議
中止下情難遂等情具呈到臣爲照建立縣治固係禦盜安民之長策但當大
兵之後繼以重役竊恐民或不堪臣時督兵其地親行訪詢父老輒咨道路衆
口一詞莫不舉首願望仰心樂從旦夕皇皇惟恐或阻臣隨遣人私視其地官
府未有教令先已伐木畚土雜然並作裹糧趨事相望於道究其所以皆緣數
邑之民積苦盜賊設縣控禦之議父老相沿已久人心冀望甚渴皆以爲必須
如此而後百年之盜可散數邑之民可安故其樂事勸工不令而速臣觀河頭

形勢實係兩省賊寨咽喉今象湖可塘大傘箭灌諸巢雖已破蕩而遺孽殘黨亦寧無有逃遯山谷者舊因縣治不立征勦之後浸復歸據舊巢亂亂相承皆原於此今誠於其地開設縣治正所謂撫其背而扼其喉盜將不解自散行且化爲善良不然不過年餘必將復起其時再聚兩省之兵又糜數萬之費圖之已無及矣臣竊以爲開縣治於河頭以控制羣巢於勢爲便雖使民甚不欲猶將強而從之況其祝望欣趨若此亦何憚而不爲至於移巡司於枋頭坂亦於事勢有不容已蓋河頭者諸巢之咽喉枋頭者河頭之唇齒勢必相須兼其事體已有成規不過遷移之勞所費無幾臣等皆已經畫區處大略已備不過數月可無督促而成民之所未敢擅爲者惟縣治學校須　命下之日乃舉行耳伏願　陛下俯念一方荼毒之久深惟百姓永遠之圖下臣等所議於該部採而行之設縣之後而不如議臣無所逃其責今新撫之民羣聚於河頭者二千有餘皆待此以息其反側若失今不圖衆心一散不可以復合事機一去不可以復追後有噬臍之悔徒使臣等得以爲辭然已無救於事矣緣係添設縣治

永保地方事理爲此具本請　旨

疏通鹽法疏　十二年六月十五日

據江西按察司整飭兵備帶管分巡嶺北道副使楊璋呈奉巡撫江西右副都御史孫燧案驗准兵部咨行移各該巡撫官員今歲俱免赴京議事各要在彼修舉職業若有重大軍務應議事件益於政體便於軍民者明白條陳聽會官計議奏請等因已經行仰所屬查訪去後隨據吉安臨江袁州等府萬安泰和清江宜春等縣商民彭拱劉常郭閏彭秀連名狀告正德六年蒙上司明文行令贛州府起立抽分鹽廠告示商民但有販到閩廣鹽課由南雄府曾經折梅亭納過勸借銀兩止在贛州府發賣者免其抽税願裝至袁臨吉三府賣者每十引抽一引閩鹽自汀州過會昌羊角水廣鹽自黃田江九渡水來者未經折梅亭在贛州府發賣每十引抽一引願裝至袁臨吉三府發賣每十引又抽一引疏通四年官商兩便正德九年十月内又蒙贛州府告示該奉勘合開稱廣鹽止許南贛二府發賣其袁臨吉不係舊例行鹽地方不許越境以致數年廣

鹽禁絕淮鹽因怯河道逆流灘石險阻止於省城三府居民受其高價之苦客
商阻塞買賣之源乞賜俯念吉臨等府與贛州地里相連自昔至今惟食廣鹽
一向未經禁革況廣鹽許于南贛二府發賣原亦不係洪武舊制乃是正統年
間爲建言民情事奉總督兩廣衙門奏行新例如蒙將廣鹽查照南贛事例照
舊疏通下流發賣萬民幸甚等因又據贛州府抽分廠委官照磨汪德進呈近
奉勘合禁止廣鹽止許南贛發賣不許下流但贛州吉安地理相連水路不過
一日之程今年夏驟雨泛漲雖有橋船阻隔水勢洶惡衝斷橋索以致奸商計
乘水勢聚積百船執持兇器用強越過後雖拏獲數起問罪不過十之一二又
有投託勢要官豪夾帶下流發賣者又有挑擔馱載從興國贛縣南康等處小
路越過發賣者其弊多端不禁則違事例禁止則勢所難行呈乞議處等因卷
查正德六年奉總制江西等處地方軍務左都御史陳金批據江西布政司呈
准本司右布政使汪漢咨稱查得江西十三府俱係兩淮行鹽地方湖西嶺北
二道灘石險惡淮鹽因而不到商人往往越境私販廣鹽射利肥己先蒙總督

衙門奏准廣鹽許行南贛二府發賣仰令南雄照引追米納價類解梧州軍門
官商兩便軍餉充足當時止是奏行南贛不曾開載袁臨吉三府分無遵照敕
諭便宜處置暫許廣鹽得下袁臨吉三府地方發賣立廠盤掣以助軍餉及據
江西按察司兵備副使王秩亦呈前事隨該三司布政等官劉杲等議得委果
於事有益於法無礙呈詳批允前來遵照立廠照例抽稅外正德九年十月內
准戶部咨該巡撫都御史周南題該本部覆議內開廣東鹽課仍照正德三年
題奉　欽依事理有引官鹽許於南贛二府發賣不許再行抽稅袁臨吉不係
舊例行鹽地方不許到彼如有犯者不分有引無引俱照律例問罪沒官又經
行仰禁革去後今據前因隨查得正德六年十一月二十七日設立抽分廠起
至正德九年五月終止共抽過稅銀四萬八百四十餘兩陸續奉撫鎮衙門明
文支發三省夾攻大帽山等處賞功軍餉并犒勞過狼兵官軍士兵口糧并取
赴饒州征勦姚源軍前應用及起造抽分廠廳浮橋修理城池買穀上倉預備
賑濟及遵巡撫軍門批申借支贛州衛官軍月糧等項支過稅銀三萬八千二

百九十餘兩由此觀之則地方糧餉之用歲費不貲而仰給於商稅獨重前項商稅所入諸貨雖有而取足於鹽利獨多及查得近爲緊急賊情事該兵部題奉
欽依轉行議處停當具由呈報該本道會同分守守備衙門議得賊首謝志珊有名大寨三十餘處擁衆數萬盤據三省窮兇極惡神怒人怨已經呈詳轉達奏
聞動調三省官兵會勦去後及議得本省動調官兵以三萬爲率半年爲期糧餉等費約用數萬查得贛州府庫收貯前項稅銀除支用外止餘二千九百餘兩又是節催起解赴部之數續收銀兩止有一千六百餘兩但恐不日
命下尅期進勦軍行糧食所當預處及查得廣東所奏前項鹽法准行南贛二府販賣果係一時權宜不係洪武年間舊例合無查照先年總制都御史陳金便宜事例一面行令前商許於袁臨吉三府販賣所收銀兩少爲助給一面別行議處以備軍餉庶使有備無患不致臨期缺乏候事少寧另行具題禁止庶袁臨吉三府居民無乏鹽之苦南贛二府軍門得軍餉之利而關津把截去處免阻隔意外之變誠爲一舉而三得矣等因已經備由呈奉巡撫都御史

孫燧批看得所議鹽稅既不重累商人抑且有裨軍餉輿情允協事體頗宜但
其至贛州府十取其一吉臨等府十而取二似乎過重仰行再加詳議斟酌適
中回報依奉訪得商民販鹽下至三府發賣者倍取其利既許越境販賣乃其
心悅誠服並無稅重之辭又經呈詳奉批看得所議鹽稅事情商賈疏通軍餉
有賴一舉兩得合遵照欽奉　敕諭便宜處置事理仰行各道幷該府縣遵奉
仍禁革奸徒不許乘機作弊因而瞞官射利擾害地方具由繳申今照本院撫
臨理合再行呈請照詳等因據呈到臣看得贛南二府閩廣喉襟盜賊淵藪即
今具題夾攻不日且將命下糧餉之費委果缺乏計無所措必須仰給他省但
聞廣東以府江之師庫藏漸竭湖廣以偏橋之討稱貸既多亦皆自給不贍恐
無羨餘可推若不請發內帑未免重科貧民然內帑以營建方新力或不逮貧
民則窮困已極勢難復征及照前項鹽稅商人既已心服公私又皆兩便庶亦
所謂不加賦而財足不擾民而事辦臣除遵照　敕諭徑自區畫事理批行該
道暫且照議施行候地方平定之日將抽過稅銀支用過數目另行具奏抽分

事宜照例仍舊停止外緣係地方事理爲此具本題　知

王文成公全書卷之九

王文成公全書卷之十

別錄二　奏疏

議夾勦兵糧疏 正德十二年七月初五日

准兵部咨該本部題職方清吏司案呈奉本部送兵科抄出巡撫湖廣地方兼贊理軍務都察院右副都御史秦金題稱會同巡按御史王度督同都布按三司掌印署都指揮僉事文恭左布政使周季鳳副使惲巍等議照湖廣郴桂等處所屬地方與廣東樂昌江西上猶等處縣猺賊密爾聯絡彼處有名賊首龔福全高仲仁李斌龐文亮藍友貴等素恃巢穴險固聚衆行劫先年用兵征勦各賊漏殄未除遂致禍延今日臣等仰體　皇上好生之心設法撫處冀圖靖安以成止戈之武柰犬羊之性變詐不同豺狼之心貪噬無厭陽雖聽招陰實肆毒今乃攻打縣堡虜官殺人窮凶極惡神人共憤雖經各官兵擒斬數輩稍懼歸巢緣其種類繁多出沒尚未可料若非三省合兵大彰　天討惡孽終不殄除疆宇何由寧謐所據各官會呈乞要大舉臣等再三籌議非敢輕啓兵端

但審時度勢誠有不容已者況彼巢峒既多賊黨亦衆東追西竄此出彼藏必須調發本省土漢官軍民兵殺手人等共三萬員名分立哨道刻期進剿其兩廣南贛仍須各調官軍狼兵把截夾攻協濟大事臣等計算兵糧重大區處艱難抑且本省兵荒相繼財力匱乏前項合用錢糧預須計處今將應調土漢官軍數目供給糧餉事宜及戰攻方略開坐具奏該本部覆稱閫外兵權貴在專委征伐事宜切忌遙制今郴桂猺賊爲害日熾既該湖廣鎮巡三司官會議兵不可已要行尅期進剿　朝廷若復猶預不決往返會議必致誤事但七月進兵天氣尚炎況今五月將中三省約會期限太迫再請　敕兩廣總督等官左都御史陳金等及請　敕巡撫南贛左僉都御史王守仁各照議定事理欽遵會合行事不許違期失誤及改擬九月中取齊進兵庶三省路遠不誤約會本年五月十一日少保兼　太子太保本部尚書王瓊等具題奉　欽依備咨到臣除欽遵外卷查先據江西嶺北道副使楊璋及湖廣郴桂兵備副使陳璧幷廣東韶州府各呈申前事臣參看得前賊惡貫已盈神怒人怨天討在所必加

但近年以來江西有桃源之役瘡痍甫起福建有汀漳之寇軍旅未旋府江之
師方集於兩廣偏橋之討未息於湖湘若復繼以大兵惟恐民不堪命合無申
明賞罰容臣等徐爲之圖惟復約會三省並舉夾攻已經開陳兩端具本上請
去後今准前因則巡撫湖廣右副都御史秦金所題夾攻事理既奉有　成命
矣臣謹將南贛二府議處兵糧事宜開坐緣係地方緊急賊情事理爲此具本
請　旨
計開
一南安府所屬大庾南康上猶三縣各有賊巢聯絡盤據有衆數千西接湖
廣桂陽等縣南接廣東韶州府樂昌等縣三省夾攻必須湖廣自桂陽桂東
等處進廣東自樂昌縣進在南安者必須三縣地方並進贛州府所屬惟龍
南縣賊巢與廣東惠州府龍川縣浰頭接境浰頭係大賊池大鬢等巢穴有
衆數千比之他賊勢尤猖獗前此二次夾攻俱被漏網龍南雖有賊徒數夥
除之稍易但其倚藉浰頭兵力以爲聲援攻之則奔入浰頭兵退則復出爲

害必須廣東兵自龍川進贛州兵自龍南進庶可使無奔潰
一上猶去龍南幾四百里兩處進兵必須一時並舉庶無驚潰之患大約計
之亦須用兵一萬二千名今擬調南康上猶二縣機兵打手一千二百名大
庾縣機兵打手一千二百名贛州府所屬除石城縣外寧都信豐二縣機兵
打手各一千名其餘七縣機兵打手三千名龍泉縣機兵打手一千名安遠
縣招安義民葉芳老人梅南春等龍南縣招安新民王受謝鉞等兵共二千
名汀州府上杭縣打手一千名潮州府程鄉縣打手一千名共𣜿一萬二千
之數但廣湖兩省之兵皆狼土精悍賊所素畏勢必偏奔江西江西之兵最
爲怯懦望賊而潰乃其素習今所擬調皆新習未練若使嚴以軍法處治庶
幾人心齊一事功可成
一兵一萬二千餘名每名日給米三升一日該米三百七十餘石閏日折支
銀一分五釐一日該銀一百八十餘兩以六箇月爲率約用米三萬三千餘
石用銀二萬餘兩領哨統兵旗牌等官幷使客合用廩給及賞功犒勞牛酒

銀牌花紅魚鹽火藥等費約用銀二萬餘兩通前二項約共用銀五萬兩二府商稅銀兩集兵以來日有所費見存銀止有四千餘兩二府幷贛縣大庾南康上猶四縣積穀約計有七八萬石但貯積年久恐舂米不及其數見在前銀不足支用就欲別項區處但恐緩不及事查得江西布政司幷各府縣別無蓄積止有該解南京折糧銀兩貯庫未解幷一應紙米贓罰銀兩合無行巡撫江西都御史孫燧轉行布政司幷行各府照數借給應用候事寧之日或將以後抽掣商稅或開中鹽引另爲計處奏請補還庶克有濟

一合用本省巡按御史隨軍紀功管理錢糧及統兵領哨官員除本省三司分守分巡兵備守備幷南贛二府官員臨時定委外訪得九江府知府汪頫吉安府知府伍文定汀州府知府唐淳惠州府知府陳祥俱各才識練達程鄉縣知縣張戩撫州府東鄉縣知縣黃堂建昌府新城縣知縣黃文鸑袁州府萍鄉縣知縣高桂吉安府龍泉縣知縣陳允諧俱有才名俱各堪以領兵候命下之日聽臣等取用臣等竊照師期已迫自今七月上旬至九月中

旬僅餘兩月中閑合用前項錢糧器仗及擬調兵快應委官員之類悉皆百
未有措又事干各省道途相去近者半月遠者月餘萬一各官之中違抗推
託不肯遵依約束臨期誤事罪將安歸乞照湖廣巡撫都御史秦金所奏該
部題准事理各官之中敢有抗違失誤者許臣等即以軍法從事庶幾警懼
事可易集

南贛擒斬功次疏 十二年七月初五日

據江西按察司整飭兵備帶管分巡嶺北道副使楊璋呈據統兵等官南安府
知府季斆呈解生擒大賊首一名陳曰能從賊林杲等二十七名斬獲首級十
六顆俘獲賊屬男女十三口及馬牛等物幷開稱搗過禾沙坑船坑石圳上龍
狐狸朱雀黃石等賊巢七處燒死賊徒不計其數幷房屋禾倉三百餘間南康
縣縣丞舒富呈解生擒大賊首一名鍾明貴從賊曾能志等二十一名斬獲首
級四十五顆殺死未取首賊一百一十七名俘獲賊屬男女一十六名口及牛
馬驢等物幷開稱搗過石路坑白水峒杷州坑旱坑茶潭竹壩皮袍樟木坑等

賊巢八處燒死賊徒三百四十六名幷燒毀房屋禾倉四百七十餘間贛縣義官蕭庚呈解生擒大賊首一名唐洪從賊蒲仁祥等六名斬獲首級幷射死賊從一百三十八名燒毀賊巢房屋禾倉一百二十間及俘獲牛羊器械等物幷開稱搗過長龍鷄湖楊梅新溪等處賊巢四處各緣由到道隨據統兵官員幷鄉導人等各呈稱自本年正月蒙本院撫臨以來募兵練卒各賊探知消息將家屬婦女什物俱各寄屯山寨林木茂密之處其各精壯賊徒晝則下山耕作夜則各遯山寨依奉本院方略於六月二十日子時各哨尅期進剿每巢止有二三十人或四五十人看守巢穴見兵舉火奮擊俱各驚潰閉有射傷藥弩卽時身死墜於深巖及據縣丞舒富義官蕭庚各回呈止有上猶縣白水峒石路坑二巢南康縣雞湖一巢險峻巢内賊屬頗多被兵四面放火進攻賊無出路燒死數多天明看視止存骸骨頭面燒毀莫辨以此難取首級等因案照先爲緊急賊情事據上猶縣申稱四月閒被崙巢賊徒不時虜掠耕牛人口請兵追剿鄉民稍得蒔插今早穀將登又聞各巢修整戰具出劫乞爲防遏庶得收割

聊生等因幷據縣丞舒富及南安府呈大庾縣申同前事該本道查得上猶縣
鄰近巢穴則有旱坑茶潭杷州坑樟木坑石路坑白水峒竹潭川坳陰木潭等
巢南安縣則有長龍雞湖楊梅新溪等巢大庾縣則有狐狸坑船坑禾沙坑石
圳上龍朱雀黃石坑等巢多則三五百名少則七八十名合無將本院選集之
兵委官統領分投剿遏等因已經呈奉本院批看得各賊名號日漸僭擬惡毒
日加縱肆若果遂其奸謀得以乘虛入廣其爲患害關繫匪輕除密行南韶等
分兵防截外仰該道卽便部勒諸軍定哨分委仍密召各巢附近被害知因之
人堪爲鄉導者前來分引各兵出城之時不得張揚今正當換班之月就令俱
以下班爲名晝伏夜行尅期各至分地掩賊不備同時舉事分領各官務要嚴
密奮勇竭忠以副委託如或推託誤事及軍士之中敢有後期退縮者悉以軍
法從事決不輕貸該道亦要親帥重兵隨後繼進密屯賊巢要害處所相機接
應以防不測一應機宜務須愼密周悉仍要嚴緝各兵所獲眞正賊徒不許濫
加良善等因遵奉統領各兵刻期進剿及加謹防遏今據復呈前因通查得各

哨共計生擒大賊首三名首從賊徒五十四名斬獲首級六十八顆殺死射死賊徒二百四十餘名燒死賊徒二百餘名搗過巢穴一十九處燒毀房屋禾倉八百九十餘間俘獲賊屬男女二十九名口水黄牛馬驢羊一百四十四頭匹隻所據各該領兵等官所報擒斬之賊數固不多而巢穴已空無可棲身積聚已焚無可仰給就使屯集横水桶岡大巢將來人多食少大舉夾攻爲力已易等因轉呈到臣卷查先據副使楊璋呈稱據南安府幷上猶等縣及縣丞舒富各呈申訪得大賊首謝志珊號征南王糾率大賊首鍾明貴蕭規模陳曰能唐洪劉允昌等約會樂昌高快馬等大修戰具幷造呂公車欲先將南康縣打破聞知廣東官兵盡調征剿府江就行乘虛入廣等因已經批仰該道部勒諸軍酌量賊巢強弱派定哨分選委謀勇屬官統兵密召知因向導引領晝伏夜行刻定於六月二十日子時入各賊巢同時舉火併力奮擊務使噍類無遺去後今據前因覆勘得前項賊巢委果蕩平殆盡蓄積委果焚燬無遺獲功解報雖少殺傷燒死實多猖熾之勢少摧不軌之謀暫阻居民得以秋穫地方亦爲一

寧此皆遵依兵部申明律例事理仰仗　天威官兵用命之所致非臣之知謀所能及也臣惟南贛之兵素不練養見賊而奔則其常態今各官乃能夜入賊巢奮勇追擊在他所未為可異之功於南贛則實創見之事及照副使楊璋區畫贊理比於各官勞勤尤多今夾攻在邇伏乞　皇上特加勸賞以作興勇敢之風庶幾日後大舉臣等得以激勵人心除將獲功人員量加犒賞生擒賊徒監候審決首級梟示俘獲賊屬領養牛馬賞兵有功人員查審的確造冊奏繳外緣係斬獲功次事理為此具本題　知

議夾剿方略疏　十二年九月十五日

據江西嶺北道副使楊璋呈奉臣案驗准兵部咨該巡撫湖廣都御史秦金題為緊急賊情事備行計處兵糧約會三省將上猶縣等處賊巢尅期九月中進剿等因遵依隨將本道兵糧事宜計呈本院轉達奏　聞定奪外隨據南安府上猶大庾等縣申稱各縣鄉民早穀將登各巢羣賊修整戰具要行出劫并據南康縣縣丞舒富呈訪得大賊首謝志珊號征南王糾率桶岡等巢賊首鍾明

貴等約會廣東大賊首高快馬等大修戰具并呂公車欲要先將南康縣打破
聞知廣東官兵盡調府江就行乘虛入廣流劫乞要早爲撲剿等因已經呈蒙
本院密受方略行委知府季斆縣丞舒富等領兵分剿共生擒大賊首陳曰能
等三名首從賊徒五十四名斬獲賊首級六十八顆殺死射死賊徒二百四十
餘名燒死賊徒二百餘名擣過巢穴一十九處燒燬房屋禾倉八百九十餘間
俘獲賊屬二十九名口水黃牛馬羊騾一百四十四頭匹通經呈報又蒙本院
慮賊必將乘間復出行委知府季斆指揮來春等統兵屯南安指揮姚璽縣丞
舒富統兵屯上猶指揮謝昶千戶林節統兵屯南康各於要害去處往來防剿
至七月二十五日賊首謝志珊果復統衆一千五百餘徒攻打南安府城各官
督兵迎敵生擒賊犯楊鑾等七名斬獲首級四十五顆賊衆大敗而去八月二
十五日賊首謝志珊又統領二千餘徒復來攻打南安府城各官督兵迎敵生
擒賊犯龍正等四十二名斬獲首級一百五十七顆賊又大敗而去即今賊勢
少挫若乘此機會直擣其巢旬月之閒可期掃蕩但聞湖廣之兵既已齊集而

廣東因府江班師未久復調狼兵未有定期謹按地圖江西之南安有上猶大庾桶岡等處賊巢與湖廣桂東桂陽接境夾攻之舉止該江西與湖廣會合而廣東止于仁化縣要害把截夾攻不與焉贛州之龍南有浰頭賊巢與廣東龍川接境夾攻之舉止該江西與廣東會合而湖廣不與焉廣東樂昌乳源賊巢與湖廣宜章縣接境惠州賊巢與湖廣臨武縣接境仁化縣賊巢與湖廣桂陽縣接境夾攻之舉止該湖廣廣東二省會合而江西止於大庾縣要害把截夾攻不與焉名雖三省大舉其實自有先後舉動次第不相妨礙若不此之察必欲通待三省之兵齊集然後進剿則老師費財爲害匪細合將前項事宜約會三省以次漸舉庶兵力不竭糧餉可省等因據呈到臣看得三省夾攻必須彼此剋期定日同時並舉斯乃事體之常然兵無定勢謀貴從時苟勢或因地而異便則事宜量力以乘機三省賊巢連絡千里雖聲勢相因而其間亦自有種類之分界限之隔利則爭趨患不相顧乃其性習誠使三省之兵皆已齊備會約並進夫豈不善但今廣東狼兵方自府江班師而歸欲復調集恐非旬月所

能兩省之兵既集久頓而不進賊必驚疑愈生其奸悍者奔突黠者潛逃老師費財意外之虞乘閒而起雖有智者難善其後誠使先合湖廣江西之兵併力而舉上猶諸賊逮事之畢廣東之兵亦且集矣則又合湖廣廣東之兵併力而舉樂昌諸處逮事之畢江西之兵又得以少息矣則又合廣東江西之兵併力而舉龍川方其併力於上猶則姑遣人佯撫樂昌諸賊以安其心彼見廣東既未有備而湖廣之兵又不及已苟幸旦夕之生必不敢越界以援上猶及夫上猶既舉而湖廣移兵以合廣東則樂昌諸賊其勢已孤二省兵力益專其舉之益易當是之時龍川賊巢相去遼絕自以爲風馬牛不相及彼見江西之兵又撤意必不疑班師之日出其不意回軍合擊蔑有不濟者矣臣竊以爲因地之宜先後合擊之便除臣遵照兵部咨來題奉

欽依會兵征勦亦聽隨宜會議施行事理已將前項事宜移咨廣東湖廣總督巡撫等官知會一面相機行事外緣係地方緊急賊情事理爲此具本題　知

換　敕謝　恩疏　十二年九月十五日

近准兵部咨爲申明賞罰以勵人心事該臣奏該本部覆題節奉　聖旨是王
守仁著提督南贛汀漳等處軍務換敕與他欽此備咨到臣本年九月十一日
節該欽奉　敕諭江西南安贛州地方與福建汀漳二府廣東南韶潮惠四府
及湖廣郴州桂陽縣壤地相接山嶺相連其閒盜賊不時生發東追則西竄南
捕則北奔蓋因地分各省事無統屬彼此推調難爲處置先年嘗設有都御史
一員巡撫前項地方就令督勦盜賊但責任不專類多因循苟且不能申明賞
罰以勵人心致令盜賊滋多地方受禍今因所奏及該部覆奏事理特改命爾
提督軍務撫安軍民修理城池禁革奸弊一應軍馬錢糧事宜俱聽便宜區畫
以足軍餉但有盜賊生發卽便設法調兵勦殺不許踵襲舊弊招撫蒙蔽重爲
民患其管領兵快人等官員不問文職武職若在軍前違期并逗遛退縮者俱
聽軍法從事生擒盜賊鞫問明白亦聽就行斬首示衆斬獲賊級行令各該兵
備守巡官卽時紀驗明白備行江西按察司造冊奏繳查照陞賞激勸欽此俱
欽遵外竊念臣以凡庸謬膺重寄思逃罪責深求禍源始知盜賊之日熾由於

招撫之太濫招撫之太濫由於兵力之不足兵力之不足由於賞罰之不明輒敢忘其僭妄爲　陛下一陳其梗概其實言不量力請非其分方虞戮辱之及

陛下特採該部之議不惟不加咎謫而又悉與施行不惟悉與施行而又隆以新命是蓋曲從試可之請不忍以人廢言也　敕諭宣布之日百姓塡衢塞道悚然改觀易慮以爲聖天子明見萬里動察幽微占羣策之畢舉知國議之有人莫不警懼振發強息其暴僞息其奸怯者思奮而勇後者思效而前三軍之氣自倍羣盜之謀自阻所謂舞干格苗運於廟堂之上而震乎蠻貊之中者也夫過其言而不酬有志者之所恥也冒寵榮而不顧自好者不爲也臣固譾劣亦寧草木無知不思鞭策以報　知遇雖其才力有所難強而螻蟻之誠決能自盡雖於利鈍不可逆睹而狐兔之穴斷期掃平臣不勝感　恩激切之至

交收旗牌疏 十二年九月二十五日

准工部咨該本部題稱看得兵部咨開都御史王守仁奏　敕提督軍務應合照例給與旗牌以振軍威一節既查有例又奉　欽依合無於本部收有內給

與旗牌八面副就令原來百戶尹麟前去交與本官督軍應用務加愛惜不得
輕意損壞候到先將收領過日期號數徑自奏報查考等因具題奉　聖旨是
欽此欽遵備咨到臣隨於本年九月十六日據百戶尹麟領齎令旗令牌八副
面前來除照數收領調度軍馬應用務加愛惜不敢輕意損壞外緣係交收旗
牌事理爲此今將收領過日期緣由幷號數開坐具本題　知

議南贛商稅疏　十二年九月二十五日

據江西按察司分巡嶺北道兵備副使楊璋呈奉巡撫江西地方右副都御史
孫燧案驗備行各道兵備等官有地方重大軍務益於政體便於軍民果係應
議事件卽便條列呈報以憑施行等因隨據南安府呈繳本年春季分折梅亭
抽分商稅循環文簿看得該府造報冊內某日共抽稅銀若干不見開有某商
人某貨若干抽銀若干中間不無任意抽報情弊及看得一季總數倍少于前
原其所自蓋因抽分官員止是典史倉官義民等項不惜名節惟嗜貪污兼以
官職卑微人心玩視以致過往客商或假稱權要而挾放或買求官吏而帶過

及被店牙通同客商買求書算以多作少以有作無奸弊百端卷查前項抽分創於巡撫都御史金澤一則贍大庾過山之夫一則濟南贛軍餉之用題奉欽依遵行年久及查贛州龜角尾設立抽分廠建白于總制都御史陳金自正德六年十一月二十七日起至九年七月終止共抽過商稅銀四萬二千六百八十六兩六錢三分七毫五忽本省大帽山姚源華林盜賊四起大舉夾攻一應軍餉俱仰給於此並未奏動　內帑之積亦未科派小民之財以此而觀則商稅之有益地方多矣緣贛州之稅正德十一年該給事中黃重奏稱廣貨自南雄經南安折梅亭已兩稅矣贛州之稅不無重復已經勘明停止贛河之稅近復大舉夾攻軍餉仰給全在折梅亭之稅今所入如此非惟軍餉無益實惟奸宄是資隨會同分守左參議黃宏議照合將南安之稅移於龜角尾抽分既有分巡道之監臨又有巡撫之統馭訪察數多奸弊自少其大庾縣顧夫銀兩合令該縣每季具印信領狀赴道批行贛州府支領支盡查算准令復支如此非惟大庾過嶺之夫不缺而軍餉之用大增合就會案呈詳等因據呈到臣看

得南贛二府商稅皆因給軍餉裕民力而設折梅亭之稅名雖爲夫役而實以給軍餉龜角尾之稅事雖重軍餉而亦以裕民力兩稅雖若二事其實殊途同歸但折梅亭雖已抽分而龜角尾不復致詰未免有脫漏之弊若折梅亭既已抽分而龜角尾又復致詰未免有留滯之擾況監司既遠胥猾得以恣其侵漁頭緒既多彼此得以容其奸隙若革去折梅亭之抽分而總稅於龜角尾則事體歸一奸弊自消非但有資軍餉抑且便利客商蓋分合雖異而於商稅事體無改纖毫轉移之閒而於民商利害相去倍蓰除臣欽遵節奉 敕諭一應軍馬錢糧事宜俱聽便宜區畫事理將副使楊璋等所議行令該府一面查照施行外緣係地方事理爲此具本題 知

陞賞謝 恩疏 正德十二年十月初 日

節該欽奉 敕得爾奏該福建兵備僉事等官胡璉等統領軍兵各分哨路於今年正月十八等日先後攻破長富村象湖山可塘洞等處巢穴擒斬首從賊級一千四百二十九名顆及該廣東兵備僉事等官顧應祥等統領軍兵分哨

並進於今年正月二十四等日克破古村箭灌水竹等寨斬賊級一千二百七十二名顆各俘獲賊屬奪回人口頭畜器械等數多賊害既除良民安堵蓋由爾申嚴號令處置有方以致各該官員奉行成算有此成功捷奏來聞朕心嘉悅除有功官軍民快人等待查勘至日陞賞外陞爾俸一級賞銀二十兩紵絲二表裏仍降 敕獎勵爾其益竭心力大展才猷修明武備多方計畫務使四省交界之區數年嘯聚之黨撫勦盡絕地方永獲安靖斯稱朕委任之意毋或狃于此捷遽生怠玩致有他虞欽此 欽遵臣惟賞及微勞則有功者益勸罰行親暱則有罪者益警近者閩廣之師幸而成功其方略議於該部成算出於
朝廷用命存於諸將戮力因於士卒臣不過申嚴號令敷布督促之而已曾有何功而乃冒蒙 褒賞增其祿秩錫以金幣臣實不勝慚汗惶恐之至然臣嘗有申明賞罰之奏矣嘗有願 陛下俯從惟重之典以作敢勇之風之請矣臣之微勞懼不免於罪而 陛下曲從該部之議特 賜優渥之恩者所謂賞及微勞將以激勸有功也昔人有云死馬且買之千里馬將至矣臣敢畏避冒

賞之戮苟爲遜讓以仰辜　陛下激勵作興之盛心乎受　命之餘感懼交集

誓竭犬馬之力以効涓埃之報臣不勝受　恩感激之至

横水桶岡捷音疏 十二年閏十二月初二日

據江西布按二司巡守嶺北道兵備副使楊璋左參議黄宏會呈據一哨統兵贛州府知府邢珣呈督同興國縣典史區澄等官兵於十月十二等日攻破磨刀坑等巢十一月初一等日攻破桶岡洞等巢二十三日會兵擊賊于上新地寨共十四處共擒斬大賊首雷鳴聰藍文亨梁伯安等六名顆賊從王禮生等二百四十一名顆俘獲賊屬幷奪回被虜男婦二百五十七名口燒毀賊巢房屋一百七十七間及奪馬牛贓仗等項二哨統兵福建汀州府知府唐淳呈督同上杭縣縣丞陳秉等官兵於十月十二等日攻破左溪等巢十一月初一等日攻破十八磊等巢共十二處共擒斬大賊首藍天鳳藍八蘇景祥等四名顆賊從廖歐保等二百六十四名顆俘獲賊屬幷奪回被虜男婦五百四十四名口燒毀賊巢房屋七百一十二間及奪獲馬牛器械贓銀等項三哨統兵南安

府知府季斆呈督同同知朱憲推官徐文英等官兵於十月十二等日攻破穩下等巢十二月初三日擊賊於朱雀坑等巢共八處生擒大賊首高文輝何文秀等五名擒斬賊從楊禮等三百六十一名顆俘獲賊屬并奪回被虜男婦一百七十一名口燒毀賊巢房屋五百七十八間奪獲牛馬贓仗等物及先於七月二十五等日二次被賊擁衆攻打本府城池統領本營官兵會同指揮來春馮翔與賊對敵本職下官兵舍人共擒斬賊從龍正等一百三名顆來春下官兵擒斬賊從王伯崇等二十五名顆馮翔下官兵擒斬賊從劉保等一百三十五名顆四哨統兵江西都司都指揮僉事許清開稱督領千戶林節等官兵於十月十二等日攻破雞湖等巢共九處共擒斬大賊首唐洪劉允昌葉志亮譚祐李斌等共一十名顆賊從王志成等一百四十六名顆俘獲賊屬并奪回被虜男婦一百三名口燒毀賊巢房屋二百間及奪獲牛馬贓仗等物五哨統兵守備南贛二府地方以都指揮體統行事指揮使郟文呈督領安遠縣義官唐廷華官兵於十月十二等日攻破獅子寨等巢二十三日會兵擊賊於上新地

寨斬獲首賊藍文昭等三名顆擒斬賊從許受仔等一百六十六名顆俘獲賊
屬幷奪回被虜男婦九十八名口燒毀賊巢房屋四百一十二間及奪獲牛馬
器械等項六哨統兵贛州衞指揮余恩呈統領龍南縣新民王受等兵於十月
十二等日攻破長流坑等巢共五處擒斬大賊首陳貴誠薛文高劉必深三名
顆賊從郭彥秀等一百七十七名顆俘獲賊屬幷奪回被虜男婦九十九名口
燒毀賊巢房屋五百一十七間及奪獲馬驢器械贓銀等物七哨統兵寧都縣
知縣王天與呈督同典史梁儀等官兵於十月十二等日攻破樟木坑等巢共
□處擒斬大賊首鄧崇泰王孔洪等八名顆擒斬賊從陳榮漢等一百三十九
名顆俘獲賊屬幷奪回被虜男婦二百七十五名口燒毀賊巢房屋一百六間
及奪獲牛馬贓物等項八哨統兵南康縣縣丞舒富呈統領上猶縣義官胡述
等兵於十月十二等日攻破箬坑等巢共五處擒斬賊從康仲榮等四百一十
九名顆俘獲賊屬幷奪回被虜男婦一百八十三名口燒毀賊巢房屋九百九
十三間及奪獲牛馬贓銀等項及先於九月二十一等日大賊首謝志田等攻

打白面寨隨督發寨長廖惟道等擒斬首從賊徒謝志田等三十五名顆九哨統兵廣東潮州府程鄉縣知縣張戩呈統領本縣新民等兵於十月二十四日等攻破杷州坑等巢十一月初一等日攻破西山界桶岡等巢共九處擒斬大賊首蕭貴富鍾得昌等六名顆賊從何景聰等二百五十七名顆俘獲賊屬幷奪回被虜男婦一百五十七名口及奪獲牛馬器械贓銀等物十哨統兵吉安府知府伍文定呈統領廬陵縣等官兵劉顯等於十月二十四等日攻破寨下等巢十一月初一等日攻破上池等巢二十日擊賊於穩下等巢共十二處擒斬大賊首謝志珊藍三等二十名顆賊從王福兒等二百三十八名顆俘獲賊屬幷奪回被虜男婦二百八十四名口燒毀賊巢房屋一百三十三間及奪獲贓仗等物中營隨征參隨等官推官危受指揮謝昶等各呈蒙提督軍門親統各職等官兵於十月十二等日攻破長龍橫水大巢及庵背等巢共七處生擒大賊首蕭貴模等一十四名擒斬賊從蕭容等四百六十五名顆俘獲賊屬幷奪回被虜男婦二百四十八名口燒毀賊巢房屋二百二間及奪獲牛馬金銀

贓仗等項各呈報到道查得先爲地方緊急賊情事節奉提督軍門案驗備仰
本道計處兵糧約會三省官兵將上猶等處賊巢尅期進剿奏請定奪外本年
六月初五日據大庾上猶等縣申幷據南康縣縣丞舒富呈稱大賊首謝志珊
號征南王糾率桶岡等巢賊首鍾明貴等約會廣東大賊首高快馬等大修戰
具幷造呂公車欲要先將南康縣打破就行乘虛入廣乞早爲撲捕等因備呈
本院行委知府季斆等分兵剿捕獲功呈報奏　聞訖又經本院行委知府季
斆指揮來春姚璽謝昶馮翔縣丞舒富千戶林節各於要害防遏擒斬功次俱
發仰本道紀驗解送本院梟示外隨該本道會同分守參議黃宏議照江西地
方惟桶岡一處該與湖廣約會夾攻龍川一縣該與廣東約會夾攻其餘三縣
腹心之賊不時奔衝難以止遏合無以次剿捕等因具呈本院移文廣東湖廣
鎮巡衙門約會以次攻剿間隨奉本院分定哨道指授方略將知府邢珣等刻
期進剿備仰各道不妨職事照舊軍前紀驗贊畫等因依奉催督各營官兵進
攻去後今呈前因除將擒斬賊徒首級俱類送巡按衙門會審紀驗明白生擒

仍解提督軍門處決幷賊級照例梟示被虜人口給親完聚賊屬男女幷牛馬騾變賣銀兩收候賞功支用器械贓物俱發贛縣貯庫外職等議照上猶等縣横水等巢大賊首謝志珊謝志田謝志富謝志海蕭貴模蕭貴富徐華譚曰志雷俊臣桶岡大賊首藍天鳳藍八蘇藍文昭胡觀雷明聰藍文亨鷄湖大賊首唐洪新溪大賊首劉允昌楊梅大賊首葉志亮左溪大賊首薛文高高誦馮祥朱雀坑大賊首何文秀下關大賊首蘇景祥義安大賊首高文輝密溪大賊首高玉瑄康永三絲茅壩大賊首唐曰富劉必深長河壩大賊首蔡積富葉三梅伏坑大賊首陳貴誠鼇坑大賊首藍通海赤坑大賊首譚曰榮雙壩大賊首譚祐李斌等冥頑凶毒恃險爲惡僭擬王號僞稱總兵聚集黨類數千肆行流毒三省攻圍南安南康府縣城池殺害千戶主簿等官流劫湖廣桂陽酃縣宜章吉安府龍泉萬安泰和永新等縣良民子女被其奴戮房屋倉廩被其焚燒道路田土被其阻荒占奪者以千萬頃賦稅屯糧負累軍民陪納者以千萬石其大賊首謝志珊藍天鳳各又自稱盤皇子孫收有傳流寶印畫像蠱惑羣賊悉

歸約束即其妖狐酷鼠之輩固知決無所就而原其封豕長蛇之心實已有不
可言比之姚源之王浩八華林之胡雪二東鄉之徐仰四建昌之徐九齡均爲
賊首而奸雄實倍之今則渠魁授首巢穴蕩平擒斬既多俘獲亦盡數十年之
禍害已除三省之寃憤頓釋悉皆仰仗　朝廷憐念地方之荼毒大興征討之
王師并提督軍門指授成算號令嚴明親臨督陣身先士卒以致各哨官兵
用命爭先捐軀赴敵或臻是捷擬合會案呈詳施行等因據呈到臣卷查先准
兵部咨爲申明賞罰以勵人心事該本部覆議請　敕南贛等處都御史假以
提督軍務名目給與旗牌應用以振軍威一應軍馬錢糧事宜徑自便宜區畫
文職五品以下武職三品以下徑自拿問發落如遇盜賊入境即便調兵剿殺
不許踵襲舊弊招撫重爲民患所部官軍若在軍前違期逗遛退縮俱聽以軍
法從事題奉　聖旨是王守仁著提督南贛汀漳等處軍務換敕與他其餘事
宜各依擬行欽此及爲地方緊急賊情事准兵部咨看得所奏攻治賊盜二說
合無行文交與都御史王守仁悉依前項申明賞罰事理便宜行事期於成功

不限以時等因題奉　聖旨是這申明賞罰事宜還行與王守仁知道欽此又准兵部咨該巡撫湖廣都御史秦金題該本部覆題看得郴桂等處與廣東江西所轄猺峒密邇聯絡若非三省會兵夾攻賊必遁散合無請敕兩廣幷南贛總督巡撫等官會同行事尅期進兵等因節奉　聖旨是都依擬行欽此又該巡按江西監察御史屠僑奏要會同湖廣江西撫鎮等官各量起兵約會尅期夾勦又該本部覆題奉　聖旨是這南贛地方賊情只照依恁部裏原擬事宜著都御史王守仁自行量調官軍設法勦捕如有該與江西兩廣巡撫總督等官會兵征勦的聽隨宜會議施行欽此續准兵部咨該臣題開計處南贛二府兵糧事宜及合用本省巡按御史紀功緣由該本部覆題奉　聖旨是都依擬行欽此俱　欽遵陸續備咨到臣俱經行江西廣東湖廣各道兵備守巡等官一體欽遵調取官軍兵快尅期夾攻及咨巡撫江西都御史孫燧幷行巡按御史屠僑各查照外續據領兵縣丞舒富等呈稱各輋賊首聞知湖廣土兵將到集衆據險四出殺掠猖熾日甚乞爲急處等因到臣當將進兵機宜督同兵備

副使楊璋分守參議黄宏統兵知府等官邢珣等議得桶岡横水左溪諸賊荼
毒三省其患雖同而事勢各異以湖廣言之則桶岡諸巢爲賊之咽喉而横水
左溪諸巢爲之腹心以江西言之則横水左溪諸巢爲賊之腹心而桶岡諸巢
爲之羽翼今不先去横水左溪腹心之患而欲與湖廣夾攻桶岡進兵兩寇之
間腹背受敵勢必不利今議者紛紛皆以爲必須先攻桶岡而湖廣尅期乃在
十一月初一日賊見我兵未集而師期尚遠且以爲必先桶岡勢必觀望未備
今若出其不意進兵速擊可以得志已破横水左溪移兵而臨桶岡破竹之勢
蔑不濟矣於是臣等乃決意先攻横水左溪密切分布哨道使都指揮僉事許
清率兵千餘自南康縣所溪入知府邢珣率兵千餘自上猶縣石人坑入知縣
王天與率兵千餘自上猶縣白面入令其皆會横水使守備指揮郟文率兵千
餘自大庾縣義安入知府唐淳率兵千餘自大庾縣聶都入知府季斅率兵千
餘自大庾縣穩下入縣丞舒富率兵千餘自上猶縣金坑入令其皆會左溪知
府伍文定知縣張戩候各兵齊集令其亦從上猶南康分入以遏奔衝臣亦親

率兵千餘自南康進屯至坪期直搗橫水以與諸軍會而使兵備副使楊璋分守參議黃宏監督各營官兵往來給餉以促其後分布既定乃於十月初七日夜各哨齊發初九日臣兵至南康初十日進屯至坪使間諜四路分探皆以爲諸賊不虞官兵猝進各巢皆鳴鑼聚衆往來呼噪奔走爲分投禦敵之狀勢甚張皇然已於各險隘皆設有滾木礌石度此時賊已據險勢未可近臣兵乘夜遂進十一日小餉未至賊巢三十里止舍使人伐木立柵開塹設堠示以久屯之形夜使報效聽選官雷濟義民蕭庾分率鄉兵及樵豎善登山者四百人各與一旗齎銃礮鉤鐮使由閒道攀崖懸壁而上分列遠近極高山頂以覘賊張立旗幟爇茅爲數千竈度我兵且至險則舉礮燃火相應十二日早臣兵進至十八面隘賊方據險迎敵驟聞遠近山頂礮聲如雷煙熖四起我兵復呼噪奮逼銃箭齊發賊皆驚潰失措以爲我兵已盡入破其巢穴遂棄險退走臣預遣千戶陳偉高睿分率壯士數十緣崖上奪賊險盡發其滾木礌石我兵乘勝驟進聲震天地指揮謝昶馮廷瑞兵由閒道先入盡焚賊巢賊退無所據乃大敗

奔潰遂破長龍巢破入八面隘巢破先鵝頭巢破狗脚嶺巢破庵背巢破白藍
横水大巢先是大賊首謝志珊蕭貴模等皆以横水居衆險之中倚以爲固聞
官兵四進倉卒分衆扼險出禦甚力至是見横水煙焰障天銃礟之聲撼搖山
谷亦各失勢棄險走各哨官兵乘之皆奮勇力戰而入知府邢珣遂破磨刀坑
巢破茶坑巢破茶潭巢知縣王天與破樟木坑巢破石王巢都指揮許清破雞
湖巢破新溪巢破楊梅巢俱至横水知府唐淳破羊牯腦巢破上關巢破下關
巢破左溪大巢守備指揮郟文破獅寨巢破義安巢破苦竹坑巢指揮余恩破
長流坑巢破牛角窟巢破鼈坑巢縣丞舒富破箬坑巢破赤坑巢破竹壩巢知
府季斆破上西峯巢破狐狸坑巢破鉛廠巢俱至左溪守巡各官亦隨後督兵
而至是日擒斬首從賊人賊級幷俘獲賊屬男婦奪回被虜人口牛馬贓仗數
多其餘自相蹂踐墮岸填谷而死者不可勝計當是時賊路所由入皆刊崖倒
樹設阱埋簽不可行我兵晝夜涉深澗蹈叢棘遇險絶則掛繩崖樹魚貫而上
猿臂而下往往失足墮深谷幸而不死經數日始能出各兵已至横水左溪皆

困甚不復能驅逐會日已暮遂令收兵屯劄次日大霧雨咫尺不辯連數日不開乃令各營休兵享士而使鄉導數十人分探潰賊所往幷未破巢穴動靜十五日得各鄉導報謂諸賊分陣預於各山絕險崖壁立有柵寨爲退保之計有復合聚於未破之巢者俱不意我兵驟入未及搬運糧穀若分兵四散追擊可以盡獲臣等竊計湖廣夾攻在十一月初一期已漸迫此去桶岡尚百餘里山路嶮峻三日始能達若此中之賊圍之不克而移兵桶岡勢分備多前後顧瞻非計之得乃令各營皆分兵爲奇正二哨一攻其前一襲其後冒霧速進分投急擊十六日知府邢珣攻破旱坑巢寫井巢知府季斅守備指揮郟文攻破穩下巢李家巢十七日知府唐淳攻破絲茅壩巢十八日都指揮許清攻破朱雀坑巢村頭坑巢黃竹坳巢觀音山巢十九日指揮余恩攻破梅伏坑巢石頭坑巢二十日知府邢珣又攻破白封龍巢芒背巢知縣王天與攻破黃泥坑巢大富灣巢二十二日縣丞舒富攻破白水洞巢本日知府伍文定知縣張戩兵亦至二十四日知府伍文定攻破寨下巢知縣張戩攻破杞州坑巢二十五日知

縣張戩又破朱坑巢知府伍文定破楊家山巢二十六日知府季斅又破李坑
巢都指揮許清又破川坳巢二十七日守備指揮郟文又破長河洞巢連日各
擒斬首從賊人賊級并俘獲賊屬男婦奪回被虜人口牛馬贓仗數多是日各
營官兵請乘勝進攻桶岡臣復議得桶岡天險四面青壁萬仞中盤百餘里連
峯參天深林絶谷不睹日月中所產旱穀薯蕷之類足餉凶歲往者亦嘗夾攻
坐困數月不能俘其一卒竟以招撫爲名而罷及詢訪鄉導其所由入惟鎖匙
龍葫蘆洞茶坑十八磊新地五處然皆架棧梯壑緣懸絶壁而上賊使數人於
崖巔坐發礧石可無執兵而禦我師惟上章一路稍平然深入湖廣迂回取道
半月始至湖兵既從彼入而我師復往事皆非便今横水左溪餘賊皆已奔入
其中同難合勢爲守必力善戰者其勢險其節短今我欲乘全勝之鋒兼三日
之程長驅百餘里而爭利彼若拒而不前頓兵幽谷之底所謂強弩之末不能
穿魯縞矣今若移屯近地休兵養鋭振揚威聲先使人諭以禍福彼必懼而請
服其或有不從者乘其猶豫襲而擊之乃可以逞乃使素與賊通戴罪義官李

正巖醫官劉福泰釋其罪并縱所獲桶岡賊鍾景於二十八日夜懸壁而入期以初一日早使人於鎖匙龍受降賊方甚恐見三人至皆喜乃集衆會議而横水左溪奔入之賊果堅持不可往復遲疑不暇爲備臣遣縣丞舒富率數百人屯鎖匙龍促使出降而使知府邢珣入茶坑知府伍文定入西山界知府唐淳入十八磊知縣張戩入葫蘆洞皆於三十日乘夜各至分地遇大雨不得進初一日早冒雨疾登大賊首藍天鳳方就鎖匙龍聚議聞各兵已入險皆驚愕散亂猶驅其衆男婦千餘人據内隘絶壁隔水爲陣以拒知府邢珣之兵渡水前擊張戩之兵衝其右伍文定之兵自張戩右懸崖而下遶賊傍擊賊不能支且戰且卻及午雨霽各兵鼓奮而前乃敗走縣丞舒富知縣王天與所領兵聞前山兵已入亦從鎖匙龍並登各軍乘勝擒斬賊悉奔十八磊知府唐淳之兵復嚴陣迎賊又敗然會日晚猶扼險相持次早諸軍復合勢併擊大戰良久遂大敗知府邢珣破桶岡大巢破梅伏巢破烏池巢知縣張戩破西山界巢鎖匙龍巢破黄竹坑巢知府唐淳破十八磊巢知府伍文定破鐵木里巢破土池巢破

葫蘆洞巢知縣王天與破員分巢破背水坑巢縣丞舒富破太王嶺巢擒斬首從賊人賊級幷俘獲賊屬男婦奪回被虜人口牛馬贓仗數多賊大勢雖敗結陣分遁者尚多是日聞湖廣土兵將至臣使知府邢珣屯葫蘆洞知府唐淳屯十八磊知府伍文定屯大水守備指揮郟文屯下新地知縣張戩屯磜頭縣丞舒富屯茶坑指揮姚璽知縣王天與屯板嶺而使副使楊璋巡行磜頭茶坑諸營監督進止以繼其糧餉又使知府季斆分屯聶都以防賊之南奔都指揮許清留屯橫水指揮余恩留屯左溪以備腹心遺漏之賊而使參議黃宏留劄南安給糧餉以爲聶都之繼臣亦躬率帳下屯茶寮使各營分兵與湖兵相會夾剿遁賊初五日知府邢珣又破上新地巢破中新地巢破下新地巢初七日知府唐淳又破杉木坳巢破原陂巢破木里巢十一日知縣張戩破板嶺巢破天台庵巢十三日又破東桃坑巢破龍背巢連日各擒斬俘獲數多其間巖谷溪壑之內饑餓病疹顛仆死者不可以數於是桶岡之賊略盡臣以其暇親行相視形勢據險立隘使卒數百斬木棧崖鑿山開道又使典史梁儀領卒數百相

視横水創築土城周圍千餘丈亦設隘以奪其險議以其地請建縣治控制三省諸猺斷其往來之路事方經營十六日據防遏推官徐文英呈稱廣東魚黃等巢被湖兵攻破賊黨男婦千餘突往雞湖新地穩下朱雀坑等處臣復遣知府季𢾺分兵趨朱雀坑等處知府伍文定趨穩下雞湖等處守備指揮郟文知府邢珣趨上新等處各相機急剿二十日知府伍文定兵擊賊於穩下寨西峯寨苦竹坑寨長河壩巢黎坑巢二十三日守備指揮郟文知府邢珣擊賊於上新地巢知府伍文定又追擊於雞湖巢十二月初三日知府季𢾺擊賊於朱雀坑寨狐狸坑巢擒斬首從賊徒俘獲賊屬奪獲贓仗數多於是奔遁之賊始盡然以湖廣二省之兵方合雖近境之賊悉以掃蕩而四遠奔突之虞難保必無乃留兵二千餘分屯茶寮横水等隘而以是月初九日回軍近縣以休息疲勞候二省夾攻盡絕然後班師兩月之間通計搗過巢穴八十餘處擒斬大賊首謝志珊藍天鳳等八十六名顆從賊首級三千一百六十八名顆俘獲賊屬二千三百三十六名口奪回被虜男婦八十三名口牛馬騾六百八隻匹贓仗二

千一百三十一件金銀一百一十三兩八錢一分總計首從賊徒賊屬牛馬贓仗共八千五百二十五名顆口隻件俱經行令轉解紀功官處審驗紀錄去後今呈前因參照大賊首藍天鳳謝志珊等盤據千里荼毒數郡僭擬王號圖謀不軌基禍種惡且將數十餘年而虐焰之熾威毒流之慘極亦已數年于茲前此亦嘗夾剿曾不能損其一毛屢加招撫適足以長其桀驁乃今驅卒不過萬餘用費不滿三萬兩月之間俘獲六千有奇破巢八十有四渠魁授首噍類無遺此豈臣等能賢於昔人是皆仰仗　朝廷威德之被廟堂處置得宜既假臣以賞罰之權復專臣以提督之任故臣等得以伸縮自由舉動如志奉　成算以行事循方略而指揮將士有用命之美進止無掣肘之虞則是追獲獸兔之捷實由發縱指示之功臣等偶叨任使亦安敢冒非其績夫謀定於帷幄之中而勝決於千里之外　命出於廟堂之上而威行於百蠻之表臣等敢爲　朝廷國議有人賀且自幸其所遭得以苟免覆餗之戮也及照監軍副使楊璋參議黃宏領兵都指揮僉事許清都指揮使行事指揮使郟文知府邢珣季斅伍

文定唐淳知縣王天與張戩指揮余恩馮翔縣丞舒富隨征參謀等官指揮謝昶馮廷瑞姚璽明德同知朱憲推官危壽徐文英知縣陳允諧黃文鸑宋瑢陸璥千戶陳偉高睿等以上各官或監軍督餉或領兵隨征悉皆深歷危險備嘗艱難各効勤苦之力共成克捷之功俱合甄錄以勵將來伏願 皇上普彰廟堂之大賞兼收行伍之微勞激勸既行功庸益集自然賊盜寢息百姓安生則地方幸甚臣等幸甚

立崇義縣治疏 十二年閏十二月初五日

據江西巡守嶺北道兵備副使楊璋左參議黃宏會呈據南安府知府季斆呈備所屬致仕省祭義官監生楊仲貴等呈稱上猶等縣橫水左溪長流桶岡關田雞湖等處賊巢共計八十餘處界乎三縣之中東西南北相去三百餘里號令不及人跡罕到其初輋賊原係廣東流來先年奉巡撫都御史金澤行令安插於此不過砍山耕活年深日久生長日蕃羽翼漸多居民受其殺戮田地被其占據又且潛引萬安龍泉等縣避役逃民幷百工技藝遊食之人雜處於內

分羣聚黨動以萬計始漸虜掠鄉村後乃攻刧郡縣近年肆無忌憚遂立總兵
僭擬王號罪惡貫盈神人共怒今幸奏　聞征剿蒙本院親率諸軍搗其巢穴
擒其首惡妖氛為之掃蕩地方為之底寧三縣之民歡欣鼓舞如獲更生訪得
各縣流來之賊自聞夾攻消息陸續逃出頗衆但恐大兵撤後未免復聚為患
合無三縣適中去處建立縣治實為久安長治之策等因到道隨取各縣鄉導
于軍營研深查得前項賊巢係上猶大庾南康三縣所屬上猶縣崇義上保鴈
湖三里先年多被賊殺戮田地被其占據大庾縣義安三里人戶間被殺傷田
地賊占一半南康縣至坪一里人戶皆居縣城田地被賊阻荒總計賊占田地
六百有半隨蒙本院委領兵知府邢珣知縣王天與黃文鸑親歷賊巢踏勘三
縣之中適均去處無如橫水原係上猶縣崇義里地方山水合抱土地平坦堪
以設縣隨會同分守左參議黃宏議得合無於此建立縣治盡將三縣賊人占
據阻荒田地通行割出緣里分人戶數少查得南康縣上龍一里崇德一里亦
與至坪相接緣至坪三都雖非全里然而地方廣闊錢糧數多堪以拆作一里

合割併屬新縣其間人戶數少者田糧尚存招人佃買可以復全縣治既設東去南康尚有一百二十里要害去處則有長龍西去湖廣桂陽縣界二百餘里要害去處則有上保南去大庾縣一百二十餘里要害去處則有鉛廠俱該設立巡檢司查得上猶縣過步巡檢司路僻無用宜改移上保備由呈詳奉批看得橫水開建縣治實亦事不容已但未經奏請須候　命下方可決議兼之工程浩大一時恐未易就今賊勢雖平漏殄尚有且宜遵照本院欽奉　敕諭隨宜處置事理先於橫水建立隘所以備目前不測之虞除委典史梁儀等一面豎立木柵修築土城修建營房外查得橫水附近隘所如至坪鴈湖賴塘等處盜賊既平已爲虛設其附近村寨如白面長潭杰壩石玉過步果木烏溪水眼等處居民訪得多係通賊窩主及各縣城郭村寨亦多有通賊之人合將各隘隘夫悉行撥守橫水其通賊人戶盡數查出編充隘夫永遠守把其不係通賊者量丁多寡抽選編僉輪班更替務足一千餘名之數責委屬官一員統領常川守把遇有殘黨嘯聚出沒即便相機剿捕候縣治既立人煙輳集地方果已

寧靖再行議處裁損其開建縣治本院親行踏勘再四籌度固知事不可已但
舉大事須順民情兵革之後尤宜存恤仰該道會同分守等官再行拘集地方
父老子弟多方詢訪必須各縣人民踴躍鼓舞爭先趨事然後興工庶幾事舉
而人有子來之美工成而民享偕樂之休仍呈撫按等衙門公同計議施行等
因依奉會同參議黃宏遵照批呈事理先於橫水設立隘所防範不虞及行該
府再行拘集詢訪外隨據府縣各申拘集父老到官各交口歡欣鼓舞趨事別
無民情不便等因備呈到道覆審無異轉呈到臣會同巡撫江西等處地方都
察院右副都御史孫燧巡按江西監察御史屠僑議照前項地方大賊既已平
蕩後患所當預防今議立縣治幷巡司等衙門懲前慮後杜漸防微實皆地方
至計及查得橫水議建縣治處所原係上猶縣崇義里因地名縣亦爲相應如
蒙　皇上憫念地方屢遭荼毒乞　敕該部俯順民情從長議處早賜施行幷
儒學巡司等衙門一體銓選官員鑄給印信如此則三省殘孽有控制之所而
不敢聚三省奸民無潛匿之所而不敢逃變盜賊強梁之區爲禮義冠裳之地

久安長治無出於此

王文成公全書卷之十

別錄三　奏疏

奏疏三

乞休致疏　正德十三年三月初四日

臣以菲才遭逢　明盛荷蒙　陛下滌垢掩瑕曲成器使既寬尸素之誅復冒清顯之職增其祿秩假以賞罰念其行事之難授以提督之任言行計聽感激深恩每思捐軀以效犬馬柰何才蹇福薄志欲前而力不逮功未就而病已先臣自待罪鴻臚卽嘗以病求退後懼託疾避難之誅輒復黽勉來此驅馳兵革侵染瘴癘晝夜憂勞疾患愈困自去歲二月往征閩寇五月旋師六月至於九月俱有地方之警十月攻橫水十一月破桶岡十二月旋師未幾今年正月又復出剿浰賊前後一歲有餘往來二三千里之內上下溪澗出入險阻皆扶病從事然而不敢輒以疾辭者誠以　朝廷初申賞罰之請再下提督之命惟恐付託不效以辜陛下聽納之明負大臣薦揚之舉且其時盜賊方熾坐視民

之荼毒而以罪累後人非仁也己逃其難而遺人以艱非義也徒有其言而事之不酬非忠也故寧委身以待罪忍死以效職今賴　陛下威德　廟堂成算上猶南康之賊既已掃蕩而浰寇殘黨亦復不多旬日之閒度可底定決不至於重遺後患則臣之罪責亦既可以少逭於萬一但惟臣病月深日亟百療罔效潮熱咳嗽瘡疽癰腫手足麻痹已成廢人昔人所謂駑弱之才不堪任重福薄之人難與成功二者臣皆有焉伏惟　陛下覆載生成不忍一物失所憫臣輿病討賊所備嘗之苦哀臣忍死待罪不得已之情念福薄之有限憐疾療之無期准令旋師之日放歸田里豈曰保全餘息尚圖他日之效苟遂邱首臣亦感　恩地下能忘啣結之報乎臣不勝哀懇祈望之至

正德十三年二月二十五日

移置驛傳疏

據江西按察司分巡嶺北道兵備副使楊璋呈奉臣批據南安府大庾縣峯山里民朱仕玦等連名告稱本里先因敵禦輋賊正德十一年被賊復仇殺害本里婦男一百餘命各民驚惶自願築砌城垣一座搬移城內告申上司蒙給官

銀修理三門今幸完成居民無虞正德十二年六月十九日奉調本里百長謝玉山等五百名前去本府剿賊已獲功次解報未蒙發回今風聞峯賊又要前來復讎但本城缺兵防守乞賜裁革宰屋龍華二隘人夫前來守城其赤口巡檢司缺官就乞委官署掌印信督兵防遏及願出地遷移小溪驛進城城池驛舍俱保無虞等情奉批 嶺北道議處依奉會同左參議黃宏議將宰屋龍華二隘人夫撥付該城防守該府照磨鄧華空閑合委署掌印信提督該司弓兵并該城兵衆併力防遏其小溪驛遷移峯山城內一節合行該府查勘應否遷移過往待客有無便益南北水路有無適均移驛之費計算幾何緣由呈詳本院奉批去隘委官俱准議行移驛事仰行該府作急勘報等因已經行據南安府呈蒙二隘人夫撥付峯山守城行委照磨鄧華署掌赤石巡檢司印信及查議得小溪舊驛止有人煙數家孤處河邊且與雞湖等賊巢相近曾被強賊來驛執虜官吏燒毀公廳見今賊勢猖獗使客輒受驚惶不敢停歇往年亦曾建議遷驛柰小溪人民俱各包當該驛夫役積年射利得慣官吏被其鈐制往往

告稱移驛不便況移驛處所雖在城中離河不遠工程所費亦不過四五十兩如此一舉委果水陸俱便不惟該驛可保無虞而往來使客宿歇亦無驚恐等因回報到道覆議相同據呈到臣簿查先為前事已經批仰該道議處回報去後今據前因看得小溪舊驛屢被賊患移置峯山城內委果相應如蒙乞 敕
該部查議相同俯從所請則一勞永逸實為地方之幸

浰頭捷音疏 十三年四月二十日

據江西按察司分巡嶺北道兵備副使楊璋呈據一哨統兵守備南贛二府地方以都指揮體統行事指揮使郟文呈稱統領遠安縣義民孫洪舜等兵於本年正月初七日攻破曲潭等巢十一日攻破半逕等巢共五處二月二十六日與賊戰於水源等處擒斬大賊首吳積祥陳秀謙張秀鼎等七名顆賊從陳希九等一百二十六名顆俘獲賊屬男婦五十六名口燒毀賊巢房屋禾倉二百五十三間及奪獲器械等物二哨統兵贛州府知府邢珣呈稱督同同知夏克義知縣黃天與典史梁儀老人葉秀芳等官兵於正月初七等日攻破方竹湖

等巢初九日攻破黃田坳等巢共四處二十五等日覆賊於白沙二月十六日與賊戰於芳竹湖等處擒斬大賊首黃佐張廷和王鑾師劉欽等一十名顆賊從黃窑等二百六十名顆俘獲賊屬男婦八十三名口燒毀賊巢房屋禾倉貳百貳拾貳間及奪獲贓仗牛馬等項三哨領兵廣東惠州府知府陳祥呈稱督同通判徐璣新民盧琢等官兵於正月初七等日攻破熱水等巢初九等日攻破鐵石障等巢共五處二十五等日覆賊於五花障等處二月初二等日與賊戰於和平等處擒斬大賊首陳活鷂黃弘閏張玉林等十一名顆賊從李廷祥四百三十一名顆俘獲賊屬男婦二百二十名口燒毀賊巢房屋禾倉五百七十二間及奪獲器械贓銀牛馬等項四哨統兵南安府知府季敩呈稱統領訓導藍鐸百長許洪等官兵於正月初三等日攻破右坑等巢十一日攻破新田逕等巢共四處二十七等日覆賊於北山又與戰於風門奧等處擒斬大賊首劉成珍等四名顆賊從胡貴琢等一百三十名顆俘獲賊屬男婦一百六十五名口燒毀賊巢房屋禾倉七十三間及奪獲贓銀等物五哨統兵贛州衞指揮

僉事余恩呈稱統領新民百長王受黃金巢等兵於正月初七日會同推官危壽千戶孟俊攻破上中下三浰大巢十一日攻破空背等巢共四處二十五日覆賊於銀坑水等處擒斬大賊首賴振祿王貴洪李全鄒一惟等九名顆賊從賴賤仔等三百五十名顆俘獲賊屬男婦六十二名口燒毀賊巢房屋禾倉三百二十一間及奪獲器械牛馬等項六哨統兵贛州衛指揮僉事姚璽呈稱統領新民梅南春等兵於正月初七日攻破淡方等巢初九日攻破岑岡等巢共四處二十七日覆賊於烏龍鎮擒斬大賊首謝鑾曾用奇等五名顆賊從盧任龍一百九十九名顆俘獲賊屬男婦一百一十二名口燒毀賊巢房屋禾倉三百七十間及奪獲器械牛馬等項七哨統兵贛州府推官危壽呈稱統領義官葉方等兵於正月初七日會同指揮余恩千戶孟俊攻破上中下三浰大巢初十等日攻破鎮里寨等巢共四處二十七日覆賊於中村等處擒斬大賊首池仲寧高允賢池仲安朱萬林根等十二名顆賊從黃穩等二百一十一名顆俘獲賊屬男婦三十三名口燒毀賊巢房屋禾倉三百二十三間及奪獲贓仗牛

馬等項八哨統兵贛州衛千戶孟俊呈稱統領義官陳英鄭志高新民盧珂等兵於正月初七等日會同指揮余恩推官危壽攻破上中下三浰大巢初十等日攻破大門山等巢兵六處擒斬大賊首謝鳳經吳宇張廷與石榮等九名顆賊從張角子等一百九十二名顆俘獲賊屬男婦一百四十三名口燒毀賊巢房屋禾倉一百七十三間及奪獲器械牛馬贓銀等項九哨統兵南康縣縣丞舒富呈稱統領義民趙志標等兵於正月十一等日攻破旗領等巢共二處二月十四日與賊戰於乾村等處擒斬賊從劉三等一百七名顆俘獲賊屬男婦二十一名口燒毀賊巢房屋禾倉五十三間及奪獲器械等物等因各呈報到道查得先爲地方緊急賊情事據信豐縣所呈稱正德十二年二月初七日龍南縣賊首黄秀魁糾合廣東賊首池仲容等突來本縣殺人放火見今攻城不退乞要發兵救援等因該本道議委經歷王祚縣丞舒富領兵勦捕斬獲賊級四顆被賊殺死報效義士楊習舉等十名執去經歷王祚隨該本道親詣該縣暫將各賊招安撥回原巢經歷王祚送出參將失事知縣王天爵盧鳳千戶鄭

鐸朱誠洪恩主簿周鎮鎮撫劉鏜等俱各有罪及將前賊應剿緣由呈詳轉達
具　奏外正德十三年正月初三日奉提督軍門紙牌議照上猶等縣賊巢既
平廣東龍川縣浰頭等處賊巢奉有　成命應該會剿其大賊首池仲容等本
院已行計誘擒獲見今軍勢頗振若不乘此機會出其不意擣其不備坐視以
待廣兵之來未免有失事機之會本院除遵奉　敕諭內自行量調官軍設法
剿捕事理部勒兵衆分布哨道行仰守備指揮弁知府等官郟文陳祥等統領
各授進止方略外備行本職前去軍前紀驗功次及催各哨官兵上緊依期進
剿仍行巡按衙門前來覈實施行等因隨呈巡按江西監察御史屠僑批行本
道先行紀驗明白通候覈實施行依奉督率各省官兵依期進剿去後今據前
因除將前項功次俱類巡按衙門會審紀驗明白生擒賊犯解赴提督軍門斬
首梟示賊屬男婦變賣銀兩器械贓仗贓銀俱貯庫外參照浰頭大賊首池仲
容池仲寧池仲安高允賢李全等盤據一方歷有歲年僭稱王號僞設官職廣
東翁源龍川始興江西龍南信豐安遠會昌等縣屢被攻圍池殺害城官軍焚

燒村寨虜殺男婦歲無虛日曾經狠兵夾攻數次俱被漏網是乃衆賊奸雄之巨擘三省羣盜之根源也今幸天奪其魄仲容束手就擒仲寧仲安等一時授首各巢賊從擒斬殆盡此皆仰仗朝廷德威遠播廟堂成算無遺提督軍門賞罰以信而號令嚴明師出以律而機宜慎密身先士卒而艱險之不辭洞見敵情而撫勦之有道以是數十年之巨寇一旦削平連四省之編氓永期安輯呈乞照詳轉達等因據呈到臣卷查先爲地方緊急賊情事准兵部咨該巡按江西監察御史屠僑奏該本部覆題節奉聖旨是這地方賊情著都御史王守仁自行量調官軍設法勦捕欽此及爲申明賞罰以勵人心事准兵部覆題請敕南贛等處都御史假以提督軍務名目給與旗牌應用以振軍威一應軍馬錢糧事宜徑自便宜區畫如遇盜賊入境即便調兵勦殺不許踵襲舊弊招撫重爲民患所部官軍若在軍前違期逗留退縮俱聽以軍法從事生擒盜賊亦聽斬首示衆賊級聽本處兵備會同該道守巡官即時紀驗明白備行江西按察司造冊奏繳查照勦殺南方蠻賊見行舊例議擬陞賞等因具題奉

聖旨是王守仁著提督南贛汀漳等處軍務換敕與他其餘事宜各依擬行欽
此又爲地方緊急賊情事准兵部覆題看得所奏攻治盜賊二說就令差來人
齎文交與都御史王守仁悉依前項申明賞罰事理便宜行事期於功成不限
以時相機攻勦等因具題節該奉　聖旨是欽此陸續備咨到臣俱經通行撫
屬四省各道守巡兵備守備等官一體欽遵并咨總督兩廣左都御史陳金查
照外續該臣看得南贛盜賊其在南安之橫水桶岡諸巢則接境於湖郴在贛
州之浰頭桶岡諸巢則連界於閩廣接境於湖郴者賊衆而勢散恃山谿之險
以爲固連界於閩廣者賊狡而勢聚結黨與之助以相援臣等遵奉　敕諭及
查照兵部咨示方略初議先攻橫水次攻桶岡而末乃與廣東會兵徐圖浰頭
如攻堅木先其易者後其節目自正德十二年九月臣等議將進兵橫水恐浰
賊乘虛出擾思有以沮離其黨臣乃自爲告諭具述禍福利害使報效生員黃
表義民周祥等往諭各賊因皆賜以銀布一時賊黨亦多感動各寨酋長黃金
巢劉遜劉粗眉温仲秀等遂皆願從表等出投惟大賊首池仲容即池大鬢獨

憤然謂其衆曰我等做賊已非一年官府來招亦非一次此亦何足爲憑待金巢等到官後果無他說我等遣人出投亦未爲晚其時臣等兵力既未能分意且羈縻令勿出爲患故亦不復與較金巢等至臣乃釋其罪推誠厚撫各願出力殺賊立效於是藉其衆五百餘悉以爲兵使從征橫水十月十二日臣等已破橫水仲容等聞之始懼討臣等必且以次加兵於是集其酋豪池仲寧高飛甲等謀使其弟池仲安率老弱二百餘徒亦赴臣所投招求隨衆立效意在援兵因而窺覘虛實乘閒內應臣逆知其謀陽許之及臣進攻桶岡使領其衆截路於上新地以遠其歸途內嚴警禦之備以防其釁外示寬假之形以安其心陰使人分召鄰賊諸縣被賊害者皆詣軍門計事旬日之閒至者數十問所以攻剿之策皆以此賊狡詐兇悍非比他賊其出刦行剽皆有深謀人不能測自知惡極罪大　國法難容故其所以扞拒之備亦極險譎前此兩經夾剿皆狼兵二三萬竟亦不能大捷後雖敗遯所殺傷亦略相當近年以來奸謀愈熟惡焰益熾官府無可奈何每以調狼兵恐之彼輒謾曰狼兵易與耳縱調他來也

須半年我縱避他只消一月其意謂狼兵之來不能速其留不能久也是以益
無忌憚今已僭號設官奸計逆謀尤非昔比必欲除之非大調狼兵事恐難濟
臣以爲兵無常勢在因敵變化而制勝今各賊狃於故常且謂必待狼兵而後
敢攻此所以不必狼兵而可以攻之也乃爲密畫方略使數十人者各歸部集
候我兵有期則據險遏賊十一月賊聞臣等復破桶岡益懼爲戰守備臣使人
至賊所賜各酋長牛酒以察其變賊度不可隱則詐稱龍川龍民盧珂鄭志高
等將掩襲之是以密爲之防非敢虞官兵也臣亦陽信其言因復陽怒盧珂鄭
志高等擅兵讎殺移檄龍川使廉其實且趣各賊伐木開道將回兵自浰頭取
道往討之賊聞以爲臣等實有爲之之意又恐假道伐之且喜且懼因遣來謝
且請無勞官兵當悉力自防禦之盧珂鄭志高陳英者皆龍川舊招新民有衆
三千餘遠近皆爲仲容所脅而三人者獨與之抗故賊深讎忌之十二月望臣
兵回至南康盧珂鄭志高等各來告變謂池仲容等僭號設官今已點集兵衆
號召遠近各巢賊首授以總兵都督等僞官使候三省夾攻之兵一至即同時

並舉行其不軌之謀及以僞授盧珂等官爵金龍霸王印信文書一紙粘狀來首臣先已諜知其事及珂等來卽陽怒以爲爾等擅兵仇殺投招之人罪已當死今又造此不根之言乘機誣陷且池仲容等方遣其弟領兵報效誠心向化安得有此遂收縛珂等將斬之時池仲安之屬方在營見珂等入首大驚懼至是皆喜羅拜懽呼競訴珂等罪惡臣因亦陽令具狀謂將幷拘其黨屬盡斬之於是遂械繫盧珂而使人密喻以陽怒之意欲以誘致仲容諸賊且使盧珂等先遣人歸集其衆候珂等既還乃發臣又使生員黃表聽選官雷濟往喻仲容使勿以此自疑密購其所親信陰說之使自來投訴二十日臣兵已還贛乃張樂大享將士下令城中令南安賊巢皆已掃蕩而浰頭新民又皆誠心歸化地方自此可以無虞民久勞苦亦宜暫休爲樂遂散兵使各歸農示不復用而使池仲安亦領衆歸助其兄防守且云盧珂等雖已繫於此恐其黨致怨或掩爾不虞仲安歸具言其放賊衆皆喜遂弛備臣又使指揮余恩齎曆往賜仲容等令毋撤備以防盧珂諸黨賊衆亦喜黃表雷濟因復說仲容今官府所以安輯

勞來爾等甚厚何可不親往一謝況盧珂等日夜哀訴反狀乞官府試拘爾等
若拘而不至者卽可以證反狀之實今若不待拘而往因面訴珂等罪惡官府
必益信爾無他而謂何等爲詐殺之必矣所購親信者復從力贊仲容然之乃
謂其衆曰若要伸先用屈贛州伎倆亦須親往勘破遂定議率其麾下四十餘
人自詣贛臣使人探知仲容已就道乃密遣人先行屬縣勒兵分哨道候報而
發又使千戶孟俊先至龍川督集盧珂鄭志高陳英等兵然以道經浰巢恐搖
諸賊則別齎一牌以拘捕盧珂等黨屬爲名各賊聞俊往果遮迎問故俊出牌
視之乃皆羅拜相爭導送出境俊已至龍川始發牌部勒盧珂等兵衆賊聞之
皆以爲拘捕其屬不復爲意閏十二月二十三日仲容等至贛見各營官兵皆
已散歸而街市多張燈設戲爲樂信以爲不復用兵密賂獄卒私往覘盧珂等
又果械繫深固仲容乃大喜遣人歸報其屬曰乃今吾事始得萬全矣臣乃夜
釋盧珂鄭志高等使馳歸發兵而令所屬官僚次設羊酒日犒仲容等以緩其
歸正月三日度盧珂等已至家所遣屬縣勒兵當已大集臣乃設犒於庭先伏

甲士引仲容入幷其黨悉擒之出盧珂等所告狀訊鞫皆伏遂寘于獄而夜使人趨發屬縣兵期以初七日同時入巢於是知府陳祥兵從龍川縣和平都入指揮姚璽兵從龍川縣烏虎鎮入千戶孟俊兵從龍川縣平地水入指揮余恩兵從龍南縣高沙保入推官危壽兵從龍南縣南平入知府邢珣兵從龍南縣太平保入守備指揮郟文兵從龍南縣冷水逕入知府季斆兵從信豐縣黃田岡入縣丞舒富兵從信豐縣烏逕入臣自率帳下官兵從龍南縣冷水逕直擣下利大巢而使各哨分路同時並進會於三浰先是賊徒得池仲容報謂贛州兵已罷歸他已弛備散處各巢至是驟聞官兵四路並進皆驚懼失措乃分投出禦而悉其精銳千餘據險設伏併勢迎敵於龍子嶺我兵聚為三衝掎角而前指揮余恩所領百長王受兵首與賊遇大戰良久賊敗卻王受等奮追里許賊伏兵四起奮擊王受推官危壽所領義官葉芳兵鼓譟而前復奮擊賊伏兵後千戶孟俊兵從傍繞出岡背橫衝賊伏與王受合兵於是賊乃大敗奔潰呼聲震山谷我兵乘勝逐北遂克上中下三浰各哨官兵遙聞三浰大巢已破皆

奮勇齊進各賊皆潰敗知府陳祥兵遂破熱水巢五花障巢指揮姚璽兵遂破淡方巢石門山巢上下陵巢知府邢珣兵遂破芳竹湖白沙巢守備指揮郟文兵遂破曲潭巢赤唐巢知府季斆兵遂破布坑巢三坑巢是日擒斬首從賊人賊級俘獲賊屬男婦牛馬器仗數多其餘墮崖填谷死者不可勝計是夜賊復奔聚未破巢穴次日早乃令各哨官兵探賊所往分投急擊初九日知府陳祥兵破鐵石障巢羊角山巢獲賊首金龍霸王印信旗袍知府邢珣兵破黄田坳巢指揮姚璽兵破岑岡巢指揮余恩兵破塘含洞巢溪尾巢初十日千戶孟俊兵破大門山巢推官危壽兵破鎮里寨巢十一日知府邢珣兵破中村巢守備郟文兵破半逕巢都坑巢尺八嶺巢知府季斆兵破新田逕巢古地巢指揮余恩兵破空背巢縣丞舒富兵破旗嶺巢頓岡巢十三日千戶孟俊兵破狗脚坳巢水晶洞巢五湖巢藍州巢十六日推官危壽兵破風盤巢茶山巢連日各擒斬首從賊人賊級幷俘獲賊屬男婦牛馬器仗數多然各巢奔散之賊其精悍者尚八百餘徒復哨聚九連大山扼險自固當臣看得九連山勢極高橫亙數

百餘里四面斬絶我兵既不得進而其內東接龍門山後諸處賊巢若百數以我兵進逼賊必奔往其間誘激諸巢相連而起勢亦難制然彼中既無把截之兵欲從傍縣潛軍斷其後路必須半月始達緩不及事止有賊所屯據崖壁之下一道可通然賊已據險自上發石滾木我兵百無一全於是乃選精鋭七百餘人皆衣所得賊衣佯若奔潰者乘暮直衝賊所據崖下澗道而過賊以爲各巢敗散之黨皆從崖下招呼我兵亦佯與呼應賊疑不敢擊已度險遂扼斷其後路次日賊始知爲我兵并勢衝敵我兵已據險從上下擊賊不能支乃退敗臣度其必潰預令各哨官兵四路設伏以待賊果分隊潛遁二十五日知府陳祥兵覆賊於五花障知府邢珣兵覆賊於白沙指揮余恩兵覆賊於銀坑水二十七日指揮姚璽兵覆賊於烏虎鎮推官危壽兵覆賊於中村知府季斅兵覆賊於北山又戰於風門奧其餘奔散殘黨尚三百餘徒分逃上下坪黃田坳諸處各哨官兵復黏蹤會追二月初二日知府陳祥兵復與賊戰於平和初五日復戰於上坪下坪初八日推官危壽指揮余恩兵復與賊戰於黃坳十二日知

府陳祥兵復與賊戰於鐵障山十四日縣丞舒富兵復與賊戰於乾村又戰於梨樹十四日知府邢珣季斆兵復與賊戰於芳竹湖二十三日縣丞舒富兵復與賊戰於北順又戰於和洞二十六日守備郟文兵復與賊戰於水源戰於長吉戰於天堂寨連日擒斬首從賊人賊級數多三月初三日據鄉導人等四路爪探皆以爲各巢積惡兇狡之賊皆已擒斬略盡惟餘黨張仲全等二百餘徒其閒多係老弱及遠近村寨一時爲賊所驅脅從惡未久之人今皆勢窮計迫聚於九連谷口呼號痛哭誠心投招臣遣報效生員黃表往驗虛實果如所探因引其甲首張仲全等數人前來投見訴其被脅不得已之情臣量加責治隨遣知府邢珣往撫其衆籍其名數遂安插於白沙初七日據知府邢珣等呈稱我兵自去歲二月從征閩寇迄今一年有餘未獲少休今幸各巢賊已掃蕩餘黨不多又蒙俯順招安況今陰雨連綿人多疾疫兼之農功已動人懷耕作合無俯順下情還師息衆及義官葉芳等幷各村鄉居民亦告前情臣因親行相視險易督同副使楊璋知府陳祥等經理立縣設隘可以久安長治之策留兵

防守而歸蓋自本年正月初七日起至三月初八日止前後兩月之閒通共搗過巢穴三十八處擒斬大賊首二十九名顆次賊首三十八名顆從賊二千零六名顆俘獲賊屬男婦八百九十名口奪獲牛馬一百二十二隻匹器械贓仗二千八百七十件把贓銀七十兩六錢六分總計擒斬俘獲奪獲共五千九百五十五名顆口隻匹件把俱經行令兵備等官審驗紀錄仍行紀功御史覈實施行具由呈報去後今據前因臣等會同江西巡按御史屠僑廣東巡按御史毛鳳參照大賊首池仲容等荼毒萬民騷擾三省陰圖不軌積有年歲設官僭號罪惡滔天比之上猶諸賊尤爲桀驁難制蓋上猶諸賊雖有僭竊不軌之名而徒惟劫掠焚燒是嗜至於浰頭諸賊雖亦剽劫擄掠是資而實懷僭擬割據之志故其招致四方無藉隱匿遠近妖邪日夜規圖漸成奸計兼之賊首池仲容池仲安等又皆力搏猛虎捷競飛猱兇惡之名久已著聞四方賊黨素所向服是以負固恃頑屢征益熾前此知其無可奈何亦惟苟且招安以幸無事其實無救荼毒之慘益養奸宄之謀今乃臣等驅不練之兵資缺乏之費不踰兩

月再破奸雄不制之虞以除三省數十年之患此非　朝廷威德廟堂成算何
以及此臣等切惟天下之事成於責任之專一而敗於職守之分撓就今事而
言前此嘗夾攻二次計剿數番以兵則前者強而今者弱前者數萬而今者數
千以時則前者期年而今者兩月以費則前者再倍而今者什一以任事之人
則前者多知謀老練之士而今者乃若臣之迂疏淺劣然而計功較績顧反有
加於昔何哉實由　朝廷之上明見萬里洞察往弊處置得宜既假臣以賞罰
之權復改臣以提督之任既以兵忌遙制而重各省專征之責又慮事或牽狃
而抑守臣干預之請授之方略而不拘以制責其功成而不限以時以故　詔
旨一頒而賊先破膽奪氣咨文一布而人皆踴躍爭先效謀者知無沮撓之患
而務竟其功希賞者知無侵削之弊而畢致其死是乃所謂得先勝之算於廟
堂收折衝之功於樽俎實用兵之要道制事之良法也事每如此天下之治有
不足成者矣臣等偶叨任使何幸濫竽成功敢是獻捷之餘拜手稽首以賀伏
願　皇上推成功之所自原發縱之有因庶無僭賞以旌始謀及照兵備副使

楊璋監軍給餉紀功督戰備歷辛勤宜加顯擢守備指揮郟文知府陳祥邢珣季斆推官危壽指揮余恩姚璽及千戶孟俊縣丞舒富等皆身親行陳屢立戰功俱合獎擢庶示激揚以爲後勸臣本凡庸繆當重任偶逢事機之會幸免覆餗之誅然功非其才福已踰分遂沾瘦痹之疾既成廢棄之人除已別行請罪乞休外緣係捷音及該兵部議擬期於成功不限以時題奉欽依事理爲此具本題 知

添設和平縣治疏 十三年五月初一日

據江西按察司分巡嶺北道兵備副使楊璋廣東按察司分巡領東道兵備僉事朱昂會呈據贛州府知府邢珣惠州府知府陳祥呈奉臣案驗據廣東惠州龍川河源等縣省祭監生生員耆老陳震余世美黃宸等連名呈稱浰頭岑岡等處叛賊池大鬢等魁首動以百十徒黨不下數千始則佔耕民田後遂攻打郡縣謝玉璘鄒訓等倡亂於弘治之末而此賊已爲之先鋒徐允富張文昌繼亂於正德之初而此賊復張其羽翼荼毒三省二十餘年以來乃爲三省逋逃

之主遂稱羣賊桀驁之魁捉河源縣之主簿廣南安府之經歷綁龍南縣之縣
官戮信豐所之千戸肆然無忌規圖漸廣兇惡日增僭稱王號僞建元帥總兵
都督將軍等名目雖屢蒙上司動調官兵多方征剿俱被漏網爲患今蒙提督
軍門親擣賊巢掃蕩殘黨除數郡之荼毒雪萬姓之寃憤若不趁此機會建立
縣治以控制三省賊衝之路切恐流賊復聚禍根又萌竊見龍川平和地方山
水環抱土地坦平人煙輳集千有餘家東去興寧長樂安遠西抵河源南界龍
川北際龍南各有數日之程其閒山林阻隔地里遼遠人迹既稀奸宄多萃查
得父老相傳原係循州一州龍川雷鄉二縣後因地方擾亂人民稀少除去循
州雷鄉兩處止存龍川一縣洪武初閒龍川尚有五十五里其後州縣既除聲
教不及洪武十九等年賊首謝仕真等相繼作亂將前項居民盡行殺戮數百
里內人煙斷絶自此賊巢日多民居日耗始將龍川縣都圖併作七里迄於近
年民遭荼毒遂至此極如蒙憐念於和平地方設建縣治以控制猺洞興起學
校以移易風俗及將和平巡檢司改立浰頭屯兵隄備庶幾變盜賊之區爲冠

巢之地實爲保安至計等因據呈到院看得東南地方但係盜賊盤據即皆深山窮谷阻險遼絕之區是以征剿之後其民類皆願立縣治以控制要害敷施政教而漸次化導之故東南弭盜安民則建立縣治亦其一策近該本院親剿浰賊見今住軍九連大山往來浰頭和平等處備閱山溪形勢講求賊情民俗深思善後之圖實有如各役所呈者但開建縣治置立屯所必須分割都圖創起關隘城池宮室之費力役輸調之貲未經查勘議處難便奏　聞案仰本道即行副使楊璋會同僉事朱昂督同府縣掌印官拘集各該地方鄉老里甲人等備勘和平浰頭兩處某處可以建築城池某地宜以添設巡邏某縣都圖相近可以分割某里村寨接連堪以撥補某所巡司可以移鎮某鄉丁戶可以編僉其移民以就田調兵以守隘一應工役所需作何區處再行考求圖籍諏諮耆老必求至當歸一具由呈來以憑議處定奪仍呈總督總鎮巡按衙門公同計議施行等因各職遵依督同龍川縣署縣事主簿陳甫河源縣署縣事縣丞朱爋就近拘集龍川縣通縣幷河源縣惠化都里老沙海鍾秀山等與原呈陳

震等到職會勘和平峒地方原有二千餘家因賊首池大鬢　等作耗内有八
百餘家投城居住尚存一千餘家本峒羊子一處地方寬平山環水抱水陸俱
通可以築城立縣於此招回投城之人復業居住分割龍川縣和平都仁義都
幷廣三圖共三里及割附近河源縣惠化都與接近江西龍南縣鄰界亦折一
里前來共輳一縣及將先年各處流來已成家業寓民盡數查出責令立籍撥
補絶戸圖眼一體當差其和平巡檢司宜立浰頭以控制險阻仍於本縣幷龍
南縣量編隘夫幾百名委官管領兼同該司弓兵巡邏使盜賊不得盤據其蓋
造衙門大小竹木和平浰頭各山產有俱派本處人戸採辦不用官錢其餘磚
石灰瓦匠作工食之費須查支官庫銀兩及差委公正府佐貳官一員清查浰
頭岑岡等處田上除良民產業被賊占耕者照數給主外中閒有典與新民得
受價銀者量追價銀一半入官其田給還管業其餘同途上盜田土盡數歸官
賣價以助築修城池官廨之用其龍川縣分割三圖止存五圖在彼路通衢要
答應繁難查得鄰界長樂縣所屬清化都正與龍川連近乞於該都分割一圖

補轄管轄庶爲適均等因又據龍南縣太平等保里老賴本立等呈稱本縣東
南與廣東龍川河源二縣西南與廣東始興縣連界多深山窮谷向因各處流
賊過境劫掠太平保設有橫岡角嵊二隘上蒙高沙二保設有牛岡陽陂二隘
就於各保僉點隘夫鄉兵守把後因池大鬢等不時出劫各隘燒毀一空今征
剿既平宜將前項隘所修築把守可保四境無虞及照本縣止有四里半邑小
民寡遞年逋負追併況與龍川縣又係隔省窵遠乞免分割以甦民困等因各
職併行會議得賊平之後經久良圖誠無踰於添設縣治者今龍川縣里老人
等願於和峒羊子鋪添設縣治及分割都圖清賣賊田移置巡司量僉隘夫等
情俱相應俯順惟稱又要分折江西贛州府龍南縣附近都圖緣係兩省地方
相隔愈遠未免影射差役兩無歸著難以准行止該于龍南縣該管圖保修築
舊隘其新興地方係通始興縣要路宜添設一隘各於鄰近地方多僉鄉夫守
把及看得修築城池學校倉場鋪舍等項中閒有礙百姓田廬稅糧亦該委官
丈量照數除豁相距龍川縣二百里之程該量設鋪舍十處一應工程除大小

竹木派令人戶採辦其餘磚石灰瓦等項物料各色匠作工食猝難料計應合
委官估計通該銀若干扣除前項田價銀兩若干餘於惠州府庫相應官銀支
給尙有不敷另行申請合用人工該起龍川縣與河源縣惠化都民夫答應其
移置渕頭巡檢司應隸新縣管轄該司弓兵四十名額數寡少合於龍川縣和
平仁義廣三圖量編四百名龍南縣量編二百名俱令該縣掌印官編僉造冊
分爲二班半年一換俱各委官管領兼同該司官巡邏遇有盜賊生發即隨撲
獲隘夫限滿亦須該班者交代方還各府州縣巡捕官俱要不時往來巡點其
清賫賊田修築城池等項俱各委官分投幹辦方得集事再照新縣里糧數少
官員應該減裁且係偏僻之地驛遞不必添設遇有使客往來總于龍川縣雷
鄉驛應付前項居民被賊殘害瘡痍未蘇加以創縣勞費困苦可矜成縣之日
凡遇一應雜泛差役坐派錢糧物料等項俱各酌量減省期待三年之後方與
各縣一體差科庶幾輿情允愜事體允當等因到道會同僉事朱昂覆議相同
合就會案呈詳等因據呈到臣會同　欽差巡按廣東監察御史毛鳳議照前

項地方實係山林深險之所盜賊屯聚之鄉當四縣交界之隙乃三省閏餘之地是以政教不及人迹罕到其間接連閩廣反覆賊巢動以百數據而守之真足以控諸賊之往來杜奸宄之潛匿棄而不守斷爲狐鼠之窟穴終萃逋逃之淵藪況前此本亦州縣舊區始以縣存而民猶恃爲保障後因縣廢而賊遂據以陸梁是又往事之明驗矣當賊猖獗之日　地方父老屢有取復縣治之議然其時賊方盤據勢有不能今賴　朝廷威德巢穴蕩平若不乘此機會復建縣治以扼其要害將來之事斷未可知臣等班師之日脅從投招者尚不滿百今未兩月遠近牽引而至且二百矣若縣治不立制馭闊疏不過一年汎然投招之人必皆復化爲盜其時又復興師征剿剿而復聚長此不已亂將安窮夫盜賊之患譬如病人興師征剿者針藥攻治之方建縣撫輯者飲食調養之道徒恃鍼藥之攻治而無飲食以調養之豈徒病不旋踵將元氣遏絕症患愈深後雖扁鵲倉公無所施其術矣臣等竊以設縣移司實爲久安長治之策伏願皇上鑒往事之明驗爲將來之永圖念事機之不可失哀民困之不可再俯

采臣等所議特　敕該部早賜施行及照建縣之所地名和平以地名縣以為得宜乞從所奏并將該設職官印信即與銓選鑄給餉員以省費均地以平徭移巡司以據險要寬賦役以蘇窮民如此則夷險為易化盜為良可計日而效不惟臣等得以幸逃日後之譴責　朝廷亦免再役之勤百姓永享太平之樂矣

三省夾剿捷音疏 十三年六月十五日

具廣東按察司等衙門整飭兵備監統僉事等官王大用等呈正德十二年九月內具樂昌縣知縣李增稟稱賊首龔福全高快馬等不時出沒為患近蒙軍門案驗內開三省會兵進剿緣照官兵未到誠恐各賊探知自分必死羣合四出攻劫不惟居民受害抑恐患及城池議要從宜設法以緩其勢待軍兵到日另行遵奉號令等因本職看得各賊俱係先前大征漏網招亡納叛蹤跡詭祕為今之計必先誘其腹心以為我用然後以次翦其羽翼庶以賊攻賊彼勢可孤而我患可保已經呈奉軍門議處設法誘致去後續據知縣李增報稱岐田

山賊犯龍貴等十二名天塘賊犯陳滿等十名各挈家赴縣首願擒獲同伴解官於本年十一月二十八日督同龍貴等計誘賊犯蕭緣等六十名十二月初二日陳滿等計誘賊犯李廷茂等二十三名等因及據通判鄒級仁化縣知縣李蕃呈稱大賊首高快馬帶從賊一十五名賊婦二口潛往地名癩痢寨深坑結巢藏住隨統民壯兵夫譚志澤等於閏十二月初一日戌時進兵圍寨至初二日早擒捕本賊突出山頭迎敵追至始興縣界各兵奮勇同前生擒大賊首高快馬卽高仲仁從賊三名賊婦賊女各一口及行兇器械弁被傷兵夫劉廷珍等開報到道節據知府姚鵬等呈稱督率軍兵夫快抵巢與賊交鋒陸續擒斬首從賊犯李萬山賴永達等一千三百二十名顆俘獲賊屬男婦七十六名口奪回被虜男婦一十三名口及贓仗牛馬等物又據知縣李增呈緝得賊首李斌亡命在湖廣烏春山躲住飛報到職當就發遣捕盜老人李攻瓚等星夜潛至地名姜陽峒藏踪緝探始擒本賊餘黨俱各奔遯緣由各開到道參稱賊首李斌節與高快馬龔福全等糾衆流毒三省屢勞征討各遵奉軍門號令窮

追深入一旦就擒各照懸示重賞而知縣李增督兵設策屢有奇功亦合奬勞
以勵將來等因備呈轉報到臣亦據整飭兵備兼分巡嶺東道監統僉事等官
顧應祥等呈據領哨通判莫相等呈稱統領漢達官軍民壯打手人等照依刻
期進剿上下横溪闕峒深峒等巢賊黨堅立排柵統衆迎敵殺傷兵夫彼時軍
兵協謀奮勇鬬戰當將各巢攻破陸續擒斬賊犯吳瑄鄧仲玉等共六百九十
各顆俘獲賊屬男婦三百九十五名口奪回被虜男婦七口及牛馬器械等物
解送前來會審又發兵搜斬賊級一十二顆生擒賊人三名幷俘獲賊屬等項
隨據本官稟稱横溪大賊首吳玑招集亡命遯住地名東田村深山結巢卽稟
蒙監督僉事顧應祥出給重賞指示方略密切發兵抵吳玑巢穴四面圍攻被
玑等亂用藥弩射出拒敵我兵冒傷奮勇進剿先用銃箭將吳玑打倒賊勢少
卻我兵呼噪大進將吳玑等首從幷賊屬盡數擒斬共十三名顆俘獲賊屬六
口奪回被虜婦女二口陣亡兵夫六口緣由呈解到道看得賊首吳玑係是稔
惡巨寇流劫兩省拒敵官軍而通判莫相設法防捕致縛前兇應合奬勞等因

備呈開報到臣查得先准兵部咨爲地方緊急賊情事該巡撫湖廣都御史秦
金奏該本部覆題看得郴桂等處與廣東江西諸峒聯絡若非三省會兵夾攻
賊必遯散他處合無請　敕兩廣并南贛總督巡撫等官會同剋期進兵等因
具題節奉　聖旨是都依擬行欽此續爲申明賞罰以勵人心事臣節該欽奉
敕諭但有盜賊生發卽便嚴督各該兵備守備守巡并軍衞有司設法勦殺
其領兵官員不問文職武職若在軍前違期并逗遛退縮者俱聽以軍法從事
仍要選委廉能屬官密切體訪或僉所在大戶量加糧賞或購令賊徒自相斬
捕皆聽爾隨宜處置欽此又准兵部咨爲地方緊急賊情事內開節據樂昌縣
知縣李增稟稱賊首高快馬等八百餘徒在地名櫃頭村行劫又據乳源縣稟
稱賊徒千餘人在洲頭街流劫及據湖廣郴州申賊首龔福全高仲仁等雖蒙
征勦黨惡猶存正德七年兵備衙門招撫龔福全給與冠帶設爲猺官高仲仁
等給與衣巾設爲老人未及兩月已出要路劫殺軍民號稱高快馬遊山虎金
錢豹過天星密地蜂總兵等官名目正德十一年七月內流劫樂昌及江西南

康等縣後蒙撫諭將高仲仁李斌給與冠帶重設猺官未寧半月一起八百餘
徒出劫樂昌虜捉知縣韓宗堯一起七百餘徒出劫生員譚明浩等家一起六
百餘徒從老虎峒等處出劫一起五百餘徒從與寧縣出劫呈乞轉達請軍夾
勦等因各報到臣看得前項盜賊惡貫已盈神怒人怨譬之疽癰之在身若不
速加攻治必至潰肺決腸而攻治之方亦有二說等因該本部覆題看得所奏
攻治盜賊二說大意謂事權隆重若無意於近功而實足爲攻取之幾征調四
集雖可以分咎而不免爲地方之累窮究根本辯析詳明言雖兩端意實有在
合無本部行文就令差來人齎回交與都御史王守仁悉依前項申明賞罰事
理便宜行事期於成功不限以時相機攻勦等因具題節該奉　聖旨是欽此
欽遵節經通行各省及各該道守巡兵備等官一體欽遵勘處調集兵糧剋期
攻勦以靖地方續據廣東布政司等衙門左布政使等官吳廷舉等會呈奉臣
并總督兩廣軍務兼理巡撫太子太保都察院左都御史陳金案驗各准兵部
咨備行欽遵查勘計處呈報等因遵依會同都布按三司等官歐儒等并嶺東

道兵備僉事等官王大用等議將應剿賊巢起調漢達官軍上兵員名分定哨道監統把截進攻道路及合用糧餉等項備開呈詳隨據監督兵備僉事王大用等各將進兵機宜呈詳到臣參看得兩廣總督總兵等官雖已奉　命行取回京然軍馬錢糧調度方略悉經區畫會有成案本院見督官兵征剿浰頭等賊未能親往督戰除分兵設策督令副使楊璋等四面防截外仰各官查照原議上緊依期進剿毋得遲疑參錯致誤事機一應臨敵制度俱在各官相機順應若賊勢難爲兵力不逮或先離散其黨與或陰誘致其腹心聲東擊西陽背陰襲勿拒一議惟求萬全軍門遙遠不必一一呈稟反成牽滯又經牌仰上緊相機督剿去後今據前因除將各道呈報前項擒斬首從賊人賊級共二千八百九名顆俘獲賊屬幷奪回被虜男婦五百四名口奪獲器械贓物一百三十二件把牛馬八十三隻匹總計二千八百八名顆口隻匹件把行仰各道徑送巡按紀功御史審驗紀錄造冊　奏繳外參照大賊首高仲仁李斌吳玑等荼毒三省稔惡多年敵殺官兵攻劫郡縣卽其奸計雖亦不過妖狐黠鼠之謀就

其虐熖乃已漸成封豕長蛇之勢今其罪貫既盈神怒人怨數月之閒克遂殲殄雪百姓之寃憤解地方之倒懸此皆仰仗　天威廟堂有先勝之算帷幄授折衝之謀賊徒破膽將士用命之所致也臣等獲睹成功豈勝慶幸及照巡按紀功御史毛鳳振揚風紀作勵將士既盡紀驗之職復多調度之方比於常格勞績尤異僉事王大用顧應祥等監統督調備效勤勞懋著經營之略共收克捷之功其都指揮王英歐儒知府姚鵬通判鄒級莫相知縣李增李蕚或領兵督哨或追剿防截類皆身親行陣且歷艱難均合甄收普加旌擢伏望　皇上既行大賞於朝復沛覃恩於下庶示激獎以勸後功臣以凡庸兼復多病繆膺地方之責屬征調四出不能身親督戰然賴總督諸臣先已布授方略領哨諸將得以遵照奉行戮力效死竟收完績真所謂碌碌因人成事雖無共濟之功實切同舟之幸除先已具本請罪告病乞休外緣係捷音事理為此具本題知

辭免陞廕乞以原職致仕疏　十三年六月十八日

臣於六月初六日准兵部咨為捷音事該臣題該本部覆題節該奉　聖旨王

守仁陞右副都御史廕子一人做錦衣衛世襲百戸寫　敕獎勵欽此欽遵臣
聞　命驚惶莫知攸措感極而懼若墜冰淵切念臣以章句腐儒過蒙　朝廷
滌瑕掩垢收錄於擯棄之餘既又求長於短拔之閑散之中授以巡撫之寄其
時臣以抱病在告兩疏乞休偶值前官有託疾避難之嫌該部論奏之義甚嚴
朝廷督責之旨又切遂不遑他計狼狽就途蒞事之後兵耗財匱盜熾民窮
縮手四顧莫措一籌　朝廷憫念地方之顛危慮臣才微力弱必致傾僨謂其
責任之不專無以連屬人心賞罰之不重無以作興士氣號令之不肅無以督
調遠近於是該部議假臣以賞罰　朝廷從而假之以賞罰議給臣以旗牌
朝廷從而給之以旗牌議改臣以提督之任　朝廷從而改之以提督之任授
之方略而不拘以制責其成功而不限以時由是臣以賞罰之柄而激勵三軍
之氣以旗牌之重而號召遠近之兵以提督之權而紀綱八府一州之官吏伸
縮如志舉動自由於是兵威漸振賊氣先奪成軍而出一鼓而破橫水再鼓而
滅桶岡全師克捷振旅復舉又一鼓而破三浰再鼓而下九連皆役不再藉兵

無挫刃分巡官屬齎執旗牌以麾督兩廣夾剿之師亦莫不畏威用命咸奏成功由是言之其始捉臣之來蒞事者吏部之議　朝廷之斷也旗牌之能號召者議部之議　朝廷之斷也提督之能紀綱者吏部之議　朝廷之斷也方略之所分布舉動之得展舒者該部之議　朝廷之斷也臣亦何功之有而敢冒承其賞乎譬之駑駘之馬而得良御齊輯乎轡銜之際而緩急乎唇吻之和內得於人心外合於馬志故雖駑下亦能盡日之力而至百里人見其駑而百里因謂之能不知其能致此皆御馬者驅策之力不然將數里而踣或十數里而止矣馬之疲勞或誠有之而遂以歸功於馬其可乎況臣驅逐之餘疾病交作手足麻痺漸成廢人前在賊巢已嘗具本請罪告病乞休日夜伏候　允報庶幾生還畎畝乃今求退而獲進請咎而蒙賞雖臣貪冒垂涎忍恥苟得其如
朝廷賞功之典何伏望　皇上推原功之所始無使賞有濫及收回　成命臣苟有微勞不加罪戮容令仍以原職致仕延餘喘於田野如此則　上無濫恩下無奸賞宣力受任者得免於覆餗之誅量能度分者獲遂其知止之願臣無

任感　恩懼罪懇切祈望之至

再議崇義縣治　十三年十月十一日

據江西按察司分巡領北道兵備副使楊璋呈奉臣案驗准戶部咨覆題建立縣治以期久安事卷查先該本道議橫水地方應行事宜開列條款備呈提督軍門議委南康縣縣丞舒富將大庾南康上猶三縣機快各點集三百名分作三班專委本官統領來往巡視如有餘黨復集即便擒拏有功一體轉達陞賞及於三縣起人夫各一百名分作三班就委本官不妨往來巡邏兼督採辦木植燒造磚瓦等役俱經備行本官將開去事宜查照施行外隨奉提督軍門批據縣丞舒富呈稱依奉前去橫水建立縣治處所將縣治公廨儒學殿廡堂齋布按分司及府館旌善申明等亭倉廒牢獄養濟倉場等房并城中街道帶同地理陰陽曾成倫等定立向止分處停當已經畫圖貼說呈報外合用木植督令義官李玉璽前去地名左溪關田等處採運隨拘各項木作於正德十三年四月初六日起手興工即今先將縣治并儒學起造將完各分司等衙門料物

皆備亦皆陸續起造但甎瓦灰泥等匠工食應該估計不若包工論價庶使工程易完已經督同備估共該銀一千零七十一兩七錢九分四釐請給錢糧支用等因批行本道再與詳審看得所呈修理次第已是停當所議包工論價亦爲有見合行贛州府將大征支剩銀兩照數支給應用及照衙門既已建立必須城池保障合無仍行通行計處城牆周圍高闊丈尺工食或先築土城待後包砌或應一時兼舉就行本官會同各縣掌印官查照里分糧數多寡均派修築與夫城門城樓之費一併估修已經備由通行呈奉撫按衙門依擬施行俱行贛州府照數查發及行縣丞舒富遵照支散估修外續據縣丞舒富呈稱量計新縣城牆周圍五百丈即今新築土城高一丈七尺面闊七尺五寸脚闊一丈若令三縣里甲自行修築不無延捱必須顧倩泰和縣上工數百先築土城自七月十一日起工扣至八月終土城可以通完然後用甎包砌庶得堅久其三縣徵收工價解給庶得實用幷將城門城樓城牆築砌甎石工食共計估該銀八千四十五兩六錢七分二釐備由開呈等因奉批仰分巡道再加議看施

行查得大庾等縣共計僅五十二里而估計銀兩頗多疲弊之民誠所不堪及照大征變賣賊屬牛馬贓銀二千六百七十一兩四錢九分及本道問過贓罰紙米價銀一千餘兩見在合查商稅銀輳補三百七十四兩八分二釐共四千四十五兩六錢之數先行給發止餘四千兩查將三縣丁糧通融分派責委公正官員徵收監督禁革侵漁騷擾等因備由呈奉提督軍門批役三縣而建橫水似亦動衆勞民建橫水而屏三縣實乃一勞永逸但當疲困之餘務以節省爲貴議　刱縣最合事宜非獨民減科擾抑且財獲實用仰悉照議施行仍行各縣痛禁里胥不得侵漁騷擾曉諭居民各宜樂事勸工毋忘既往之患共爲久安之圖呈繳依奉遵照查支分派修理去後今照前項縣治學校分司各該衙門蓋造將完而土城扣至八月終亦可完官民住坐可保無虞燒甎包砌計亦不難其街道市廛俱有次第商賈往來漸將貿易緣縣名未立官員未除所轄里分之民心罔知趨向所安新民之版籍尚未歸著及照縣治既建凡百草創爲縣官者若非熟知地方與凡捕盜安民之術民情土俗之宜皆能洞曉舉

而用之鮮不敗事隨會同江西布政司分守嶺北道左參政吳大有議得縣丞
舒富先因前賊攻圍該縣戮力拒賊得以保全後因大征領哨獲功居多賊首
謝志山獨爲所獲續委巡視三縣招安新民六百餘名帖然安堵復委督修前
項縣治衙門城池半年俱各就緒今委署掌上猶縣事百廢俱興及訪本官存
心剛直行事公平歷官已及四年未有公私過犯雖未出身學校經義亦能通
曉合無念新縣草創之功百務鼎新之始轉達具奏陞以新縣知縣職事然而
陞授正官或于事例有礙合無量授府州佐貳之職令其署掌新縣縣事候數
年後地方安妥另行改選庶官得其人事得其理而地方可保無虞等因據呈
到臣卷查先據副使楊璋參議黃宏會呈上猶等縣羣賊猖獗爲害幸蒙提督
軍門躬督諸軍蕩平巢穴三縣之民懽欣鼓舞如獲更生但恐大兵撤後餘黨
未免嘯聚要於横水等處建立縣治併巡司等衙門以絶後患實爲久安長治
之策等因已經批仰該道重覆查勘無異會同江西巡撫都御史孫燧巡按江
西監察御史屠僑處議明白各具本奏請定奪去後隨准戸部咨該本部覆題

看得添設縣治既該府按官員會議相應依擬合咨提督南贛汀漳軍務左僉
都御史王守仁同撫按官會委該道守巡官選委府縣佐貳能幹官員先將添
設縣治合用一應材木甎瓦等物料先爲措置收買幷顧覓人夫工匠價銀逐
一估計轃處就便與修務使工日就而民力不勞物咸備而財用不乏候城池
公宇縣治學校倉廒街道民居吏舍等項粗有規制另爲會奏以憑上請定擬
縣名及咨吏禮二部選官鑄印施行等因具題奉　聖旨是欽此及准兵部覆
題議得勘亂於已發固爲有功弭亂於未然尤爲有見今都御史王守仁與巡
撫巡按及守巡官深謀遠慮議建縣治巡司以控制無統之民事體民情俱各
順當及先編僉隘夫委官守把事在必行不可猶豫合無本部將開設縣治一
節移咨戶部奏請定立縣名速行遵守仍依所奏添設長龍鉛廒二巡檢司及
將過步巡檢司行移吏禮二部選調官員鑄換印信條記幷行江西布政司查
撥吏役編僉弓兵中閑一應事宜悉聽都御史王守仁會同巡撫都御史孫燧
查照原擬從宜處置務在事體穩當賊害絕除期副委任等因具題奉　聖旨

是欽此欽遵備行守巡該道一體欽遵施行仍呈撫按衙門知會外今呈前因
臣會同巡撫江西等處地方都察院右副都御史孫燧巡按江西監察御史居
僑議照該道所呈前項縣治學校分司等衙門蓋造不日通完而城池砌築亦
已將備惟稱新縣草創之初百務鼎新必須熟知民情土俗之宜者以爲縣官
及會訪縣丞舒富才力堪任乞要量陞府州佐貳之職令其署掌新縣一節實
亦酌量時宜保土安民之意伏望　皇上憫念遠土凋敝之餘小邑草創之始
乞　敕該部俯採會議原由再加審察將縣丞舒富量爲陞職管理新縣或别
行諸訪諳曉夷情熟知土俗剛果有爲者前來開創整理庶幾瘡痍之民可以
漸起而反覆之地得以永寧矣

再議平和縣治疏　十三年十月十五日

據福建布政司呈稱漳州府知府鍾湘關稱正德十二年四月撤兵之時蒙福
建參政陳策副使唐澤批據南靖縣儒學生員張浩然等及據本縣清寧河頭
社義民鄉老曾敦五林大俊等各呈要於河頭地方添設縣治以控制賊巢建

立學校以易風俗改移小溪巡檢司以防禦緩急行仰本職踏勘隨即呈蒙漳南道兵備僉事胡璉督同本職幷南靖縣知縣施祥等踏勘河頭大洋陂一處堪設縣治枋頭板一處堪設巡檢司委果人心樂從一勞永逸議將南靖縣清河寧里二圖新安里三圖漳浦縣二都二圖三都十圖計一十二圖十班人戶查揭冊籍割屬新設縣治管攝其南靖縣止有一十八圖應當里役邑小事繁辦納不前又查龍溪縣原有一百五十二圖內有二十一都幷二十五圖地方與南靖密邇相應撥補管轄截長補短里甲便於應當錢糧易於催辦事頗相應轉呈鎮巡撫按等衙門各具本題奉　欽依准於前項地方添設縣治及改移巡司衙門其縣名幷該設官吏印信行令布政司徑自奏請給賜銓撥鑄降合用木石灰瓦等料先儘本府幷所屬縣分在庫贓罰銀兩支給買辦若有不敷從宜處置不許動支軍餉錢糧及科取小民等因隨即呈委南靖縣知縣施祥漳平縣知縣徐鳳岐董工興作於正德十二年十二月初九日本職督同各官親到河頭告祀社土伐木興工至次年五月內據知縣徐鳳岐呈報外築城

梁俱已完備惟表城因風雨阻滯期在九月工完及據知縣施祥呈報縣堂衙
宇幕廳儀門六房及明倫堂俱各堅完惟殿廡分司府館倉庫城隍社稷壇亦
因風雨阻滯次第修舉期在仲冬工完又據南靖縣縣丞余道呈稱帶同木石
匠陳恩欽等前到漳汀枋頭板地方丈量土城周圍一百一十丈顧募鄉夫舂
築完固給發官銀斫辦木植督造巡司公館前廳各一座儀門一座鼓樓一座
後堂各一座各蓋完備惟土城公館巡司廂房欠瓦暫將茅覆候秋成農隙修
舉等因隨於正德十三年三月初六日行令小溪巡檢郭森前去到任前去地
方今據各委官員呈報功已垂成勢不容緩照得縣名須因土俗本職奉委親
歷諸巢詢知南靖縣河頭等鄉俱屬平河社以此議名平和縣及割南靖縣清
寧里七圖新安里五圖共計糧三千九百九石六斗七升四合七勺五抄計一
十二里合爲裁減縣分一知一典治之原議漳浦縣二都二圖三都十圖地方
隔遠民不樂從今議不必分割再照新縣所屬多係新民須得廉能官員庶幾
開新創始事不煩而民不擾其學校教官合無止選一員署印先行提學道將

清寧新安二里見在府縣儒學生員就便撥補廩增之數其有不足於府縣學
年深增附內量撥充補又或不足於新民之家選取俊秀子弟入學使其改心
易慮用圖自新及照南靖縣邑小事繁分割一十二里添設新縣辦納愈見不
堪合無亦作裁減縣分以一知一典治之又查得龍溪縣一百五十二圖內將
二十一都七圖二十五圖共計一十二圖計糧一千六百八十一石七斗七升
三合八勺三抄撥隸南靖縣抵納糧科又照南靖小溪巡檢司既已改立漳汀
合改漳汀巡檢司印信奏請改鑄并新縣儒學醫陰陽等衙門俱例該鑄印信
緣由備申到司轉呈到臣卷查先據福建漳南道兵備僉事胡璉呈前事已經
查勘無異具由奏請定奪去後續據該道呈備知府鍾湘呈將分割南靖等縣
都圖隨近新設縣治管攝以辦糧差并估計過城垣城樓窩鋪等項工料銀兩
數目及查府庫各項官銀實有一萬餘兩堪以支用要行委官擇日興工築砌
緣由備呈到臣看得開設縣治既以事體相應已行具奏及令該府一面俯順
民情動支銀兩興工外其閑分割都圖議估工價一應事務軍門路遠難以遙

斷皆須該道及該府親民各官自行查勘的確果已宜於民情便於事體他無私弊卽便就行定議以次舉行候奏准　命下之日應奏　聞者若更繁文往復徒爾遲悞日月無益於事又經批仰著實幹理仍行鎮守巡按衙門知會閱隨准戶部覆題內開前項情節既該本官勘處停當具奏前來相應依擬合無本部仍行左僉都御史王守仁再查無異准於前項地方添設縣治及改移巡檢司衙門等因具題奉　聖旨是這添設縣治事宜各依擬行欽此欽遵備咨前來節經行仰福建布政司及分巡漳南道轉行該府一體欽依施行去後今據前因參看得所呈新設縣治既已議名平和小溪巡檢司改名漳汀巡檢司及學校例該一正二副今稱草創之初止乞選官一員掌管并撥補廩增生員等項俱於事體相應除行該司徑自具奏外爲照南靖縣原係全設衙門今既分割都圖添補新縣委係邑小費繁似應裁減止用一知一典已足敷治又龍溪縣一百五十二圖將二十一都七圖二十五都五圖共計一十二圖撥轄南靖抵納糧差揆於事體頗亦均平伏望　皇上俯順下情乞　敕該部議處裁

撥庶幾量地制邑得繁簡之宜而與事任功從遠近之便緣係裁減官員及撥
都圖事理爲此具本請　旨

再請疏通鹽法疏　十三年十月二十二日

據江西按察司分巡嶺北道兵備副使楊璋呈備贛州府呈蒙備仰本府即將
正德十二年正月起至九月終止抽過稅銀及上猶龍川兩次用兵支過軍餉
并今餘剩銀兩查報等因依蒙查得正德十一年十二月終止舊管銀三千五
百七十四兩三錢一釐二絲一忽九微并新收正德十二年正月起至正德十
三年九月終止共抽過商稅銀一萬六千七百八十八兩五錢八分七釐七毫
五絲兩次用兵共用過銀四萬七千二百八十七兩二錢二分八釐四毫三絲
八忽六微米九千九百四十九石五斗六升九合四勺四杪穀五百三十九石
四斗內除提督南贛汀漳等處軍務都察院左僉都御史王守仁查發紙米價
銀八十九兩六錢巡撫江西等處地方都察院右副都御史孫燧查發紙米價
銀二千兩本道查發紙米價銀七千八百二十兩二錢七分八釐六毫南贛二

府查出在庫贓罰缺官柴薪等項銀一萬九千五十九兩四分六釐六毫八忽
三微外實支用過商稅銀一萬八千三百一十八兩三錢三釐三毫三絲三微
見今餘剩銀二千四十四兩五錢八分五釐七毫五絲一忽六微等因開報到
道案查先爲比例請官專管抽分以杜奸弊事准戸部咨該巡撫右副都御史
周南題備仰本道照奉　欽依事理卽將所收商稅再行參酌從輕定議則例
仍嚴加稽考務使稅課所入隨多寡以爲數而不以多取爲能其廣東鹽課許
於南贛二府發賣不許再行抽稅袁臨吉三府不係舊例行鹽地方不許到彼
發賣所抽分商稅除軍餉聽巡撫都御史動支外其餘不許擅動年終差人解
部轃支光祿寺賒欠鋪行廚料果品支用以省加派小民仍將再議過緣由呈
報施行等因行據贛州府呈稱依奉將貢水該抽諸貨從輕定擬則例及開稱
廣東鹽引不許放過袁臨吉三府發賣等因備呈本院詳允出給禁約及將餘
剩銀二千九百六十七兩一錢八分二釐二毫三絲一忽九微行令起解閑隨
據該府呈奉巡撫江西等處地方都察院右副都御史陳金批看得該府連年

用兵之費所積不多近又定擬除減所入亦少況地方盜賊不時竊發別無堪動錢糧將餘剩稅銀暫且存留在庫以備軍餉等因已該前兵備副使陳頁珊將自正德六年十一月二十七日立廠抽分起至正德十二年終止造冊差舍人王鼎續該本職將正德十一年正月起至本年十二月終止造冊差舍人屠賢各奏繳訖本年九月二十六日抄奉提督軍門案驗准戶部咨備行本道照奉 欽依事理將廣東官鹽暫許袁臨吉三府發賣自今爲始至正德十三年終止仍將先次未解并今次抽稅過銀兩支用過數目緣由造冊徑自奏繳及造清冊齎送該部并本院查考除遵奉外查得正德十三年將終及上猶龍川兩處征剿事畢所據商稅收支應該造冊解繳備行該府查報去後今據前因查得南贛地方兩次用兵中間商稅實爲軍餉少助然而商稅之中鹽稅實有三分之二爲照南贛二府與廣東翁源等縣壤地接連近該兩廣具奏征剿前賊乘虛越境難保必無見今府庫空虛民窮財盡將來糧餉絕無仰給況此鹽利一止私販復生雖有禁約勢所難遏與其利歸於奸人孰若有助于軍國合

無轉達將前項鹽稅著爲定例許於袁臨吉三府地方發賣照舊抽稅以供軍
餉每年終依期造報餘剩之數解部轉發光祿寺支用以省加派小民如此則
奸弊可革軍餉有賴光祿寺供用亦得少資誠所謂一舉而數得矣呈乞照詳
轉達等因具呈到臣查得接管卷內先爲處置鹽鐵以充軍餉事江西布政司
呈奉總制江西左都御史陳金批查得廣西嶺北二道灘石險惡淮鹽不到商
人往往私販廣鹽射利肥己先蒙總督衙門奏　准廣鹽許行南贛三府發賣
仰令南雄照引追納米價類解梧州軍門官商兩便軍餉充足當時止是奏行
南贛不曾開載袁臨吉三府合無遵照　敕諭便宜處置暫將廣鹽許下三府
發賣立廠盤掣以助軍餉隨該布政司管官劉果等議稱委果于事有益于法
無礙具呈詳允批行遵照立廠抽稅等因續該戶部覆議內開廣東鹽課許令
南贛二府發賣不許到於袁臨吉三府備行禁革外正德十二年正月十五日
臣撫臨贛州隨據副使楊璋呈稱奏調三省官兵夾剿上猶等巢糧餉所費約
用數萬石若不早行計處必致有誤軍機查得前項鹽法准行南贛二府販賣

果係一時權宜不係洪武年間舊例合無查照先年便宜事例行令前商許令袁臨吉三府販賣所收銀兩少備軍餉候事少寧另行具題禁止等因呈詳到臣看得即今調兵夾剿糧餉缺乏遵照　敕諭徑自區畫事理批行該道暫且照議施行候平定之日照舊停止具題去後隨准戶部覆議將廣東官鹽暫於袁臨吉三府發賣至正德十三年終止行該道官照前抽分將稅課供給軍餉不許多取妄用至期照舊停止等因具題奉　聖旨是欽此欽遵已經轉行該道一體欽遵去後今呈前因為照袁吉等地方溪流湍悍灘石峻險淮鹽逆水而上動經旬月之久廣鹽順流而下不過信宿之程故民苦淮鹽之難而惟以廣鹽為便自頃奉例停止官府但有禁革之名其實私鹽無日不行何者因地勢之便從民心之欲非但不能禁之於私每遇水發商舟動以百數公然蔽河而下如發機之弩官府邏卒寡不敵衆袖手岸傍立視其過孰得而沮遏之故廣鹽行則商稅集而用資於軍餉賦省於貧民廣鹽止則私販興而弊滋於奸宄利歸於豪右此近事之既驗者今南贛盜賊雖已仰仗　天威克平巢穴然

漏殄殘黨難保必無且地連三省千數百里之內連峯參天深林蔽日其閒已招之新民尚懷反覆未平之賊壘多相勾聯乘閒窺竊不時而有方圖保戍之策未有撤兵之期況後山從化等處見在調兵征剿臣亦繆承方略之命師行糧食勢所必然今府庫空虛民窮財盡若鹽稅一革軍餉之費苟非科取於貧民必須仰給於　內帑夫民已平而斂不休是驅之從盜也外已竭而殫其內是復殘其本也矧　內帑之發非徒緩不及事抑恐力有未敷臣切以為宜開復廣鹽著為定例籍其稅課以預備軍餉不時之急積其羨餘以少助　內府缺乏之需實夾公私兩便內外兼資夫聚斂以為功臣之所素恥也掊克以招怨臣之所不忍也況臣廢疾日深決於求退已可苟避地方之責但其事勢不得不然若已畢而復舉是遺後人以所難而於職守為不忠矣願　皇上憫地方之瘡痍哀民貧之已甚慮軍資之乏絕察臣心之無他特　敕該部俯采所議酌量裁處早賜施行則地方幸甚

陞廕謝　恩疏　十四年正月初二日

正德十三年六月初六日准兵部咨爲捷音事該臣題該本部覆題節該奉
聖旨王守仁陞右副都御史廕子一人做錦衣衛世襲百戶寫敕獎勵欽此備
咨欽遵臣竊自念功微賞重深懼冒濫之誅已於本月十八日具本乞　恩辭
免陞廕容照原職致仕復蒙　聖旨王守仁才望素著屢次剿賊成功陞官廕
子宜勉遵成命不准休致該部知道欽此備咨欽遵臣聞命自天跼身無地竊
惟因勞而進秩者　朝廷賞功之典量能而受祿者人臣自守之節故功宜惟
重雖　聖帝之寬仁而食浮於行尤君子所深恥　陛下之賜行其賞功之典
也臣之不敢當者亦惟伸其自守之節而已軍志有之該罰而請不罰者有誅
該賞而請不賞者有誅古之人君執其賞罰堅如金石信如四時是以令之所
播如轟霆兵之所加無堅敵而功之所成無愆期今日之事兵事也漢臣趙充
國云兵事當爲後法臣誠自知貪冒之恥然亦安敢徇一己之小節以亂　陛
下之軍政乎但廕子實非常典私心終有所未安黽勉受　命憂慚交集自恨
疾病之已纏深懼圖報之無日感激　洪恩莫知攸措除別行具本請罪乞休

外爲此具本稱謝

乞放歸田里疏 十四年正月十四日

正德十三年十月初二日准吏部咨該臣奏爲久病待罪乞 恩休致事奉
聖旨王守仁帥師討賊賢勞懋著偶有微疾著善調理以副委任所辭不允該
部知道欽此備咨欽遵又於本年十二月二十九日准吏部咨該臣奏爲乞
恩辭免陞廕容照原職致仕事奉 聖旨王守仁才望素著累次勦賊成功陞
官廕子宜勉遵成命不准休致該部知道欽此備咨欽遵除已具本謝 恩外
竊惟聖主之任官也因才而器使不強人以其所不能是以上無廢令而下無
棄才人臣之受職也量力而承事不強圖其所不任是以言有可底之績而身
無鰥曠之誅歷攷往昔蓋未有不如此而可以免於愆譴者也臣以狂愚收錄
擯廢繆蒙推拔授寄軍旅當時極知叨非其分不敢冒膺辭避未伸而迫於公
議倉卒就道既已抵任則復黽勉從事私計迂怯終將僨敗遭際 聖明德威
震赫扶病策駑仰遵 成算不意偶能集事苟免顛覆實皆出於臆料之外然

此僥倖之事豈可恃以爲常者哉　廟堂之上不暇深察其所以增其祿秩將遂舉而委之人苦不自知耳臣之自量則旣審且熟深懼戮士之無日也譬之懦夫駕破敗之舟以涉險偶遇順風安流幸而獲濟舟中之人旣已狼狽失措而岸傍觀者尙未之知以爲是或有能焉且將使之積重載衝冒風濤而試洪河大江之中幾何其不淪溺也已今四方多故　鑾輿遠出大小臣工惶惶旦暮臣雖鄙劣竭忠效命以死　國事亦其素所刻心安忍託故苟求退遯顧力纖負巨如以蒿支棟據非其任遂使殞身徒以敗事亦何益矣且臣比年以來百病交攻近因驅馳賊壘瘴毒侵陵嘔吐潮熱飢骨羸削或時昏眩偃几仆地竟日不惺手足麻痹已成廢人又以百歲祖母臥病牀褥切思一念爲訣悲苦積鬱神志耗眊視聽恍惚隔宿之事不復記憶以是求延旦夕之生亦已難矣而況使之當職承務從征討之後其將能乎夫豢畜牛羊細事耳亦且求良牧而付之況於軍務重任生靈休戚之所關乃以疾廢曠眊之人覆敗之戮臣無足論其如　陛下一方之寄何伏願　陛下念四省關係之大不可委於匪人

察病廢枯朽之才不宜付以重任憐桑榆之短景而使得少遂其烏鳥之私錄
犬馬之微勞而使得苟延其螻蟻之息別選賢能委以茲任放臣暫歸田里就
醫調治倘存餘喘尚有報　國之日臣不勝感恩待罪懇切哀望之至

王文成公全書卷之十一

別錄四　奏疏

飛報寧王謀反疏 十四年六月十九日

正德十四年六月初五日節該欽奉　勅福州三衞軍人進貴等脅衆謀反特命爾暫去彼處地方會同查議處置參奏定奪欽此欽遵臣於本月初九日自贛州啓行至本月十五日行至豐城縣地名黃土腦據該縣知縣等官顧佖等稟稱本月十四日寧府稱亂將孫都御史許副使幷都司等官殺死巡按及三司府縣大小官員不從者俱被執縛不知存亡各衙門印信盡數收去庫藏搬搶一空見監重囚俱行釋放舟楫蔽江而下聲言直取南京一面分兵北上各官皆來沮臣不宜輕進其時臣尚未信然逃亂之民果已四散奔潰人情洶洶臣亦自顧單旅危途勢難復進方爾回程隨有兵卒千餘已夾江並進前來追臣偶遇北風大作臣亦張疑設計整舟安行兵不敢逼幸而獲免本月十八日回至吉安府據知府伍文定等稟稱地方無主乞留暫回區畫遠近軍民亦皆

遮擁呼號隨據臨江府并新淦豐城奉新等縣各差人飛報寧府遣兵四出攻
掠拘收印信及拏掌印官員調取兵快水兌糧船盡被驅脅而去等因臣奉前
旨欲遂徑往福建但天下之事莫急於　君父之難若彼順流東下萬一南都
失備爲彼所襲彼將乘勝北趨旬月之間必且動搖　京輔如此則勝負之算
未有所歸此誠天下安危之大機慮念及此痛心寒骨義不忍舍之而去故遂
入城撫慰軍民督同知府等官伍文定等調集兵糧號召義勇又約會致仕鄉
官右副都御史王懋中養病評事羅僑等與之定謀設策收合渙散之心作起
忠義之氣相機乘閒務爲躡後之圖共成犄角之勢牽其舉動而使進不得前
搗其巢穴而使退無所據日望　天兵之速至庶解東南之倒懸伏望　皇上
省愆咎己命將出師因難興邦未必非此臣以弱劣多病屢疏乞休況此地方
之責本亦非臣之任今茲扶疾赴閩實亦意圖便道歸省臨發之前已具哀懇
齎奏之人去纔數日適當君父之急不忍失此事機姑復暫留期紓　國難候
區畫少定各官略可展布　朝廷命師一臨亦遂遵照前　旨入閩了事就彼

歸省父疾進不避嫌退不避罪惟民是保而利於　主臣之心也直行其報
國之誠而忘其緩　命之罪求伸其哀痛之情而甘冒棄職之誅臣之罪也竊
照都御史王懋中評事羅僑忠義自許才識練達知府伍文定果捷能斷忠勇
有謀累立戰功皆抑而不賞久淹外郡實屈而未伸今江西闔省見無一官若
待他求緩無所及乞遂將各官授以緊要職任庶可責之拯溺救焚其餘若裁
革兵備副使羅循養病副使羅欽德郎中曾直御史周魯同知郭祥鵬省親進
士郭持平驛丞李中王思等雖皆本土之人咸秉忠貞之節況亦見在同事當
多難之日事宜從權庶克有濟再照寧府逆謀既著彼若北趨不遂必將還取
兩浙南擾湖湘窺留都以斷南北收閩廣以益軍資若不即爲控制急遣重兵
必將噬臍無及又照撫州府知府陳槐臨江府知府戴德孺贛州府知府邢珣
袁州府知府徐璉寧都縣知縣王天與豐城縣知縣顧佖新淦縣知縣李美奉
新縣知縣劉守緒泰和縣知縣李楫南安府同知朱憲贛州府同知夏克義龍
泉縣知縣陳允諧及闔省各官今見在者乞　敕吏部就於其中推補本省方

面知府兵備等官庶可速令供職其有城守之責者亦各量陞職銜重其權勢使可展布又照南贛軍餉惟資鹽商諸稅近因戶部奏革顧募之兵無所仰給悉已散遣今未兩月卽遇此變復欲召募將倚何資輒復遵依　敕旨便宜事理仍舊舉行然亦緩不及濟必須先於兩廣積儲軍餉數內量借一十餘萬庶幾軍衆可集地方有賴　國難可平緣係飛報地方謀反重情事理爲此具本專差舍人來儀親齎謹題請　旨

再報謀反疏　十四年六月二十一日

節該欽奉　敕福州三衛云云緣係飛報地方謀反重情事理爲此具本先於本月十九日專差舍人來儀奏報外但叛黨方盛恐中途爲所攔截合再具本專差舍人任光親齎謹題請　旨

乞便道省葬疏　十四年六月二十一日

臣以父老祖喪屢疏乞休未蒙憐准近者奉　命扶疾赴閩意圖了事卽從此地冒罪逃歸旬日之前亦已具　奏不意行至中途遭值寧府反叛此係　國

家大變臣子之義不容舍之而去又閩省撫巡方面等官無一人見在者天下事機間不容髮故復忍死暫留於此爲牽制攻討之圖俟命師之至即從初心死無所避臣思祖母自幼鞠育之恩不及一面爲訣每一號慟割裂昏殞日加尪瘠僅存殘喘母喪權厝祖墓之側今葬祖母亦欲因此改葬臣父衰老日甚近因祖喪哭泣過節見亦病臥苫廬臣今扶病驅馳兵革往來於廣信南昌之間廣信去家不數日欲從其地不時乘間抵家一哭略爲經畫葬事一省父病臣區區報國血誠上通於天不辭滅宗之禍不避形迹之嫌冒非其任以勤國難亦望朝廷鑒臣之心不以法例繩縛使臣得少伸烏鳥之痛臣之感恩死且圖報搶攘哀控不知所云緣係懇乞天恩便道省葬事理爲此具本奏聞

奏聞宸濠僞造檄榜疏 十四年七月初五日

正德十四年七月初一日據吉安府知府伍文定申准領哨通判楊昉千戶蕭英在於墨潭地方捉獲寧府齎檄榜官趙承芳等二十員名解送到臣看得檄

榜妄言惑衆譏訕　主上當即毀裂又以事合　聞奏隨即固封以進審據趙
承芳供係南昌府學教授六月十三日寧府生日次日各官謝宴突起反謀殺
死孫都御史許副使因死黃參議馬主事其餘大小職官脅從不遂者俱被監
禁追奪印信放囚刦庫邀截兌米分遣逋寇四散摽掠聲言要取南京就往北
京十六日親出城外迎取安福縣舉人劉養正十七日迎取致仕都御史李士
實該入府內號稱軍師太師名目二十一日將原禁各官放回各司差人看守
二十二日令承芳并參政季斆代齎僞檄榜文赴豐城吉安贛州南安并王都
御史及廣東南雄等處俱各不寫正德年號止稱大明己卯歲比承芳等不合
怕死及因妻子被拘旗校管押只得依聽齎至墨池地方蒙本院防哨官兵將
承芳等拏獲隨審季斆供係先任南安府知府近陞廣西參政裝帶家小由水
路赴任行至省城適遇寧王生日傳令慶賀次日隨衆謝宴變起倉卒俱被監
禁比斆自分死　國因妻女在船寫書令妻要死夫女俱死母後因看守愈嚴
求死不遂至二十一日放回本船懵死良久方甦二十二日又將妻女拘執急

呼斆進府將前僞檄榜差旗校十二人督押斆與承芳代齎斆計欲投赴軍門脫身報効不期官兵執送前來等因案照先爲飛報地方謀反重情事已經二次差人具奏去後今審據前因參照寧王不守藩服敢此稱亂睥睨神器指斥乘輿擅殺大臣放囚劫庫稔不韙之罪犯無將之誅致仕都御史李士實恩遇四朝實託心膂舉人劉養正舊假恬退之名新叨錄用之典今皆反面事讐爲之出謀發慮既同狗彘之行難逭斧鉞之誅參政季斆教授趙承芳義未決於舍生令已承於捧檄但暴虐之威恐動於中鷹犬之徒鈐制於外在法固所當罪據情亦有可憫除將趙承芳季斆監禁一面檄召兵民隨機應變竭力討賊一應事宜陸續奏　聞處置外臣聞多難興邦殷憂啓聖　陛下在位一十四年屢經變難民心騷動尚爾　巡遊不已致　宗室謀動干戈冀竊　大寶且今天下之覬覦豈特一寧王天下之奸雄豈特在宗室言念及此懍骨寒心昔漢武帝有輪臺之悔而天下向治唐德宗下奉天之詔而士民感泣伏望　皇上痛自刻責易轍改絃罷出奸諛以回天下豪傑之心絕迹巡遊以杜天下奸

雄之望定立　國本勵精求治則太平尚有可圖羣臣不勝幸甚爲此具本并將僞檄一紙封固專差舍人秦沛親齎謹題請　旨

留用官員疏　十四年七月初五日

照得江西寧府謀反據城練兵分兵攻刦因禁方面官員有操戈向　闕之勢此君父之大難臣子憤心之日也臣在吉安地方調兵討賊四路阻絶並無堪用官員適遇　欽差兩廣清軍御史謝源刷卷御史伍希儒各赴京復命道經該府不能前進各官奮激思効力討賊以報　朝廷臣亦思軍務緊急各官俱有印　敕方便行事遂留軍前同心戮力經濟大難待事寧之日赴京復　命緣係留用官員事理未敢擅便爲此具本請　旨

江西捷音疏　十四年七月三十日

照得先因寧王圖危　宗社興兵作亂已經具奏請兵征勦外隨看得寧王陰謀不軌已將十年畜養死士二萬餘人招誘四方盜賊渠魁亦以萬數舉事之日復驅其護衛黨與并脅從之徒又六七萬人虐焰張熾臣以百數疲弱之卒

勢不敢輕舉驟進乃退保吉安姑爲牽制之圖時遠近軍民劫於寧王之積威道路以目莫敢出聲臣一面督率吉安府知府伍文定等調集軍民兵快召募四方報効義勇之士會計一應解留錢糧支給糧賞造作軍器戰船　奏留公差回任監察御史謝源伍希儒分職任事一面約會該府鄉官先任右副都御史致仕王懋中養病痊可編修鄒守益刑部郎中曾直評事羅僑丁憂監察御史張鼇山先任浙江僉事今赴部調用劉藍省親進士郭持平軍門參謀驛丞王思李中先任福建按察使致仕劉遜先任參政致仕黃繡先任嘉興府知府閑住劉昭等相與激發忠義譬諭禍福移檄遠近布　朝廷之深仁暴寧王之罪惡於是豪傑響應人始思奮區畫旬日官兵稍稍四集時寧王聲言先取南京臣慮南京尚未有備恐一時爲彼所襲乃先張疑兵於豐城示以欲攻之勢故寧王先遣兵出攻南康九江諸處而自留居省城以禦臣至是七月初二日探知臣等兵尚未集乃留兵萬餘屬其心腹宗支郡王儀賓內官弁僞授都督都指揮等官使守江西省城而自引兵向　闕臣晝夜促各郡兵期以本月十

五日會臨江之樟樹而身督知府伍文定等兵徑下於是知府戴德孺引兵自臨江來知府徐璉引兵自袁州來知府邢珣引兵自贛州來通判胡堯元童琦引兵自瑞州來通判譚儲推官王暐徐文英新淦知縣李美泰和知縣李楫寧都知縣王天與萬安知縣王冕亦各以其兵來赴十八日遂至豐城分布哨道使知府伍文定爲一哨攻廣潤門入知府邢珣爲二哨攻順化門入知府徐璉攻惠民門入知府戴德孺攻永和門入通判胡堯元童琦攻章江門入知縣李美攻德勝門入都指揮余恩攻進賢門入通判譚儲推官王暐知縣李楫王天與王冕等各以其兵乘七門之釁傍夾攻擊以佐其勢是日得諜報寧王伏兵千餘於新舊墳廠以備省城之援臣乃遣奉新知縣劉守緒典史徐誠領兵四百從閒道夜襲破之以搖城中十九日發市汊臣乃大誓各軍申布　朝廷之威再暴寧王之惡約諸將一鼓而附城再鼓而登三鼓而不克誅伍四鼓而不克斬將已誓莫不切齒痛心踴躍激憤薄暮齊發二十日黎明各至信地先是城中爲備甚嚴滾木灰瓶火礮石弩機毒之械無不畢具及臣所遣兵已破新

舊墳廠敗潰之卒皆奔告城中城中已驚懼至是復聞我師四面驟集皆震駭奪氣我師乘其動搖呼譟並進梯緪而登城中之兵土崩瓦解皆倒戈退奔城遂破擒其居守宜春王栱樤及僞太監萬銳等千有餘人寧王宮中眷屬聞變縱火自焚延及居民房屋臣當令各官分道救火撫定居民散釋脅從封府庫謹關防搜獲原被刦收大小衙門印信九十六顆三司脅從官布政使胡濂參政劉斐參議許效廉副使唐錦僉事賴鳳都指揮王玘等皆自首投罪除將擒斬功次發御史謝源伍希儒權令審驗紀錄一應事宜查審明白陸續具 奏及一面分兵四路追躡寧王向往相機擒勦另行 奏報外竊照寧王逆焰熏天衆號一十八萬屠城破郡遠近震懾今其猖獗已一月有餘而四方赴難之師尚未有一人應者前項領哨各官及監軍御史本主養病丁憂致仕等官皆從臣起於顛沛危急之際并心協謀倡率義勇陷陣先登以克破此堅城據其巢穴此雖臣子職分當然亦其激切痛憤之本心但當此物情睽貳動搖之日非賞罰無以鼓士氣今逆賊殺人如草芥又挾其厚貨賞賚所及一人動以千

萬伏願　皇上處變從權速將前項各官量加陞賞以勵遠近事勢難爲之日
覆宗滅族之禍臣且不避況敢避邀賞之嫌乎緣係捷音事理爲此具本專差
千戶詹明親齎謹具題　旨
擒獲宸濠捷音疏　十四年七月三十日
照得先因寧王圖危　宗社興兵作亂已經具奏請兵征勦外隨看得寧王虐
焰張熾臣以百數疲弱之卒未敢輕舉驟進乃退保吉安姑爲牽制之圖時遠
近軍民刧於寧王之積威道路以目莫敢出聲臣一面督率吉安府知府伍文
定等調集軍民兵快召募四方報効義勇之士奏留監察御史謝源伍希儒分
職任事一面約會該府鄉官都御史王懋中編脩鄒守益郎中曾直評事羅僑
監察御史張鼇山僉事劉藍進士郭持平參謀驛丞王思李中按察使劉遜參
政黃繡知府劉昭等相與激發忠義移檄遠近布　朝廷之深仁暴寧王之罪
惡於是豪傑響應人始思奮時寧王聲言先取南京臣慮南京尚未有備恐爲
所襲乃先張疑兵於豐城示以欲攻之勢故寧王先遣兵出攻南康九江而自

留居省城以禦臣至七月初二日探知臣等兵尙未集乃留兵萬餘使守江西省城而自引兵向　闕臣晝夜促兵期以本月十五日會臨江之樟樹而身督知府伍文定等兵徑下於是知府戴德孺徐璉邢珣通判胡堯元童琦談儲推官王暐徐文英知縣李美李楫王天與王冕各以其兵來赴十八日遂至豐城分哨道使知府伍文定等進攻廣潤等七門是日得諜報寧王伏兵千餘於新舊墳廠以援省城臣乃遣奉新知縣劉守緒等從間道夜襲破之以搖城中十九日發市汊大誓各軍申布　朝廷之威再暴寧王之惡莫不切齒痛心踴躍激憤薄暮齊發二十日黎明各至信地先是城中爲備甚嚴滾木灰瓶火炮機械無不畢具臣所遣兵已破新舊墳廠敗潰之卒皆奔告城中城中皆已驚懼至是復聞我師四面驟集益震駭奪氣我師乘其動搖呼譟並進梯絙而登城中之兵皆倒戈退奔城遂破擒其居首宜春王拱樤及僞太監萬銳等千有餘人寧王宮中眷屬聞變縱火自焚延及居民房屋臣當令各官分道救火散釋脅從封府庫謹關防以撫軍民除將擒斬功次發御史謝源伍希儒權令審驗

紀錄及一面分兵四路追躡寧王向往相機擒勦於本月二十二日已經具題
外當於本日據諜報及據安慶逃回被虜船戶十餘人報稱寧王於十六日攻
圍安慶未下自督兵夫運土塡塹期在必尅是日有守城軍門官差人來報贛
州王都堂已引兵至豐城城中軍民震駭乞作急分兵歸援寧王聞之大恐即
欲回舟因太師李士實等阻勸以爲必須徑往南京旣登大寶則江西自服寧
王不應次日遂解安慶之圍移兵泊阮子江會議先遣兵二萬歸援江西寧王
亦自後督兵隨來等因先是臣等駐兵豐城衆議安慶被圍宜引兵直趨安慶
臣以九江南康皆已爲賊所據而南昌城中數萬之衆精悍亦且萬餘食貨充
積我兵若抵安慶賊必回軍死鬭安慶之兵僅僅自守必不能援我於湖中南
昌之兵絶我糧道而九江南康之賊合勢撓躡四方之援又不可望事難圖矣
今我師驟集先聲所加城中必已震懾因而幷力急攻其勢必下已破南昌賊
先破膽奪氣失其根本勢必歸救如此則安慶之圍自解而寧王亦可以坐擒
矣至是得報果如臣等所料當臣督同領兵知府會集監軍及倡義各鄉官等

官議所以禦之之策衆多以寧王兵勢衆盛氣燄所及有如燎毛今四方之援尚未有一人至者彼憑其憤怒悉衆并力而萃於我勢必不支且宜斂兵入城堅壁自守以待四鄰之援然後徐圖進止臣以寧王兵力雖強軍鋒雖銳然其所過徒恃焚掠屠戮之慘以威劫遠近未嘗逢大敵與之奇正相角所以鼓動扇惑其下者全以進取封爵之利爲說今出未旬月而輒退歸士心既已攜沮我若先出銳卒乘其惰歸要迎掩擊一挫其鋒衆將不戰自潰所謂先人有奪人之氣攻瑕則堅者瑕也是日撫州府知府陳槐兵亦至於是遣知府伍文定邢珣徐璉戴德孺合領精兵伍百分道並進擊其不意又遣都指揮余恩以兵四百往來湖上以誘致賊兵知府陳槐通判胡堯元童琦談儲推官王暐徐文英知縣李美李楫王冕王軾劉守緒劉源清等使各領兵百餘四面張疑設伏候伍文定等兵交然後四起合擊分布既定臣乃大賑城中軍民慮宗室郡王將軍或爲內應生變親慰諭之以安其心又出給告示凡脅從皆不問雖嘗受賊官爵能逃歸者皆免死斬賊徒歸降者給賞使內外居民及鄉道人等四路

傳播以解散其黨二十三日復得諜報寧王先鋒已至樵舍風帆蔽江前後數
十里不能計其數臣乃分督各兵乘夜趨進使伍文定以正兵當其前余恩繼
其後邢珣引兵繞出賊背徐璉戴德孺張兩翼以分其勢二十四日早賊兵鼓
譟乘風而前逼黃家渡其氣驕甚伍文定余恩之兵佯北以致之賊爭進趨利
前後不相及邢珣之兵前後橫擊直貫其中賊敗走文定恩督兵乘之璉德孺
合勢夾攻四面伏兵亦呼譟並起賊不知所爲遂大潰追奔十餘里擒斬二千
餘級落水死者以萬數賊氣大沮引兵退保八字腦賊衆稍稍遁散寧王震懼
乃身自激勵將士賞其當先者以千金被傷者人百兩使人盡發九江南康守
城之兵以益師是日建昌知府曾璵引兵亦至臣以九江不破則湖兵終不敢
越九江以援我南康不復則我兵亦不能踰南康以躡賊乃遣知府陳槐領兵
四百令饒州知府林瑊之兵乘閒以攻九江知府曾璵領兵四百合廣信知府
周朝佐之兵乘閒以取南康二十五日賊復并力盛氣挑戰時風勢不便我兵
少卻死者數十人臣急令人斬取先卻者頭知府伍文定等立於銃礮之間火

燎其鬚不敢退奮督各兵殊死並進礮及寧王舟寧王退走遂大敗擒斬二千餘級溺水死者不計其數賊復退保樵舍連舟爲方陣盡出其金銀以賞士臣乃夜督伍文定等爲火攻之具邢珣擊其左徐璉戴德孺出其右余恩等各官分兵四伏期火發而合二十六日寧王方朝羣臣拘集所執三司各官責其閼以不致死力坐觀成敗者將引出斬之爭論未決而我兵已奮擊四面而集火及寧王副舟衆遂奔散寧王與妃嬪泣别妃嬪宫人皆赴水死我兵遂執寧王并其世子郡王將軍儀賓及僞太師國師元帥參贊尚書都督都指揮千百戶等官李士實劉養正劉吉屠欽王綸熊瓊盧珩羅璜丁饋王春吳十三凌十一秦榮葛江劉勳何鏜王信吳國七火信等數百餘人被執脅從宫太監王宏御史王金主事金山按察使楊璋僉事王疇潘鵬參政程果布政梁辰都指揮郟文馬驥白昂等擒斬賊黨三千餘級落水死者約三萬餘棄其衣甲器仗財物與浮尸積聚横亙若洲焉於是餘賊數百艘四散逃潰臣復遣各官分路追勦毋令逸入他境爲患二十七日及之於樵舍大破之又破之於吳城擒斬復千

餘級落水死者殆盡二十八日得知府陳槐等報亦各與賊戰於沿湖諸處擒
斬各千餘級臣等既擒寧王而入闔城內外軍民聚觀者以數萬歡呼之聲震
動天地莫不舉首加額真若解倒懸之苦而出於水火之中也除將寧王并其
世子郡王將軍儀賓僞授太師國師元帥都督都指揮等官各另監羈候解被
執脅從等官并各宗室別行議　奏及將擒斬俘獲功次一萬一千有奇發御
史謝源伍希儒暫令審驗紀錄另行造冊繳報外照得臣節該欽奉　勅諭但
有盜賊生發即便嚴督各該兵備守備官巡并各軍衛有司設法調兵勦殺其
管領兵快人等官員不問文職武職若在軍前違期并逗遛退縮者俱聽以軍
法從事生擒盜賊鞫問明白亦聽就行斬首示衆斬獲賊級行令各該兵備守
巡守備官即時紀驗明白備行江西按察司造冊繳報查照事例陞賞激勸欽
此及准兵部題稱今後但草賊生發事情緊急該管官司即便依律調撥官軍
乘機勦捕應合會捕者亦即調發策應等因節奉　欽依備咨前來又節該奉
勅如或江西別府報有賊情緊急移文至日爾亦要及時遣兵策應毋得違

誤欽此俱經欽遵外竊照寧王烝淫奸暴腥穢彰聞賊殺善類剝害細民數其
罪惡世所未有不軌之謀已踰一紀積威所劫遠被四方士夫雖在千里之外
皆蔽目搖手莫敢論其是非小人雖在幽僻之中且吞聲飲恨不敢訴其冤抑
兼又招納叛亡誘致劇賊渠魁如吳十三凌十一之屬牽引數千餘衆召募四
方武藝驍勇力能拔樹排關者亦萬有餘徒又使其黨王春等分齎金銀數萬
陰置奸徒於滄州淮揚山東河南之間亦各數十比其起事之日從其護衛姻
族連其黨與朋私驅脅商旅軍民分遣其官屬親暱使各募兵從行多者數千
少者數百帆檣蔽江衆號一十八萬其從之東下者實亦不下八九萬餘且又
矯稱　密旨以脅制遠近僞傳檄諭以搖惑人心故其舉兵倡亂一月有餘而
四方震懾畏避皆謂其大事已定莫敢抗義出身與之爭衡從事抱節者僅堅
城而自守忠憤者惟集兵以俟時非知謀忠義之不足其氣焰使然也臣以孱
弱多病之質才不逮於凡庸知每失之迂繆當茲大變輒敢冒非其任以行旅
百數之卒起事於顛沛危疑之中旬月之間遂能克復堅城俘擒元惡以萬餘

烏合之兵而破強寇十萬之衆是固　上天之陰隲　宗社之默祐　陛下之
威靈而廟廊謀議諸臣消禍於將萌而預爲之處見幾於未動而潛爲之制改
臣提督使得扼制上流而凜然有虎豹在山之威申明律例使人自爲戰而翕
然有臂指相使之形勅臣以及時策應不限以地而隱然有常山首尾之勢故
臣得以不俟　詔旨之下而調集數郡之兵數郡之民亦不待　詔旨之督而
自有以赴　國家之難長驅越境直擣窮追不以非任爲嫌是乃伏至險於無
形之中藏不測於常制之外人徒見嬖奚之多獲而不知王良之善御有以致
之也然則今日之舉廟廊諸臣預謀早計之功其又孰得而先之乎及照御史
謝源伍希儒監軍督哨謀畫居多倡勇宣威勞苦備嘗領哨知府伍文定邢珣
徐璉戴德孺陳槐曾璵林瑊周朝佐署都指揮僉事余恩分哨通判胡堯元童
琦談儲推官王暐徐文英知縣李楫李美王冕王軾劉源清劉守緒傅南喬隨
哨通判楊昉陳旦指揮麻璽高睿孟俊知縣張淮應恩王庭顧似萬士賢馬津
等雖効績輸能亦有等列然皆首從義師爭赴　國難協謀并力共收全功其

間若伍文定邢珣徐璉戴德孺等冒險衝鋒功烈尤懋鄉官都御史王懋中編修鄒守益御史張鼇山郎中曾直評事羅僑僉事劉藍進士郭持平驛丞王思李中按察使劉遜參政黃繡知府劉昭等仗義興兵協張威武運籌贊畫夾輔折衝以上各官功勞雖在尋常征勦亦已甚爲難得況當震恐搖惑四方知勇莫敢一膺其鋒而各官激烈忠憤捐身殉　國乃能若此伏願　皇上論功朝錫之餘普加爵賞旌擢以勸天下之忠義以勵將來之懦怯仍　詔示天下使知奸雄若寧王者蓄其不軌之謀已十有餘年而發之旬月輒就擒滅于以見天命之有在神器之不可窺以定天下之志尤願　皇上罷息巡幸建立　國本端拱勵精以承　宗社之洪休以絶奸雄之覬覦則天下幸甚臣等幸甚緣係捷音事理爲此具本專差千戶王佐親齎謹具題　知
奏聞

益王助軍餉疏　十四年七月三十日

近蒙　益府長史司呈該本司啓案查寧藩有變已經啓行外今照見奉提督都御史王　案驗內稱本院已於七月初九日領兵前往豐城縣市汊等處住

剋刻日進攻省城牌差百戶楊銳前來建昌府守取掌印官親自統兵毋分日
夜兼程前進期本月十五十六日俱赴軍門面授約束并勢追勦及照知府曾
璵報稱即日領兵起程前赴軍門聽調進攻等因看得　國家之事莫大於戎
今寧藩不軌驚動多方提督都御史等官倡義協謀進攻憤忠思勦上以紓
朝廷南顧之憂下以解生民荼毒之苦況我　殿下　國朝分封至親理宜助
餉軍門共紓　國難具本啓奉　令旨發銀一千兩差官胡敬儀衛副陸澄書
辦官幷旗校官等前去提督軍務王都御史處犒賞敬此敬遵除將銀兩差官
管送前來外合行備由呈乞施行等因到臣爲照寧王謀叛稔釁多年積威所
劫無不萎靡況其舉事之初擅殺重臣衆號一十八萬肆然東下雖平日士夫
號稱忠義莫敢指斥今　益王殿下迺心　宗社出私帑以給軍餉非忠義奮
發急於討賊豈能倡言助正以作興軍士之氣如此伏望　皇上特　勑奬勵
以激宗室之義以永　益王殿下爲善之心以夾輔　帝室天下臣民不勝幸
甚除將原發白銀一千兩唱名給散軍士外緣係　宗室出私帑以給軍餉事

理爲此具本請 旨

旱災疏 十四年七月三十日

據吉安等一十三府所屬廬陵等縣各申稱本年自三月至於秋七月不雨禾苗未及生發盡行枯死夏稅秋糧無從辦納人民愁歎將及流離理合申乞轉達寬免等因到臣節差官吏老人踏勘委自三月以來雨澤不降禾苗枯死續該寧王謀反乘釁鼓亂傳布僞命優免租稅小人惟利是趨洶洶思亂臣因通行告示許以奏聞優免稅糧諭以臣子大義申 祖宗休養之德澤暴寧王誅求無厭之惡由是人心稍稍安集背逆趨順老弱居守丁壯出征團保饋餉邑無遺戶家無遺夫就使雨暘時若江西之民亦已廢耕耘之業事征戰之苦況軍旅乾旱一時併作雖富室大戶不免饑饉下戶小民得無轉死溝壑流散四方乎設或饑寒所迫徵輸所苦人自爲亂將若之何如蒙乞 勅該部暫將江西正德十四年分稅糧通行優免以救殘傷之民以防變亂之階伏望 皇上罷冗員之俸損不急之賞止無名之徵節用省費以足軍國之需天下幸甚

請止 親征疏 十四年八月十七日

正德十四年八月十六日准兵部咨該本部等衙門題內開南京守備參贊官連奏十分緊急軍情相應急為議處合無請 命將官一員掛平賊將軍印充總兵官關領符驗旗牌挑選各營精銳官軍三千餘名各給賞賜銀兩布疋交兌正馱馬匹關給軍火器械上緊前去南京相機戰守再有的報就便會合各路人馬征進再請 勅都御史王守仁選調堪用官軍民快親自督領於江西東南要路住劄把截相機行事仍委浙江布政司左參政閔楷選募處州民兵統領定擬住劄地方聽調策應勦捕再請 勅一道齎付都御史王守仁不妨提督軍務原任兼巡撫江西地方前項所報軍情如果南京守備差人體勘再有的報聽前項領軍官出給榜文告示徧發江西地方張掛傳說曉諭但有能聚集義兵擒殺反逆賊犯者量其功績大小封拜侯伯及陞授都指揮千百戶等官世襲賊黨內有能自相擒斬首官者與免本罪具奏定奪等因具題節該奉 聖旨這江西寧王謀為不法事情重大你部裏既會官議處停當朕當親

率六師奉　天征討不必命將王守仁暫且准行欽此欽遵備咨到臣案查先
爲飛報地方謀反重情事屬者寧王宸濠殺害守臣舉兵謀逆臣於六月十九
日具本奏　聞之後調集軍兵擇委官屬激勵士氣振揚武勇七月二十日先
攻省城墟其巢穴本月二十四等日兵至鄱陽湖與賊連日大戰至二十六日
宸濠遂已就擒謀黨李士實等賊首凌十一等俱已擒獲賊從俱已掃蕩閩廣
赴調兵士俱已散還地方驚擾之民俱已撫帖臣一念忠憤誓不與賊共生而
迂疎薄劣之才實亦何能辦此是皆　祖宗在天之靈我　皇上聖武之懋昭
本兵謀略之素定官屬協力士卒用命所致臣已節次具本　奏報外竊惟宸
濠擅作辟威虐焰已張于遠睥睨　神器陰謀久蓄於中招納叛亡　輦轂之
動靜探無遺迹廣致姦細臣下之奏白百無一通發謀之始逆料　大駕必將
親征先於沿途伏有姦黨期爲博浪荊軻之謀今逆不旋踵遂已成擒法宜解
赴　闕門式昭天討然欲付之部下各官押解誠恐舊所潛布之徒尚有存者
乘隙竊發或致意外之虞臣死且有遺憾況平賊獻俘固　國家之常典亦臣

子之職分臣謹於九月十一日親自量帶官軍將宸濠幷逆賊情重人犯督解赴　闕外緣係獻俘馘以昭　聖武事理爲此具本專差舍人金昇親齎謹具
題　知

奏留朝覲官疏 十四年八月十七日

正德十四年八月十六日臣駐軍江西省城據各領哨知府吉安府伍文定贛州府邢珣袁州府徐璉臨江府戴德孺撫州府陳槐饒州府林瑊廣信府周朝佐建昌府曾璵連名呈稱正德十五年正月初一日例應朝　覲近因寧王謀反蒙臣督委各職幷各縣掌印正官領兵征討今雖掃平尚留在省防禦及安輯地方未得回任其各縣掌印官雖未曾領兵緣各在任防禦城池措辦糧餉況布按二司及南昌府知府鄭瓛瑞州府宋以方俱自本年六月內先被拘執未經復職管事南康九江二府亦被殘破近方收復前項文冊多未成造緣查舊規行期在卽恐致遲誤合行呈乞奏　知及通行各府州縣將冊造完行委佐貳守領官員齎繳應朝及布按二司亦乞裁處施行等因到臣據此爲照三

年述職係　朝廷大典例該掌印正官赴京應朝但今叛亂雖平地方未輯徵
調尚存瘡痍之民須撫旱荒猶熾意外之患當防況各官在省方圖防守之規
未有還任之日若不查例奏留未免顧此失彼後悔無及合准所呈欲候奏請
命下之日行令各府州縣佐貳首領官齎冊應朝復恐遲誤除一面通行各
府州縣造冊完備行委佐貳首領官依期啓行其布按二司候有新任官員及
南昌府行見在通判陳旦各造冊赴朝其九江南康府縣幷南康新建二縣委
係官俱戴罪聽候吏部徑自裁處外緣係朝　覲事理未敢擅便爲此具本請
旨

奏聞　淮王助軍餉疏　十四年八月十七日

近該　淮府長史司呈該本司啓案查寧藩有變已經啓行外今照見奉提督
都御史王　案驗內稱本院已於七月初九日領兵前往豐城縣市汊等處住
劄尅日進攻省城牌差百戶任全齎前來饒州府守取掌印官親自統兵毋分
雨夜兼程前進期本月十五十六日俱赴軍門面授約束幷勢追勦及照知府

林珹報稱即日領兵起程前赴軍門聽調進攻等因看得寧王敢爲逆謀肆奸
天紀提督都御史王　首倡忠義作率智勇身任國家之急事關　宗社之虞
殿下藩翰之親憂心既切饋餉之助於理爲宜具本啓奉　令旨長史司將
發下銀伍百兩差官胡祥等速齎前去少資提督軍門之用敬此敬遵除將銀
兩差官管送前來外合行備由呈乞施行等因到臣照得先該　益府出給餉
軍助義効忠已經具題外今淮王殿下亦能不靳私帑以助軍餉良由身同休
戚之情心切門庭之寇所致伏望　皇上特勅獎勵以彰　淮王殿下助正之
心以爲宗藩爲善之勸天下臣民不勝幸甚

恤重刑以實軍伍疏　十四年八月二十五日

據江西按察司呈據本司經歷司呈蒙巡按兩廣監察御史謝源伍希儒各紙
牌前事俱奉本院送發犯人裘良輔等二百六十六名轉送本司問報等因依
蒙問得犯人裘良輔招係南昌府新建縣三十二都民納粟監生給假在家正
德九等年月日不等與同在官南昌前左二衛舍餘楊滋楊富軍餘董俞周大

貴及指揮何鏜等家人何祥曹成等各不合出入王府生事害人向未事發正德十四年六月十四日寧王謀反叚輔與楊滋等各因畏懼寧王威惡各不合知情從逆做兵領受盤費銀二兩米一石跟同前去安慶等處攻打城池各將銀米費用訖於七月十二等日行至湖口等縣思係叛逆懼怕官兵就行四散逃回各被南昌等府縣統兵知府等官并地方人等陸續拏獲解赴提督王都御史處蒙將叚輔等一百八十四名轉送謝御史將夏景周大貴熊受等八十二名轉送伍御史俱發按察司審問蒙將叚輔等研審前情明白取問罪犯楊滋等二百六十五名各招與裘叚輔楊滋楊富王偉夏景黃俞周大貴何祥曹成丁進受楊慶童楊貴萬徐七萬羊七徐四保孫仕保周江胡勝福朱潑養宋貴王明熊明秦蘭王仲鑑張雄朱其添喜蕭崇真朱祥彭隆保徐仕貴郭宣舒鑾萬岳蕭述羅俊江潮漢魏鳳萬三羅秀熊福蕭曰貴蕭勝雷天富蕭文尹天受胡進保李鑾鄭鳳黃信劉勝殷醮仔甘奇余福童郭進福沈仕英李洪珊許鳳李景叚江鑾江仁李欽鄧倫胡福受譚黑仔趙正七朱環二鄒秋狗陳叚二

聶景祥魏仲華王福李壽余珏王貫劉松牛才陳珂陳與陳釗劉添鳳余似虎
甘朴謝天鳳鄭貴沈昌容萬清向楚秀郭鑾丁勝福萬全龔受熊六保陳諫何
晚仔王杰一王琪胡宣楊正曾受王鳳王明雷清皮志淵鄒奎高馮軒四毛守
松熊天祥李伯錦楊子秀陳天一廖進祿魏紹魏天孫吳富陳昭弟李伯奇姜
福廖奇四夏萬奇陳善五羅勝七郭謹羅璽朱長子陳瑞竹漢王寬江天友陳
艮善召一陳子政盧蕭勝馬龍陳大倫陳子倫李錢陳九信徐義徐釗劉儀熊
孟華王尚文王天爵傅十三徐受萬奇趙仕奇鄭朴馮軒二馮進祿周孟貞周
江劉朋唐朝賢歐陽南馬與周與王毛子泰進與羅與李保一萬元林三十八
馬爵張進孫高四譚受吳俊萬鏜熊守貴錢龍胡通金萬春曹太喻欽劉後濟
胡二王世通魏友子楊章熊祿熊剋名童保子余景陳四保許虎保熊受蕭文
榮楊廷貴羅富丁關保江仕言劉貴丁朋歐陽正王引弟熊富唐天祿王貴周
受邱松胡秀李福洪江曾與邱桂劉鎮鄧山蕭清夏勝四夏由孫甘繼張錦謝
魯仙熊華謝鳳夏龍婁奇陸仲英余勝虎李進胡勝阮天祥張全彭天祥洪經

仔徐受樂福張奇馮進隆馮詔馮喜子楊燁揭文興萬孔湖易忠黃延曹天右
徐大貴蕭曰高蕭曰廣李鑾吳顯二李貴陳英陳昇李勝祖蕭天佐陸九成郭
欽楊順丁祖李萬杜楊鑾袁富楊黃子吳文張鑾方燦萬天鑾胡進童黃勝德
涂祖唐歷所犯除不應輕罪外合依謀反知情故縱者律斬決不待時但寧王
平昔威惡慘毒上下人心罔不震懾各犯從逆雖是可惡原情終非得已及照
南昌前衛軍餘多係脅從被殺見今軍伍缺人合無將各犯免其前罪俱編發
本衛永遠充軍庶使情法交申衛所塡實呈詳到臣參看得裘艮輔等俱曾從
逆應該處斬但該司參稱寧王平昔威惡慘毒上下人心罔不震懾據法在所
難容原情亦非得已宥之則失于輕處斬似傷于重合無俯順輿情乞　勅該
部查照酌量或將各犯免其死罪令其永遠充軍不惟情法得以兩盡抑且軍
伍不致缺人緣係恤重刑以實軍伍事理爲此具本請　旨

處置官員署印疏　十四年八月二十五日

照得先因寧王圖危　宗社興兵作亂刦奪江西都布按三司幷南昌府縣大

小衙門印信臣隨調集各府官軍民快於本年七月二十日攻復省城當於府
內搜獲前項印信共計一百六顆到臣收候已經捷報外今照寧王已擒餘黨
誅戮地方幸已稍寧所有三司府縣衙門俱係錢糧刑名軍馬城池等項重務
關涉匪輕況今兵亂之後人民困苦不可一日缺官幹辦撫輯但三司等官俱
係被脅有罪人數若待別除官員到日非惟人心惶惑抑且事無統紀臣遵照
欽奉　勅諭便宜事理將三司印信布政司暫令布政使胡濂按察司暫令按
察使楊璋各戴罪護管隨該新任參議周文光按察使伍文定先後到任各已
替管外其都司暫令都指揮馬驥提學道關防令副使唐錦南昌道印信令僉
事王疇南昌府印信令知府鄭瓛南新二縣印信令知縣陳大道鄭公奇各戴
罪暫且管理外及照南昌前左二衛并各撫所衙門印信俱各無官管理除用
木匣收盛封發按察司仍候事寧有官之日該司徑發掌管外緣係處置官員
署印以安地方事理爲此具本題　知
二乞便道省葬疏　十四年八月二十五日

照得先准吏部咨該臣奏稱以父老祖喪屢疏乞休未蒙 憐准近者奉 命扶疾赴閩意圖了事卽從彼地冒罪逃歸旬日之前亦已具奏不意行至中途遭值寧府反叛係 國家大變臣子之義不容舍之而去又閩省撫巡方面等官無一人見在者天下事機閑不容髮故復忍死暫留於此而爲牽制攻討之圖俟 命帥之至卽從初心死無所避臣思祖母自幼鞠育之恩不及一面爲訣每一號慟割裂昏殞日加尫瘠僅存殘喘母喪權厝祖墓之側今葬祖母亦欲因此改葬臣父衰老日甚近因祖喪哭泣過節見亦病臥苫廬臣今扶病驅馳兵革往來於廣信南昌之間廣信去家不數日欲從其地不時乘閒抵家一哭略爲經畫葬事一省父病臣區區報 國血誠上通於天不辭滅宗之禍不避形迹之嫌冒非其任以勤 國難亦望 朝廷鑒臣此心不以法例繩下使臣得少伸烏鳥之痛臣之感恩死且圖報搶攘哀控不知所云等因具本奏奉

聖旨王守仁奉命巡視福建行至豐城一聞宸濠反叛忠憤激烈卽便倡率所在官司起集義兵合謀勠殺氣節可嘉已有 旨著督兵討賊兼巡撫江西

地方所奏省親事情待賊平之日來說該部知道欽此備咨到臣除欽遵外近
照寧王逆黨皆已仰賴　皇上神武廟堂神算悉就擒獲地方亦已平靖百姓
室家相慶得免徵調之苦復有更生之樂莫不感激　洪恩沾被德澤獨臣以
父病日深母喪未葬之故日夜哀苦憂疾轉劇犬馬驅馳之勞不足齒錄而烏
鳥迫切之情實可矜憫已蒙前　旨許待賊平之日來說故敢不避斧鉞復伸
前請伏望　皇上仁覆曲成容臣暫歸田里一省父病經紀葬事臣不勝哀懇
苦切祈望之至

處置從逆官員疏 十四年八月二十五日

正德十四年七月二十三日據南昌府知府鄭瓛自寧王賊中逃出投到本月
二十六日又據領兵官臨江府知府戴德孺等臨陣奪獲先被寧王脅去巡按
監察御史王金戶部公差主事金山左布政使梁宸參政程杲按察使楊璋副
使賀銳僉事王疇潘鵬都指揮同知馬驥許清都指揮僉事白昂守備南贛都
指揮僉文郟文升脅從用事參政王綸及據先被脅從令赴九江用事僉事師

夔先被脅從賊敗脫走鎮守太監王宏各投送到臣照得先因寧王宸濠於六月十四日殺害巡撫右副都御史孫燧副使許逵將各官綁縛迫脅時臣奉命福建勘事行至豐城聞變顧惟地方之責雖職各有專而亂賊之討實義不容避遂連夜奔還吉安督同知府伍文定等調集南贛等府軍兵捐軀進剿至七月二十日攻破省城搗其巢穴隨有被脅在城右布政使胡濂參政劉斐參議許效廉副使唐錦僉事賴鳳都指揮僉事王紀各投首到臣彼時軍務方殷暫將各官省候督兵擒獲宸濠幷逆黨李士實劉吉凌十一等臣已先後具本奏報去後本年八月二十三日會集知府伍文定等將各事情逐一研審得布政梁宸等各執稱本年六月十三日寧王生日延待各官酒席次日進府謝酒不期寧王謀逆喝令官校多人將前各官幷先存後監故戶部公差主事馬思聰參議黃宏原任參議今陞陝西參政楊學禮等俱各背綁要殺當將孫都御史許副使押出斬首其餘各官俱杻鐐發儀衛司等處監禁王綸留府用事知府鄭瓛先被寧王誣奏見監按察司瑞州府知府宋以方緣事在省本日俱拏監

儀衛司差人將各衙門印信搜奪入府後參議黃宏主事馬思聰各不食相繼
在監身故寧王差人入監疎放各官杻鐐王疇鄭瓛二人不放本月二十一日
將梁宸胡濂劉斐賀銳各放回本司本日寧王傳檄各處令人寫成布政司咨
呈備云檄文轉呈府部自將搜去印信印使付與梁宸僉押梁宸不合畏死聽
從僉押訖本月二十三日寧王告廟出師祭旗加授王綸贊理軍務與劉吉等
一同領兵王綸不合畏死聽從本日又差柴內官等帶領人衆將兩司庫內官
銀強搬入府梁宸賀銳在司署印不合畏死不行阻當本日將楊璋仍拘儀衛
司各官改監湖東道本月二十六七等日寧王差儀賓李琳等將伊收積米穀
給散省城軍民以邀人心著令程杲潘鵬監放各不合畏死到彼看放二十七
日寧王因先遣承奉屠欽等帶領賊兵往攻南京各賊屯劄鄱陽湖上久候寧
王不出自行攻破南康九江掠取財物二府人民走散寧王要得招撫以收人
心押令師夔前去曉諭不合畏死往彼安撫本月二十八日寧王因要起程往
取南京恐省城變動欲結人心又差僞千戶朱鎮送銀五百兩與布政司梁宸

胡濂劉斐程杲許效廉各不合畏死暫收入己又將銀七百兩送按察司楊璋
唐錦賀銳王疇師夔潘鵬賴鳳亦不合畏死暫收入己又押令劉斐王玘替伊
巡守弁押令許效廉賴鳳替伊接管放糧各不合畏死守城放米七月初一日
差人將胡濂唐錦送還本司楊學禮放令之任將梁宸程杲楊璋賀銳王疇潘
鵬馬驥許清白昂郟文鄭瓛宋以方脅拘上船隨行分投差撥儀賓等官張嵩
等帶領舍校看守又將銀二百兩差僞千戶吳景賢分送梁宸胡濂劉斐許效
廉等及差萬銳送銀三百兩分送楊璋唐錦賀銳師夔潘鵬賴鳳各又不合畏
死暫收入己本月初八日至安慶見攻城不克因潘鵬係安慶人差令逃引禮
白泓押同潘鵬不合畏死聽從賫捧檄文到彼招降本月十五日寧王因聞提
督王都御史兵將至省回兵歸救省城行至鄱陽湖地方屢戰屢敗至二十六
日早蒙大兵突至寧王被擒各官因得脫走前來知府宋以方不知存亡等因
隨據布按二司呈開布政司梁宸胡濂劉斐程斐許效廉按察使楊璋唐錦賀
銳王疇師夔潘鵬賴鳳各令家人首送前銀各在本司貯庫等因尤恐不的弔

取見監擒獲逆黨劉吉屠欽淩十一等各供稱相同爲照參政王綸脅受贊理僉事潘鵬師夔被脅招降撫民情罪尤重王綸師夔又該直隸湖廣撫按等衙門各具本參　奏知府鄭瓛已經別案問結奏請俱合候　命下之日遵奉另行外參照布政梁宸參政劉斐程杲參議許效廉副使賀銳僉事賴鳳都指揮王玘或行咨撫守或盤庫放糧勢雖由於迫脅事已涉於順從鎮守太監王宏御史王金主事金山布政胡濂按察使楊璋副使唐錦僉事王疇都指揮馬驥許清白昂郟文或被拘於城內或脅隨於舟中事雖涉於順從勢實由於迫脅以上各官甘被囚虜而不能死忍受賊賄而不敢拒責以人臣守身之節皆已不能無虧就其情罪輕重而言尙亦不能無等伏願　皇上大奮乾剛取其罪犯之顯暴者明正典刑以爲臣子不忠之戒酌其心迹之堪憫者量加黜謫以存罪疑惟輕之仁庶幾奸諛知警　國憲可明

處置府縣從逆官員疏　十四年八月二十五日

正德十四年七月二十日該臣興舉義兵勦除逆賊攻開省城本日進城之後

隨據都布按三司首領等官邢清等南昌府等衙門同知等官何維周等各投
首到臣于時逆賊未獲軍務方殷暫將各官省候本月二十六日宸濠就縛逆
黨盡擒除已奏報去後隨拘邢清等到官審得各供稱本年六月十四日寧王
謀反將鎮巡三司等官俱各被綁脅當將孫都御史許副使殺害隨差人將南
昌府同知何維周通判張元澄檢校曹楫南昌縣知縣陳大道縣丞王儒新建
縣知縣鄭公奇南浦驛驛丞王洪南浦遞運所大使張秀俱拿紐鐐發監儀衛
司隨將各官行李并各掌印俱搜檢入府彼有邢清與本司都事翟瓚檢校董
俊理問張裕案牘陳學司獄張達廣濟庫大使胡玉副使姚麟織染局大使秦
尚夔副使戴瓛按察司經歷尹鵾知事張澍照磨雷變都指揮使司斷事章璠
吏目周鶴司獄沈海南昌前衞署指揮僉事夏繼春經歷周孟禮鎮撫忻偉呂
昇正副千戶徐賢鄭春張斌傅英唐榮杜昂李瀚陳偉姚鉞吳耀百戶徐隆陳
韜張綱王春龔昇陳詔馮淮黃鑑李欽梅樗茆富陳瓚王昇呂輔趙昂董鈺姚
芳劉璘李琇李祥陸奇南昌府儒學訓導張桓瞿雲汪潭稅課司大使楊純廣

濟倉大使左儀副使王大本李譜守支大使卓文正陳琳副使鄧諤李彬南昌縣主簿張譽典史方汝賓儒學訓導達賓新建縣縣丞劉萬鍾主簿熊辟典史楊儒儒學訓導區賓金清俱各聞風逃躱不曾被拏後寧王臨行將何維周等釋放又將知事張澍拘拏上船至今未知存亡本年七月二十日蒙大兵征勦攻入省城邢清等方得奔走軍門投首等因據此除將各官羈候其鎮巡并三司堂上官南昌府知府另已參奏外參照邢清等被執不死全無仗節之忠聞變即逃莫知討賊之義俱合重罪但責任既輕賊勢復盛力難設施情可矜憫合無行撫按衙門依律問擬以為將來之戒惟復別有定奪

收復九江南康參失事官員疏 十四年九月初十日

據委官江西撫州府知府陳槐饒州府知府林瑊建昌府知府曾璵廣信府知府周朝佐各呈先因寧王謀反奉臣案驗備行各府起兵擒勦各遵依先後會集市汊等處刻期破城之後又奉臣牌照得九江南康二府先被寧王攻破分留逆黨據守城池西扼湖兵之應援南遏我師之追躡仰賴 宗社威靈幸已

克復省城除遣知府伍文定邢珣徐璉戴德孺分布哨道邀擊寧賊務在得獲所據逆黨占據府縣應合分兵勦復牌仰知府陳槐林瑊前去九江曾璵周朝佐前去南康相機行事務要攻復城池以扼賊人之咽喉平靖反側以剪逆黨之羽翼居民人等不幸被脅或因而逃竄者就行出給告示分投撫諭使各回生理務將人民加意賑恤激以忠義撫以寬仁權舉有司之職以理庶事查處倉庫之積以足軍資一面分兵邀誘寧賊毋令東下仍備查各官棄城逃走致賊焚掠屠戮之故具由回報以憑參拏究治等因依奉陳槐選帶知縣傅南喬陶諤等林瑊選帶知縣馬津趙榮顯等曾璵選帶檢校典節知縣余瑩縣丞陳全等周朝佐選帶知縣譚緡杜民表等各兵快一千餘名由水路分哨勦賊十月二十四等日寧賊回援省城舟至鄱陽湖等處與吉贛等官兵相遇大戰職等各行領兵連日在湖策應與賊對敵撫州府官兵擒斬賊犯共二百九十餘名顆饒州府擒斬賊犯共五百餘名顆建昌府擒斬賊犯共四百八十餘名顆廣信府擒斬賊犯共五百餘名顆陸續各解本院轉送監察御史謝源伍希儒

處覈實處決審發訖各官隨各統兵直至九江南康府地方照臣牌內行事知府陳槐林瑊呈稱先該九江兵備副使曹雷同該府知府汪頼等亦行督發瑞昌等縣兵快與同九江衛掌印指揮劉勳等收召操軍前來聲復城池被賊探知官兵齊集先行望風逃遁九江軍兵至城守劄仍又分兵追至湖口等處勦殺賊黨職等入城撫回逃竄男婦萬餘名口復業生理會案行拘九江府衛里老旗軍查訪得副使曹雷先於六月初二日帶同通判張雲鵬前往彭澤縣水次兌糧知府汪頼先因瘧痢兼以母病不能視事於十五日暫將印信牒行推官陳深署掌庫藏未經交盤至十七日丑時德化縣老人羅倫口報寧王謀反殺害巡撫等官彼有汪頼會同陳深并劉勳等點集城內官軍機兵火夫上城照依原分南門迤東由盤石門福星門城上朶子軍衛把守南門迤西由湓浦門至望京門城上朶子有司把守東門把守官指揮丁睿等三十四員南門把守官指揮蕭綱等二十一員西門把守官指揮孫璋等二十員九江門把守官指揮董方等十二員福星北門把守官指揮李泮等十八員共一百零五員該

衞軍人先因放操回屯數多一時不能齊集十八日卯時逆黨涂承奉等領船二百餘隻裝載兵至福星北門外劄營就臨城下喝叫開門指揮李泮等不從各賊忿怒分兵燒毀西門外軍民房屋潯陽驛官廳等處殺死虜來四人臨門祭旗隨用銃礮火槍火箭等器併力攻打至辰時賊遂梯援上城泮等俱各逃散被賊將鎖鑰打脫擁入口稱省城南康等府俱已收服巡撫等官俱各被害官民不必逃散只將印信來降時汪頹陳深劉勳等俱在各把門首因見力不能支同德化縣知縣徐志道并前各門把守指揮千戶鎮撫及府縣儒學訓導倉場局務大小官員各懷印信從南門逃避去訖內九江衞左千戶所百戶白昇馬責各遺失本所銅印一顆隨被各賊將大盈庫銀九千一百七十兩零德化縣寄庫銀二百六十三兩零湖口縣寄庫銀四百五十九兩零鈔廠寄庫銀三千餘兩司獄司因重犯十二名輕犯二十九名廣盈倉糧米二千四百四十石零盡行刦取釋放又將軍器庫盔甲刀鎗刦去共一十一萬九千二百二十四件九江衞被賊刦去軍器二千六百三十九件演武廳軍器一萬六百三十

件并響器八十餘件鎮撫監賊犯蔡日奇等七名盡行刦取釋放及燒毀大哨
船五隻軍舍房屋七十六閒駕去大哨船二隻小哨船十一隻德化縣被賊將
縣庫銀共三百二兩零預備倉稻穀一萬七千二百石零縣監輕重囚犯二十
名盡行刦放及燒毀官民房屋七百五十九間殺死男婦一十五名潯陽驛被
賊燒毀官廳一座耳房二閒及站船鋪陳等物惟指揮劉勳將兵備衙門賞功
支剩銀三十兩六錢及贓罰銀三十二兩幷運軍行糧折銀二十九兩六錢收
貯私家捏開在衞被刦事涉侵欺及查九江府鈔廠寄庫銀兩行拘庫子皮廷
貴等審供僣分料銀一千一百零六兩四錢情由在官將各犯送府監候拘齊
未到人犯追問回報及查得僉事師夔持奉僞檄前至九江安撫因見府衞等
官不從僞命駕船去訖續查得該府所屬湖口縣於六月十七日酉時被逆黨
熊內官等押兵到縣因無城池知縣章玄梅等帶印暫避縣後嶺背集兵次日
對敵殺死逆黨魏清等被賊殺死民快壯丁共一百二十名殺死居民一十一
名放出縣監重囚三名輕犯一十一名燒毀房屋二十閒民房一千八百三十

五間本縣官庫銀兩先已窖藏及各衙門印信俱各見在止被刦去在倉米一百五十九石在庫皮盔鐵銃弓弩三百件鐵彈子三十二斤及衣服靴鈔等物并將遠近年分卷冊俱各毀壞彭澤縣於六月十八日卯時被賊蜂擁上街延燒房屋吏舍一百餘間並無擄掠男婦當有知縣潘珉督同巡捕官兵守保印信倉庫錢糧文卷俱全德化縣於六月十七日被從逆護衛指揮丁綱等統帶旗校到屯點取軍丁致被驚散鄉村男婦該縣嚴督兵快人等保守城池俱各無虞除重復查勘明白將湖口彭澤二縣被害人民行令該府斟酌被害重輕將見在錢糧加意賑恤其德化縣被害之家緣無錢可支已行該府徑申本院請發錢糧賑恤使被害殘民得以存濟職等仍行多方撫諭激以忠義戒以勤儉人皆感服遵聽遂有更生之樂等因又據知府曾璵周朝佐呈稱查勘得南康府六月十六日夜被賊船一千餘隻衝入本府彼有該府通判俞椿推官王詡公出未回知府陳霖同知張祿通判蔡讓因見城池新築未完民兵寡少同附郭星子縣掌印佐貳并府縣儒學倉場局務等官各帶印信潛避廬山賊遂

入城殺死官舍民快劉大等一十二名被搬刦府庫金一兩五錢零紫陽遺惠倉原貯穀一千七石零刦放府獄重輕囚犯一百一十一名燒毀六房卷宗黃冊及掠刦居民房屋家財知府陳霖等潛往各鄉集兵陸續擒斬賊犯共二百三十餘名顆至二十七日餘賊五百餘人奔來河下知府陳霖同州縣各官督兵擒斬賊犯一百餘名顆適遇委官知府曾璵周朝佐各帶官兵自王家渡一路追賊到府協力勦殺各起餘賊又擒殺賊共三百三十餘名顆各解審訖查得星子縣知縣王淵之被賊追跌致死署印縣丞曹時中當將印信付與吏熊正背負同主簿楊本祿俱入廬山曹時中逃躲不知去向兵快胡碧玉等五名被賊殺死及刦虜居民男婦徐仲德等五十八名口焚燒房屋幷刦掠居民共五百三十六人家刦放獄囚弓正道等四十四名縣廊庫銀九十七兩零及贓物鈔貫俱被刦去止有銀二百一十三兩四錢八分係庫子戴汶泗收藏回家首出還官陸續擒獲賊犯顏濟等二十名又查得都昌縣原無城池聞賊入境署印主簿王鼎典史王仲祥率兵迎敵保守倉庫俱不曾被刦被賊殺死淹死

兵快居民段容等三十一名焚燒刦掠居民共一千二百一十六家又查建昌縣原無城池逆黨儀賓李世英等帶領賊兵三百餘名來縣知縣方鐸縣丞錢惠主簿王鉞同儒學教諭唐汝等見勢不敵各帶印信潛避集兵當被李世英將獄禁囚犯熊澄等八十四名盡行刦放並無刦掠焚燒倉庫錢糧官民房屋隨被方鐸陸續擒獲李世英等一百七十五名口解報訖又查訪勘得安義縣新創城池未完被逆黨旗校火信等領兵到縣將官廳燒毀三間六房文卷俱被棄毀知縣王軾因見賊勢衆多退避集兵主簿董國宣因男董茂隆投入寧府懼罪逃走儒學訓導陳仕端等亦隨縣官避出其倉庫獄禁居民房屋俱不曾被焚刦王軾同各官前後領兵擒斬賊共一千餘名顆轉解訖撫回南康府各屬縣復業逃民一萬二千四百餘家遵奉通行各屬暫令管事及賑恤事宜另行申請等因各呈到稱會同各官訪勘相同臣等議得九江南康府衛所縣大小官員均有守土之寄俱犯失事之律欲將各官通革管事待罪緣地方殘破之餘又係朝　覲年分無官可委更代姑從權宜暫行管事其各府縣被害

人民弁缺乏軍資已於先取見在錢糧內量數查發前去賑給外參照九江地方當水陸之衝據湖湘之要　朝廷以其控帶南圻屏蔽江右實爲要地故既有府衞之守又特爲兵備之設其城池三面臨水地勢四圍險固平時守備若嚴臨變必難驟破各該守備官員安於承平寬縱軍士雖預知賊報而倉惶無備及一聞賊至而望風奔走指揮劉勳除監守自盜官錢外與李泮等棄城先遁致賊殘破知府汪頴推官陳深知縣徐志道等因見守戰無兵亦各懷印逃難百戶白昇等一印不保安望守城副使曹雷職專兵備防守不嚴雖城破之日偶幸不與而失事之責終爲有因再照南康地方固稱土瘠民稀然亦負山阻水雖新創之城尙爾修築未完而守土之職惟當效死勿去該府知府陳霖同知陳祿通判蔡讓星子縣主簿楊永祿等畏縮無備逃難棄城湖口建昌二縣知縣章玄梅方鐸聞賊先遁致殘縣治安義縣知縣王軾賊黨在境不知先事之圖後雖有功無救地方之變彭澤縣知縣潘琨都昌縣主簿王鼎等印信倉庫雖獲無虞而都昌被賊殺死兵快彭澤被賊燒刼居民失事之責亦有攸

歸星子縣縣丞曹時中安義縣主簿董國宣一則脫逃不首一則縱子投賊至於各該府縣首領儒學倉場局務等官雖無守土之責俱有棄職之罪以上各官求情固有輕重揆義俱犯憲條雖有後獲之功難掩先失之罪又照近年以來士氣不振兵律欠嚴蓋由姑息屢行激勵之方不立規利避害者獲免委身效職者難容是以偷靡成習節義鮮彰伏望 皇上大奮乾剛肅清綱紀乞勑法司參詳情罪輕重通將各官究治如律雖或量功末減亦必各示懲創庶有作新之機足為將來之警

王文成公全書卷之十二

別錄五　奏疏

奏疏五

乞寬免稅糧急救民困以弭災變疏　十五年三月二十五日

照得正德十四年七月內節據吉安等一十三府所屬廬陵等縣各申爲旱災事開稱本年自三月至于秋七月不雨禾苗未及發生盡行枯死夏稅秋糧無從辦納人民愁歎將及流離申乞轉達寬免等因到臣節差官吏老人踏勘前項地方委自三月以來雨澤不降禾苗枯死續該寧王謀反乘釁鼓亂傳播僞命優免租稅小人惟利是趨洶洶思亂臣因通行告示許以奏聞優免稅糧諭以臣子大義申　祖宗休養生息之澤暴寧王誅求無厭之惡由是人心稍稍安集背逆趨順老弱居守丁壯出征團保饋餉邑無遺戶家無遺夫就使雨暘時若江西之民亦已廢耕耘之業事征戰之苦況軍旅旱乾一時併作雖富室大戶不免饑饉下戶小民得無轉死溝壑流散四方乎設或饑寒所迫徵輸所

苦人自爲亂將若之何如蒙乞　敕該部暫將正德十四年分稅糧通行優免
以救殘傷之民以防變亂之階伏望　皇上罷冗員之俸損不急之賞止無名
之徵節用省費以足軍國之需天下幸甚緣由於本年七月三十日具題請
旨未奉明降隨蒙　大駕親征京邊官軍前後萬數沓至幷臨塡城塞郭百姓
戍守鋒鏑之餘未及息肩弛擔又復救死扶傷呻吟奔走以給廝養一應誅求
妻孥鬻於草料骨髓竭於徵輸當是之時鳥驚魚散貧民老弱流離棄委溝壑
狡健者逃竄山澤羣聚爲盜獨遺其稍有家業與良善守死者十之二三又皆
顛頓號呼於梃刃捶撻之下郡縣官吏咸赴省城與兵馬住屯之所奔命聽役
不復得親民事上下洶洶如駕漏船於風濤顛沛之中惟懼覆溺之不暇豈遑
復顧其他爲日後之慮憂及稅賦之不免征科之未完乎當是之時雖臣等亦
皆奔走道路危疑倉皇恐不能爲小民請一旦之命豈遑爲歲月之慮憂及賦
稅之不免征課之未完而暇爲之復請乎若是者又數月京邊官軍始將有旋
歸之期而戶部歲額之徵已下漕運交兌之文已促督催之使切責之檄已交

馳四集矣流移之民聞官軍之將去稍稍脅息延望歸尋其故業足未入境而頸已繫於追求者之手矣夫荒旱極矣而又因之以變亂變亂極矣而又竭之以師旅師旅極矣而又竭之以供饋益之以誅求亟之以徵斂當是之時有目者不忍睹有耳者不忍聞又從而朘其膏血有人心者而尚忍爲之乎今遠近軍民號呼匍匐訴告喧騰求 朝廷出帑藏以賑濟久而未獲反有追征之令闔然興怨謂臣等昔日蠲賦之言爲紿已竊相傷嗟謂宸濠叛逆獨知優免租稅以要人心我輩 朝廷赤子皆嘗竭骨髓出死力以勤 國難今困窮已極獨不蒙少加優恤又從而追征之將何以自全是以令之而益不信撫之而益憤憤諭之而益呶呶甫懷收復之望又爲流徙之圖計窮勢迫匿而爲奸肆而爲寇兩月以來有司之以鼠竊警報者月無虛日無怪也彼無家業衣食之資無父母妻子之戀而又旁有追呼之苦上有搥剝之災自非禮義之士孰肯閉口枵腹坐以待死乎今 朝廷亦嘗有寬恤之令矣亦嘗有賑濟之典矣然寬恤賑濟內無帑藏之發外無官府之儲而徒使有司措置措置者豈能神輸而

鬼運必將取諸富民今富民則又皆貧民矣削貧以濟貧猶割心臠肉以啖口口未飽而身先斃且又有侵尅之斃又有漁獵之奸民之賴以生者不能什一民之坐而死者常十九矣故寬恤之虛文不若蠲租之實惠賑濟之難及不若免租之易行今不免租稅不息誅求而徒曰寬恤賑濟是奪其口中之食而曰吾將療汝之饑刳其腹腎之肉而曰吾將救汝之死凡有血氣皆將不信之矣夫戶部以　國計爲官漕運以轉輸爲任今歲額之催交兌之促皆其職之使然但民者邦之本邦本一搖雖有粟吾得而食諸伏望　皇上軫念地方塗炭之餘小民困苦已極思邦本之當固慮禍變之可憂乞　敕該部速將正德十四十五年該省錢糧悉行寬免其南昌南康九江等府殘破尤甚者重加寬貸使得漸回喘息修復生理非但解江西一省之倒懸臣等無地方變亂之禍得免於誅戮實天下之幸宗社之福也夫免江西一省之糧稅不過四十萬石今各四十萬石而不肯蠲異時禍變卒起即出數百萬石既已無救於難矣此其形迹已見事理甚明者臣等上不能會計征斂以足　國用下不能建謀設策

以濟民窮徒痛哭流涕一言小民疾苦之狀惟　陛下速將臣等黜歸田里早賜施行以紓禍變緣係寬免稅糧急救民困以弭災變事理爲此具本請　旨

計處地方疏　十五年五月十五日

臣惟財者民之心也財散則民聚民者邦之本也本固則邦寧故文帝以賜租致富樂之效太宗以裕民成給足之風君民一體古今同符臣會同巡按江西監察御史唐龍議照寧賊宸濠志窮荒度謀肆併吞其於民間田地山塘房屋等項或用勢強占或減價賤買或因官本准折或撫別事抄收有中人之家者一遭其毒卽無棲身之所有上農之田者一中其奸卽無用鋤之地尤且虛塡契書以杜人言私置簿籍以增租額利歸一己害及萬家故先有副使胡世寧直言指陳續該科道等官交章舉發言皆有據事非無徵近奉　詔書曰宸濠天性兇惡自作不靖強奪官民田產動以萬計則　陛下明以燭姦深知宸濠田產皆奪諸百姓者也又曰占奪田產悉還本主則　陛下仁以憫下盡欲舉百姓之田產而給還之也　聖言猶在昭如日星國信不移堅如金石始者宸

濠既敗該臣等已行守巡等官將該府及各賊黨田地房屋許令府縣等官俱
抄沒在官造報在冊矣但委官查勘之時正事變搶攘之際業主驚散俱未寧
家上司督責急欲了事依契溷查憑人混報多寡是較占買未分　明詔雖有
給主之條小民猶抱失業之恨昔之居不得而居也昔之田不得而食也澤未
下究怨徒上歸況屋無主則毀地不耕則荒故兵馬之後瓦柱僅存田野之間
草萊漸長兼以勢室豪強恣行包侵之計奸徒私竊動開埋沒之端及今審處
不早將來遺失益多再照前項田產多在南昌新建二縣受害獨深人人被其
誅求家家被其檢括且賊師起事抄掠尤慘官兵破圍傷殘未蘇財盡已極民
困莫加查得二縣額派兌軍淮安京庫三項糧米共十一萬九千石有零　淮
益二府祿米共四千二二石節奏寬免未奉停徵運官守催旗校逼取勢急若火
案積如山民納不前官宜為處及照一方之統會在於省城各府之錢糧併於
司庫查得本布政司官庫先被賊兵劫搶繼因軍餉動支官吏徒守乎空櫃紙
筆亦賒于鋪家大兵必有荒年民窮必有盜賊萬一變生無常釁起不測則寸

兵尺鐵皆無所需束芻斗糧亦不能辦公私失恃緩急可憂再照省城各門城樓窩鋪及諸司衙門先是王府占據多屬疎隘近因兵火蔓延半遭蕩焚夫城樓者一方防禦之所關衙門者諸司政令之所出託始創新固無民力因陋就簡見有官房如蒙乞敕該部查議將前項抄沒過寧府及各賊黨下田地山塘房屋等項行令布政司會同按察司各掌印官及分守分巡官幷府縣官從實覆行查勘明白委係占奪百姓者遵照詔書內事理給還本主管業及將於內官房酌量移改城樓窩鋪衙門餘外無礙田地山塘房屋仍令各官公同照依時估變價銀入官先儘撥補南新二縣兌軍淮安京庫折銀糧米及王府祿米外有羨餘收貯布政司官庫用備緩急仍禁約勢豪之家不得用強占買各委官亦不得畏勢市恩致招物議凡撥給變賣事情若有勢豪強占強買及委官畏勢市恩各情弊許撫按衙門指實糾劾懲究施行事完該司將各項數目徑自造冊奏報幷呈該部查考是蓋以百姓之業納百姓之糧以地方之財還地方之用民沾惠而國不費事就緒而財不傷書曰守邦在衆易曰聚人曰

財惟　陛下留意焉緣係計處地方事理未敢擅便爲此具本請　旨

水災自劾疏　十五年五月十五日

臣惟有官守者不得其職則去受人之牛羊而爲之牧者求牧與芻而不得則反諸其人臣以匪才謬膺江西巡撫之寄今且數月曾未能有分毫及民之政而地方日以多故民日益困財日益匱災變日興禍患日促自春入夏雨水連綿江湖漲溢經月不退自贛吉臨瑞廣撫南昌九江南康沿江諸郡無不被害黍苗淪沒室廬漂蕩魚鼈之民聚棲於木杪商旅之舟經行於閭巷潰城決隄千里爲壑煙火斷絕惟聞哭聲詢諸父老皆謂數十年來所未有也除行各該司府州縣修省踏勘具　奏外夫變不虛生緣政而起政不自弊因官而作官之失職臣實其端何所逃罪夫以江西之民遭歷宸濠之亂脂膏已竭而又因之以旱荒繼之以師旅遂使豐稔連年曲加賑恤尚恐生理未易完復今又重以非常之災危亟若此當是之時雖使稷契爲牧周召作監亦恐計未有措況病廢昏劣如臣之尤者而畀之倀然坐尸其閒譬使盲夫駕敗舟於顚風巨海

中而責之以濟險不待智者知其覆溺無所矣又況部使之催徵益急意外之誅求未已在昔一方被災鄰省尚有接濟之望今湖湘連歲兵荒閩浙頻年旱潦兩廣之征剿未息南畿之供餽日窮淮徐以北山東河南之間聞亦饑饉相屬由此言之自全之策既無所施而四鄰之濟又已絕望悠悠蒼天誰任其咎靜言思究臣罪實多何者宸濠之變臣在接境不能圖於未形致令猖突震驚遠邇乃勞 聖駕親征師徒暴於原野百姓殆於道路 朝廷之政令因而閼隔四方之困憊由是日深臣之大罪一也徒避形迹之嫌苟爲自全之計隱忍觀望幸而脫禍不能直言極諫以悟 主聽臣之大罪二也徒以逢迎附和爲忠而不知日陷於有過徒以變更遷就爲權而不知日紊於舊章徒以掇拾羅織爲能而不知日離天下之心徒以聚斂征索爲計而不知日積小民之怨此臣之大罪三也上不能有裨於 國下不能有濟於民坐視困窮淪胥以溺臣之大罪四也且臣憂悸之餘百病交作尪羸衰眊視息僅存以前四者之罪人臣有一於此亦足以召災而致變況備而有之其所以速天神之怒深下民之

憤而致災沴之集又何疑乎伏惟　皇上軫災恤變別選賢能代臣巡撫即以臣爲顯戮彰大罰於天下臣雖隕首亦云幸也即不以之爲顯戮削其祿秩黜還田里以爲人臣不職之戒庶亦有位知警民困可息人怒可泄天變可弭而臣亦死無所憾

重上江西捷音疏　十五年七月十七日遵奉　大將軍鈞帖

照得先因宸濠圖危　宗社興兵作亂已經具奏請兵征勦間蒙　欽差總督軍務威武大將軍總兵官後軍都督府太師鎮國公朱　鈞帖欽奉　制敕內開一遇有警務要互相傳報彼此通知設伏勦捕務俾地方寧靖軍民安堵蒙此臣看得宸濠虐焰張熾臣以百數疲弱之卒未敢輕舉驟進乃退保吉安一面督率吉安府知府伍文定等調集軍民兵快召募四方報效義勇之士會計一應解留錢糧支給糧餉造作軍器戰船　奏留回任監察御史謝源伍希儒分職任事一面約會該府鄉官致仕都御史王懋中養病痊可編修鄒守益刑部郎中曾直評事羅僑丁憂御史張鼇山先任浙江僉事今赴部調用劉藍依

親進士郭持平軍門參謀驛丞王思李中致仕按察使劉遜參政黃繡閑住知府劉昭等相與激發忠義七月初二日宸濠探知臣等兵尚未集乃留兵萬餘屬其心腹宗支郡王儀賓內官并僞授都督都指揮等官使守江西省城而日引兵向 闕臣晝夜促各郡兵期以本月十五日會臨江之樟樹而嚴督知府等官伍文定等各領兵於十八日遂至豐城分布伍文定等攻廣潤等七門是日得報宸濠伏兵千餘於新舊墳廠以備省城之援臣遣知縣劉守緒等領兵從間道夜襲破之十九日申布 朝廷之威再暴宸濠之惡約諸將二十日黎明各至信地我兵四面驟集遂破江西擒其居守宜春王拱樤及僞太監萬銳等千有餘人宸濠宮中眷屬聞變縱火自焚延及居民房屋臣當令各官分道救火撫定居民散釋脅從搜獲原被劫收大小衙門印信九十六顆三司脅從布政使胡濂參政劉斐參議許效廉副使唐錦僉事賴鳳都指揮王玘等皆自首投罪除將擒斬功次發御史謝源伍希儒權令審驗紀錄及一面分兵四路追躡宸濠向往相機擒剿二十二日臣等駐兵省城督同知府伍文定等各領

兵分道並進擊其不意都指揮余恩領兵往來湖上誘致賊兵知府等官陳槐等各領兵四面設伏二十三日復得諜報宸濠先鋒已至樵舍風帆蔽江前後數十里不能計其數二十四日早賊兵鼓譟乘風而前逼黃家渡臣督各兵四面擊賊遂大潰擒斬二千餘級落水死者萬數二十五日又督各兵殊死並進砲及宸濠舟宸濠退走遂大敗擒斬二千餘級溺水死者不計其數二十六日臣夜督伍文定等爲火攻之具四面兜集火及宸濠副舟衆遂奔敗宸濠與其妃嬪泣別妃嬪宮人皆赴水死我兵遂執宸濠幷其世子郡王將軍儀賓及僞太師國師元帥參贊尙書都督都指揮指揮千百戶等官李士實劉養正劉吉屠欽王綸熊瓊盧珩羅璜丁饋王春吳十三秦榮葛江劉勳何鏜王信吳國七火信等數百餘人被執脅從大監王宏御史王金主事金山按察使楊璋僉事王疇潘鵬參政程杲布政梁宸都指揮郟文馬驥白昂等擒斬賊黨三千餘落水死者萬餘棄其衣甲器仗財物與浮尸積聚橫亙十餘里餘賊數百艘四散逃潰二十七日戰樵舍等處又復擒斬千餘落水死者殆盡二十八日知府陳

槐等各與賊戰於沿湖諸處擒斬各千餘級除將宸濠幷其世子郡王將軍儀賓僞授太師國師元帥參贊尚書都督都指揮指揮等官各另監羈候解被執脅從等官幷各宗室別行議　奏及將擒斬俘獲功次一萬一千有奇發御史謝源伍希儒暫令審驗紀錄另行造冊繳報外照得臣節該欽奉　敕諭但有盜賊生發卽便嚴督各該兵備守備守巡各軍衛有司設法調兵剿殺其管領兵快人等官員不問文職武職若在軍前違期幷逗遛退縮俱聽以軍法從事生擒盜賊鞫問明白亦聽就行斬首示衆斬獲賊級行令各該兵備守巡官卽時紀驗明白備行江西按察司造冊奏繳查照陞賞激勸欽此及准兵部咨爲飛報賊情事該本部題稱合無本部通行申明今後但有草賊生發事情緊急該管官司卽便依律調撥官軍乘機剿捕應合會捕者亦就調發策應如有仍前朦朧隱蔽不卽申報以致聚衆滋蔓貽害地方從重參究決不輕貸等因題奉　欽依備咨前來又蒙　欽差總督軍門發遣太監張永前到江西查勘宸濠反叛事情安邊伯朱泰太監張忠左都督朱暉各領兵亦到南京江西征剿

續蒙　欽差總督軍務威武大將軍總兵官後軍都督府太師鎮國公朱□統率六師奉天征討及統提督等官司禮監太監魏彬平虜伯朱彬等并督理糧餉兵部左侍郎等官王憲等亦各繼至南京臣續又節該奉　敕如或江西別府報有賊情緊急移文至日爾要及時遣兵策應毋得違誤欽此俱經欽遵外臣竊照宸濠烝淫姦暴腥穢彰聞數其罪惡世所未有不軌之謀已踰一紀積威所刦遠被四方而旬月之間遂克堅城俘擒元惡是皆　欽差總督威德指示方略之所致也及照御史謝源伍希儒監軍督哨謀畫居多知府伍文定邢珣徐璉戴德孺陳槐曾璵林瑊周朝佐署都指揮僉事余恩通判胡堯元童琦談儲推官王暐徐文英知縣李楫李美王冕王軾劉源清劉守緒傅南喬通判楊昉陳旦指揮麻璽高睿孟俊知縣張淮應恩王庭顧佖萬士賢馬津等雖效績輸能亦有等列然皆首從義師共收全功其伍文定邢珣徐璉戴德孺等冒險衝鋒功烈尤懋鄉官都御史王懋中編修鄒守益御史張鰲山郎中曾直評事羅僑僉事劉藍進士郭持平驛丞王思李中按察使劉遜參政黃繡知府劉

昭等仗義興兵協張威武以上各官功勞雖在尋常征勦亦已難得伏望　皇
上論功朝錫之餘普加爵賞旌擢以勸天下之忠義以勵將來之懦怯緣係捷
音事理爲此具本請　旨

四乞省葬疏　十五年閏八月二十日

照得先准吏部咨該臣奏稱以父老祖喪屢疏乞休未蒙憐准近者奉　命扶疾赴闕意圖了事即從彼地冒罪逃歸旬月之前亦已具　奏不意行至中途遭值寧府反叛此係　國家大變臣子之義不容舍之而去又闔省巡撫方面等官無一人見在者天下事機間不容髮故復忍死暫留於此爲牽制攻討之圖俟　命帥之至即從初心死無所避臣思祖母自幼鞠育之恩不及一面爲訣每一號痛割裂昏殞日加尪瘠僅存殘喘母喪權厝祖母之側今葬祖母亦欲因此改葬臣父衰老日甚近因祖喪哭泣過節見亦病臥苫廬臣今扶病驅馳兵革往來於廣信南昌之間廣信去家不數日欲從其地不時乘間抵家一哭略爲經畫葬事一省父病臣區區報　國血誠上通於天不辭滅宗之禍不

避形迹之嫌冒非其任以勤　國難亦望　朝廷鑒臣此心不以法例繩縛使
臣得少伸烏鳥之痛臣之感　恩死且圖報搶攘哀控不知所云等因具本奏
奉　聖旨王守仁奉命巡視福建行至豐城一聞宸濠反叛忠憤激烈即便倡
率所在官司起集義兵合謀剿殺氣節可嘉已有　旨著督兵討賊兼巡撫江
西地方所奏省親事情待賊平之日來說該部知道欽此備咨到臣除欽遵外
近照寧王逆黨皆已仰賴　皇上神武廟堂成算悉就擒獲地方亦已平靖百
姓室家相慶得免徵調之苦復有更生之樂莫不感激　洪恩沾被德澤獨臣
以父病日深母喪未葬之故日夜哀苦憂疾轉劇犬馬驅馳之勞不足齒錄而
烏鳥迫切之情實可矜憫已蒙前　旨許待賊平之日來說故敢不避斧鉞復
申前請伏望　皇上仁覆曲成容臣暫歸田里一省父病經紀葬事臣不勝苦
切祈望之至等因又經具本於正德十四年八月二十五日差舍人來儀齎奏
去後迄今已踰八月未奉　明旨臣旦暮惶惶延頸以待內積悲痛之鬱外遭
窘局之苦新患交乘舊病彌篤方寸既亂神氣益昏目眩耳聵一切世事皆如

蒙寐今雖抑情強處不過閉門伏枕呻吟喘息而已豈能供職盡分爲　陛下
巡撫一方乎夫人臣竭忠委命以赴　國事及事之定乃故使之不得一省其
親之疾是沮義士之志而傷孝子之心也且　陛下既以許之又復拘之亦何
以信於後臣素貪戀官爵志在進取亦非高潔獨行甘心寂寞者徒以疾患纏
體哀苦切心不得已而爲此今亦未敢便求休退惟乞暫回田里一省父疾經
營母葬臣亦因得就醫調理少延喘息苟情事稍伸病不至甚卽當奔走赴
闕終效犬馬昔人所謂報劉之日短盡忠於　陛下之日長也臣不勝哀痛號
呼懇切控籲之至具本又於正德十五年三月二十五日差舍人王鼒齎奏去
後迄今復六月未奉　明旨臣之痛苦刻骨剜心憂病纏結與死爲鄰已無足
論而臣父衰疾日亟呻吟牀蓐思臣一見晝夜涕洟每得家書號慟顛殞蘇而
復絕夫虎狼惡獸尚知父子烏鳥微禽猶懷反哺今臣父病狼狽至此惟欲望
臣一歸而臣乃依依貪戀官爵未能決然逃去是禽獸之不若何以立身於天
地乎夫人之大倫內則父子外則君臣事君以忠事父以孝不忠不孝爲天下

之大戮縱復幸免　國憲然既辱於禽獸則生不如死臣之歸省父疾在　朝廷視之則一人之私情自臣身言之則一生之大節往者寧藩之變臣時欲歸省父疾然　宗社危急呼吸之間存亡攸係故臣捐九族之誅委身以死　國難時則君臣之義爲重今　國難已平兵戈已息臣待罪巡撫不過素餐尸位以苟歲月而臣父又衰老病篤若此尚爾貪戀祿位而不去此尚可以爲子乎不可以爲子者尚可以爲臣乎臣今待罪巡撫若不請而逃竊恐傳聞遠邇驚駭視聽夫人臣死　君之難則捐其九族之誅而不恤至其急父之危則亦捐其一身之戮而不顧今復候　命不至臣必冒死逃歸若　朝廷憫其前後懇迫之請赦而不戮臣死且圖啣結若遂正以　國典臣獲一見老父而死亦瞑目於地下矣臣不勝痛隕苦切號控哀祈之至除冒死一面移疾舟次沿途問醫待罪候　命外緣係四乞　天恩歸省父疾回籍待罪事理爲此具本奏
聞

開豁軍前用過錢糧疏　十五年九月初四日

照得先因寧王變亂該臣備行南贛等府起調各項官軍兵快人等追剿合用糧餉等項就仰聽將在官錢糧支給間隨據吉安府申爲處置軍餉事開稱動調兵快數萬本府錢糧數少乞爲急處等情已經通行各府速將見貯不拘何項錢糧以三分爲率內將二分解赴軍前接濟外續爲地方事臣又看得各處軍兵雖已起調但前項事情係 國家大難存亡所關誠恐兵力不敷未免誤事又行牌仰各該官司卽選父子鄉兵在官操練聽將官錢支作口糧候臣另有明文一至隨卽啓行去後續照前項首惡并其謀黨俱已擒斬原調各處軍兵久已散歸就經備行江西布政司通將各府州縣自用兵日起至於掣兵日止用過一應在官錢糧等項逐一查明造報以憑施行未報查催間又據江西按察司呈爲緊急軍情事開稱先准江西布政司照會正德十四年十月初一日該蒙戶部員外郎黃著案驗內開蒙本部題奉 欽依差在軍前整理糧草今照各哨官軍俱集江西省城又聞 聖駕亦將征討跟隨官軍未知數目駐劄月日未知久近所有糧料草束合仰備行本司掌印等官從長設法處置或

支動在官銀兩選委能幹官員趁早多買糧草預備支應庶無失誤等因到司彼時巡按御史唐龍未到本院押解逆犯宸濠等在途查得江西省城司府及南新二縣幷南康二府庫藏俱被寧賊搶劫空虛無從措置誠恐臨期失誤就經會同江西布政司一面議借軍門發候解京贓銀及南昌府縣追到官本等銀給發委官汪憲等各領買辦糧草供應一面議將各府派銀接濟緣由會呈本院奉批俱准議造冊繳報查考等因依奉除南康九江南昌三府縣殘破未派備行撫州等十府動支在官銀兩接濟續因起解首惡宸濠等幷逆黨宮眷等項及補還原借解京贓銀官本等銀緊急又經會呈議行各該府縣暫借在官銀兩前來應濟共計用過銀九千七百七十一兩四錢其餘見存銀兩俱係該解之數悉行各府差人領回聽其收解外呈乞施行等因到臣看得所呈前項供應糧料買辦草料及自臣起兵以來費用過錢糧中間多係京庫折銀及兌准糧米等項俱係支給賞勞兵快人等及供應北來官軍幷犒賑軍民緊急支用計出無聊事非得已別無浪費分文據法似應措補但今兵荒殘破之餘

庫藏無不空虛小民無不凋敝遠近人情洶洶方求公帑賑濟若復派補必致變生不測其聽解賊贓官本等銀實係寧賊搶劫官庫積蓄刻剝小民脂膏相應存留以救困竭今又盡數解京地方空匱委果已極查得各處用兵請給內帑或借別省錢糧接濟邇者寧賊非常之變事起倉卒雖欲請給　內帑勢有不及後蒙該部議准許於廣東軍餉銀內支取十萬隨幸賊勢平定前項准借銀兩亦遂停止分毫不曾取用伏望　皇上憫念地方師旅饑饉之餘民窮財盡困苦已極近又加以水災爲患流離益甚乞　敕該部查照轉行江西布按二司將自用兵以來支取用費過各該府縣京庫折銀及兌准糧米等項通行查明各計若干照數開豁免行追補仍仰備造文冊繳部查考庶軍民得以少蘇而地方可免於意外之虞矣

徵收秋糧稽遲待罪疏　十五年十二月初十日

據江西布政司呈准布政使陳策等咨照得正德十四年稅糧先准參議周文光奉戶部勘合派屬徵解隨因　聖駕南巡各府州縣官俱集省城聽用前項

錢糧不暇追徵正德十五年正月初二日蒙巡按江西監察御史唐龍案驗為
乞救兵燹窮民以固邦本事該巡撫蘇松都御史李充嗣題稱江西變亂南昌
南康九江等府首被燒劫其餘府縣大軍臨省供應浩繁要將該年稅糧盡行
停免等因備行分守南昌五道勘議得南昌府南新二縣被害深重應免糧差
三年其餘州縣并瑞州等一十二府屬縣俱應免糧差二年回報到司即轉呈
本院具題外本年二月內續蒙　欽差戶部員外郎龍誥案驗為償運糧儲事
備行本司督催該年兌准錢糧交兌遵依節行催徵間本年三月初五日隨准
漕運衙門照劄坐到兌軍本色米八萬石折色米三十二萬石改兌米一十七
萬石每石連耗折銀七錢備行作急徵完起運本月二十八日又蒙撫按衙門
案驗為地方極疲速賜　恩恤以安邦本事該南京工科給事中王紀等奏奉
欽依自正德十四年以前一應錢糧果係小民拖欠未完的俱准暫且停徵
還着各該官司設法賑濟毋視虛文欽遵通行外又蒙員外郎龍誥案牌將糧
里嚴加杖併急如星火小民紛紛援例赴司告豁呈蒙撫按衙門批行本司給

示曉諭納糧人戶先將兌軍徵解小民方肯完納轉行參議魏彥昭督運續因本官去任又經呈批參政邢珣暫管督兌本官於五月二十日徧歷催儹通將徵完本色米八萬石兌完起運訖其折色銀兩催據廣信等府屬縣陸續徵解近於十一月十三等日抄奉漕運衙門照劄備行本司將兌運折色銀三十四萬三千兩務要徵完足數差官協同運官解部等因依奉通行外今照該年稅糧委因事變兵荒經理不前及專管提督官員更代不常況奉部院明文徵免不一小民不服輸納官府掣肘難行因而稽延若不預將前情轉達誠恐查究罪及未便等因備呈到臣竊照江西錢糧小民所以不肯輸納與有司所以難於追徵者其故各有三而究其罪歸則責實在臣何者宸濠之叛首以僞檄除租要結人心臣時起兵旁郡恐其扇惑卽時移文遠近宣布　朝廷恩德蠲其租賦許以奏免諭以君臣之分激其忠義之心百姓丁壯出戰老弱居守既而旱災益熾民困益迫然而小民不卽離散者以臣既爲奏請雖　明旨未下皆謂　朝廷必能免其租稅尚可忍死以待也夫危急之際則啗之免租以竭其

死力事平之後又罔民而刻取之人懷怨忿不平此其不肯輸納之故一也及
宸濠之亂稍定而大軍隨至供饋愈煩誅求愈急其顛連困踣之狀臣於前
奏已略言之百姓不任其苦強者竄而爲寇弱者匿而爲奸繼而水災助禍千
里之民皆爲魚鱉號哭載途喧騰求賑其時臣等既無帑藏之儲又無倉廩可
發所以綏勞撫定之者更無別計惟以　奏免租稅爲言百姓睊睊胥讒謂命
在旦夕不能救我而徒曰免稅免稅豈可待耶蓋其心以爲免稅已不待言尚
恨其無以賑之也已而既不能賑又從而追納之人怨益深不平愈甚此其不
肯輸納之故二也當大軍之駐省臣等趨走奔命日不暇給亦以爲既有前奏
則賦稅必在所免不復申請其時巡撫蘇松等處都御史李充嗣奏稱江西首
被宸濠之害乞將該年稅糧軍需等項俱行停免該戶部覆題奉　聖旨是各
被害地方着撫按官嚴督所屬用心設法賑濟欽此又該給事中王紀奏本部
覆題奉　聖旨是這地方委的疲困已極自正德十四年以前一應錢糧果係
小民拖欠未完的俱准暫且停徵還着各該官司設法賑濟毋視虛文欽此俱

欽遵該部備咨前來臣等正苦百姓嗷嗷咨文一至如解倒懸卽時宣布百姓
聞之歡聲雷動遞相傳告旦夕之間深山窮谷無不畢達自是而後堅守蠲免
之說雖部使督臨或遣人下鄉催促小民悉以爲詐妄羣起而驅縛之催徵之
令不復可行此其不肯輸納之故三也郡縣之官親見百姓之困苦又當震蕩
顛危之日懼其爲變其始惟恐百姓不信免租之說指天畫地誓以必不食言
既而時事稍平則盡反其說而徵之固已不能出諸其口矣況從而鞭笞捶撻
之其遽忍乎此其難於追徵之故一也三司各官舊者既被驅脅新者陸續而
至至則正當擾攘分投供應四出送迎官離其職吏失其守糾結紛拏事無專
責如羣手雜繰於亂絲之中東牽西絆莫知端緒既而部使驟臨欲於旬月之
間督併完集神輸鬼運有不能矣此其難於追徵之故二也夫背信而行勢已
不順若使民間尙有可徵之粟必不得已剜剝而取之忍心者尙或能辦也而
民之瘡痍已極矣實無可輸之物矣別夫離婦棄子鬻女有耳者不忍聞有目
者不忍睹也如是而必欲驅之死地其將可行乎此其難於追徵之故三也夫

小民之不肯輸納既如彼而有司之難於追徵又如此後值部使身臨坐併急於風火百姓怨謗紛騰洶洶思亂復如將潰之隄臣於其時慮恐變生不測謂各官與其激成地方之禍無益 國事身膏草野以貽 朝廷之憂孰若姑靖地方寧以一身當遲慢之戮乎因諭各官追徵毋急以紓民怨各官內迫於部使外窘於窮民上調下輯如居顛屋之下東撐則西頹前支則後圮強顏陵詬之辱掩耳怨懟之言身營閭閻之下口說田野之間曉以京儲之不可缺諭以國計之不得已或轉爲借貸或教之典拆忍心於捶骨剝脂之痛而浚其血閉目於析骸食子之慘而責其逋共計江西十四年分兌軍本色米八萬石折色米三十二萬石改兌米一十七萬石臣始度其勢以爲決無可完之理其後數月之間亦復陸續起解完納是皆出於意料之外在各官誠窘局艱苦疲瘁已極亦可謂之勞而有功矣今聞部使參奏且將不免於罪臣竊寃之昔之人固有催科政拙而自署下考者亦有矯制發廩而願受其辜者各官之以此獲罪固亦其所甘心但始之因叛亂旱荒而爲之 奏免者臣也繼之因水災兵

困而復爲申　奏者臣也又繼之因　朝廷兩有停徵賑貸之　旨而爲之宣布於衆者亦臣也又繼之慮恐激成禍變而諭令各官從權緩徵者又臣也是各官之罪皆臣之罪也今使各官當遲慢之責而臣獨幸免臣竊恥之夫司國計者慮京儲之空匱欲重徵收後期者之罪而有罰俸降級之議此蓋切於謀國忠於事君者之不得已也亦豈不念江西小民之困苦與各官之難爲哉顧欲警衆集事創前而戒後固有不得不然者正所謂救焚身之患不遑恤毛髮之焦攻心腹之疾不得避針灼之苦耳伏望　皇上憫各官之罪出於事勢之無已特從眚災肆赦之典寬而宥之則法雖若屈而理亦未枉必謂行令之始不欲苟撓則各官之罪實由於臣卽請貶削臣之祿秩放還田里以伸　國議如此則不惟情法兩得而臣亦可以藉口江西之民免於欺上罔下之恥矣臣不勝惶懼待罪之至緣係徵收秋糧稽遲待罪事理爲此具本請　旨

巡撫地方疏

十五年四月二十五日

據江西布政司呈奉臣案驗照得本院前任巡撫衙門近遭兵火廢毀兼以地

址僻隘低窪每遇淋雨潰潦浸灌見今本院在於都司貢院諸處衙門寄駐遷
徙不常居無定止人無定向妨政失體深爲未便合行議取爲此仰抄案回司
即便會同都按二司官從長議查省城官民沒官房屋及革毁一應衙門可以
拆修改造者會議停當呈來定奪毋得違錯等因依奉會同都指揮僉事王繼
善按察使伍文定議得前項衙門先年建於永和門內僻在一隅地勢低窪切
近東湖一遇淫雨輒遭浸漫近因大軍駐劄人馬作踐俱各倒塌及查巡按衙
門亦皆年久朽爛傴側俱難居住欲擇地蓋造緣今地方兵荒之後取之於官
則官庫空竭斂之於民則民窮財盡反覆思惟無從措置查得承奉司幷織造
機房各一所係是沒官之數俱各空閑地勢頗高規模頗廣合無呈請將承奉
司暫改爲都察院衙門機房改爲巡按衙門委官相度趁時修理如此則工費
不繁民力少節實爲兩便緣由呈詳到臣查得先爲計處地方事該臣會同巡
按御史唐龍議奏乞將抄沒寧府及各賊黨田地房屋令布按二司掌印及守
巡幷府縣官員從實覆查委係占奪百姓遵照　詔書內事理各給還本主管

業及將於內官房酌量移改城樓窩鋪衙門餘外田地山塘房屋仍令各官公同照依時估變賣價銀入官先儘撥補南新二縣兌軍淮安京庫折銀糧米及王府祿米外有餘羨收貯布政司官庫用備緩急緣由會本具題去後未奉明旨今呈前來爲照各項衙門果已廢毀當茲兵火之餘民窮財盡改創實難今該司議將前項沒官房屋暫改不費於官不勞於民工省事易誠亦兩便似應准議除行該司一面委官趁時修改暫且移駐以便聽理候民困既蘇財用充給之日力可改創再行議處

剿平安義叛黨疏 十六年五月十五日

據江西按察司按察使伍文定關稱奉臣批據南康府通判林寬安義縣知縣熊价奉新縣典史徐誠呈開俱奉本院紙牌及巡按御史唐龍朱節等計委追剿逆賊楊本榮等依奉前後誘捕及於沿湖各處敵戰擒斬共一百二十六名顆并於楊子橋巢內搜獲伊原助逆領授南昌護衛中千戶所印信一顆合就解呈奉批仰按察司會同都布二司官將解到賊級紀驗賊犯鞫審明白解赴

軍門以憑遵照欽奉　敕諭事理就行斬首示衆有功員役分別等第呈來給賞施行并蒙巡按江西監察御史唐龍批按察司會同各掌印官審究及將有功官役并陣亡之人查明具招呈報又蒙巡按江西監察御史朱節批看得各犯罪惡貫盈致勤提督衙門調兵擒剿事情重大按察司會勘明白中間如有事出脅從情可矜疑者通具呈報等因依奉會同都指揮僉事高厚左布政使陳策等議得賊犯楊正賢等累世窮兇鄱湖劇患近復從逆幸而漏網嘯聚劫因敵殺官兵滔天之罪遠近播聞通判林寬等克承方略首事緝捕雖有小衄竟收成功知縣熊价到任甫及半月倉卒偶當其衝終能有備多所擒獲典史徐誠奉調領兵破賊適中機會署都指揮僉事馮勳鼓勇而前賊遂奔潰其典史周祐陰謀散黨隱然之蹟未可泯棄合無呈乞鈞裁將署都指揮僉事馮勳通判林寬知縣熊价典史徐誠俱優加犒獎林寬熊价仍旌其除暴安民之勞典史周祐另行賞賚隨征南昌前衛千戶馬喜新建縣縣丞黃仲仁南昌縣主簿陳紀安義縣主簿崔錠建昌縣稅課局大使江象安義縣領哨義官楊震七

協守縣治安義縣縣丞何全典史陳恆昭把截九里三渡南昌前衞指揮梁端千戶周鎭俱量行犒勞其餘獲賊吏兵哨長保長總小甲人等查照近日告示事理分別等第一一給賞陣亡陣傷義兵程碧程魁七等俱各優恤其家給賞湯藥之費如此庶使有功者錄而人知所勸死事者酬而人無所憾矣仍行該府縣將逆賊楊正賢等妻男財產估變價銀修築縣城尤爲便益緣由同查過功次文冊關繳到司備由轉呈到臣簿查正德十五年十一月初十日據江西按察司副使陳槐關稱原問犯人胡順并楊子橋等家屬財產通該查抄解報呈詳已批該司查照施行務得的實毋致虧枉外續據安義縣申稱依奉拏獲楊子橋妻周氏男楊華五華七華八月保幷伊同居親弟楊子樓收監起解問十二月二十二日辰時不期子樓未獲男楊本榮統集百十餘徒各持鎗刀衝縣當同巡捕主簿崔錠督領機兵防禦彼賊勢勇打入獄門刼去楊華五等幷原監楊正江楊紹鑑及別犯胡清等一十八名燒燬總甲張惟勝房屋刼掠鋪戶傅甫七等貨物隨卽起集哨長陳魁四等屯兵設法擒獲楊華五等仍舊收

監一面追獲餘賊楊子樓等合行申報等情又據通判林寬呈稱首惡楊子榮
楊華二等照舊立寨嘯聚批仰按察司會同各官議處隨據該司呈稱依奉會
同署都指揮僉事王繼善左布政使陳策副使顧應祥等議得楊本榮等罪惡
據法即當督兵擒捕但訪得楊姓一族稔惡從亂者有數若使兵刃一加未免
玉石未辨合行該縣再諭楊本榮等作急投首庶幾楊紹鑑等之罪可辨楊本
榮之情可原若使負固不服即將稔惡賊黨指實申來議處呈詳到臣照得本
院前年駐兵省城擒剿叛賊之後即欲移兵撲滅逆黨楊子橋等彼因訪得各
犯親族亦多良善連居若大兵一臨未免玉石俱焚方爾遲疑當據楊子橋等
自行投赴軍門本院仰體　朝廷好生之德正欲保全一方之生靈當即遵照
詔書黃榜事理將子橋等量加杖責釋放回家諭令改惡遷善其餘黨惡悉不
根究外後因解京逆黨劉吉陳賢等供攀不已　朝廷之意將復發兵加誅則
恐失信於下將遂置而不問則一般從逆之人乃至極刑抄沒而子橋等獨不
略加懲創亦何以警戒將來故照舊釋其黨從以示信獨行拘子橋以明罰其

還徙抄沒亦止及於子橋一身　朝廷之處可謂仁至義盡矣爲之親族黨與者正宜感激　朝廷浩蕩再生之恩皆宜爭出到官輸誠效款自相分別洗滌其既往之愆而顯明其維新之善却乃略不改創輒敢抗逆官府衝縣劫囚自求誅滅據法論情已在必誅無赦但念中間良善尚多止因楊子橋同居稔惡之徒繆以危言激誘族黨扇惑鼓動以至於此恐亦非其本心今據三司各官呈議亦與所訪略同准依所議姑且未卽加兵就經批行該道守巡官先行分別善惡令其親族素非同惡者自行告明官司各另屯住其被脅之人若能投首到官亦准免罪有能幷力擒捕首惡送官者仍一體給賞俱限一月之內投首輸服若過期不出卽將各犯背叛情由備細呈來以憑發兵剿滅一面行仰該縣及各附近官司整集兵快義勇固守把截聽候本院進止仍備出告示曉諭遠近外續據通判林寬呈稱遵照明文密喚楊姓良善戶丁楊庸楊邦十五等七名到職示以禍福給以犒賞着令分別良善止捕衝縣逆賊送官隨該楊庸等誘擒逆賊九名到縣又獲賊犯一十七名隨給牌面令通縣老人分投撫

諭而各賊仍前立寨不服續又擒獲賊犯四名後聞官司要搗巢穴連夜鼓挾鄰族約有百十餘徒擄船奔入鄱陽湖欲卽率兵追勦緣該縣空虛誠恐賊計中途回鋒衝突未可輕出除差人飛報沿河保長立寨防勦一面牒府督率星子建昌都昌兵沿湖巡捕外呈乞施行等因據呈臣會同巡按御史等官看得賊既入湖良善已分正可四面合兵追勦除行南昌守巡兵備點選兵快就行都司馮勳統領星夜前去跟躡賊蹤設法勦捕就經批仰按察司卽便通行該道守巡官及沿湖各該官司地方保甲人等一體集兵防勦追捕毋令遠竄貽患臣等又慮安義縣治單弱恐各賊乘虛歸劫另行牌調奉新縣典史徐誠選兵四百密從間道星夜前去該縣會同知縣熊价協力防勦又行牌仰各官於九姓良善之中挑選義勇武藝及於沿湖諸處起集習水壯健慣戰之人各官身自督領密取知因鄉導四路爪探或躡賊蹤或截要路或歸防縣治張疑設伏聲東擊西一應事機俱聽從宜施行合用糧賞就於司府庫內原貯軍餉銀內支給及差官齎執　令旗令牌前去督押行事軍兵人等但有軍前不聽號

令及退縮逗遛侵擾良善者遵照　敕諭事理就以軍法從事各官俱要竭忠盡力慎重勇果殺賊立功以靖地方若畏避輕忽致賊滋蔓貽患地方軍令具存決難輕貸完日通將擒斬功次獲功人員等項一併開報以憑施行去後今呈前因照得臣先節該欽奉　敕諭但有盜賊生發卽便設法調兵勦殺聽爾隨宜處置欽此欽遵除將前項有功官員支兵人等及陣亡被傷等項俱准議於南昌府動支本院貯庫支剩軍餉銀兩除已犒獎給賞優恤外其未經獎犒給賞優恤者批仰該司查照等第逐一補給賊屬男婦估價變賣銀兩亦准修築該縣城垣支用擒獲賊犯鞫問明白仍解軍門斬首示衆斬獲賊級行令造冊繳報并行巡按衙門知會外臣等議照叛黨楊正賢等肆其兇獷之習恃其族類之繁稔惡一方流劫遠近旣積有世代比復興兵助逆脫漏誅殄略無悔創乃敢攻縣劫獄聚衆稱亂惡貫滿盈天怒人怨遂爾一旦掃滅在　朝廷固猶疥癬之搔爬在江西實亦疽癰之潰決巡按御史唐龍朱節運謀監督而按察使伍文定布政使陳策等相與協議贊畫都指揮馮勳及通判林寬知縣熊

价等又各趨事效命并力于下論各勞績皆宜旌錄臣守仁臥病待罪之餘僅存喘息幸賴諸臣苟免咎愆緣係勦平叛黨事理為此具本題　知

乞便道歸省疏

臣於正德十六年六月十六日欽奉　敕旨以爾昔能勦平亂賊安靖地方朝廷新政之初特茲　召用　敕至爾可馳驛來京毋或稽遲欽此欽遵已於本月二十日馳驛起程外竊念臣自兩年以來四上歸省之　奏皆以親老多病懇乞暫歸省視實皆出於人子迫切之至情而其時復以權姦當事讒嫉交與非獨臣之愚悃無由自明且慮變起不測身罹曖昧之禍冀得因事退歸父子苟全首領於牖下故其時雖以暫歸為請而實有終身丘壑之念矣既而　宗社有靈天啓　神聖入承大統革故鼎新親賢任舊向之為讒嫉者皆已誅斥略盡陽德興而公道顯臣於斯時固已欣然改易其退遁之心矣當明良之會　聖人作而萬物睹天下之士孰不翹然有觀光之願而況臣之方在憂危驟獲申雪者若出陷穽而登之春臺其為喜幸感激何啻百倍豈不欲朝發夕至

以一快其拜舞踴躍之私歸戴向往之誠乎顧臣父既老且病頃遭讒搆之厄危疑震恐洶洶朝夕常有父子不及相見之痛今幸脫洗殃咎復睹天日父子之情固思一見顏面以敘其悲慘離隔之懷以盡菽水歡欣之樂況臣取道錢塘迂程鄉土止有一日此在親交之厚將不能已於情而況父子天性之愛重以連年苦切之思乎故臣之此行其冒罪歸省亦情理之所必不容已者然不以之明請於　朝而私竊行之是欺　君也懼稽延之戮而忍割情於所生是忘父也欺　君者不忠忘父者不孝世固未有不孝於父而能忠於其　君者也故臣敢冒罪以請伏望　皇上以孝爲治範圍曲成特寬稽命之誅使臣得以少伸烏鳥之私臣死且圖銜結臣不勝惶懼懇切之至

辭封爵普　恩賞以彰國典疏　嘉靖元年正月初十日

南京兵部尚書王守仁謹　奏爲辭免封爵普　恩賞以彰國典事臣於正德十六年十二月十九等日節准兵部吏部咨俱爲捷音事節該題奉　聖旨江西反賊勦平地方安定各該官員功績顯著你部裏既會官集議分別等第明

白王守仁封伯爵給與誥劵子孫世世承襲照舊參贊機務欽此王守仁封新
建伯奉天翊衛推誠宣力守正文臣特進光祿大夫柱國還兼南京兵部尚書
照舊參贊機務歲支祿米一千石三代幷妻一體追封欽此前後備咨到臣俱
欽遵外臣聞　命驚惶莫知攸措竊念臣以凡庸誤受　國恩在正德初年以
狂言被譴　先帝察其無他隨加收錄薦陟清顯繆膺軍旅之寄猥承巡撫之
令後值寧藩肇變臣時適嬰禍鋒義當死難不量勢力與之犄角賴朝廷威靈
幸無覆敗既而讒言朋興幾陷不測臣之心事未及自明　先帝登遐無階控
籲乃幸天啓　神聖　陛下龍飛開臣於覆盆之下而照之以日月憫惻慰勞
至勤　詔旨憐其烏鳥之情使得歸省推　大孝之仁優之以存問超歷常資
授以留都本兵之任懇疏辭免　慰旨益勤在昔名臣碩輔鮮有獲是於其君
者而況於臣之卑鄙淺劣亦將何以堪此乎今又加以封爵之崇臣懼功微賞
重無其實而冒其名憂禍敗之將及也夫人主於嚬笑之微不以假於匪人而
況爵賞之重乎人臣之事君也先其事而後其食食且不可而況於封爵乎且

臣之所以不敢受爵其說有四然亦不敢不爲　陛下一陳其實矣寧藩不軌之謀積之十數年矣持滿應機而發不旬月而敗此非人力所及也上天之意厭亂思治將啓　陛下之神聖以中興太平之業故蹶其謀而奪之魄斯固上天之爲之也而臣欲冒之是叨天之功矣其不敢受者一也先寧藩之未變朝廷固已陰覺其謀故改臣以提督之任假臣以便宜之權使據上游以制其勢故臣雖倉卒遇難而得以從宜調兵與之從事當時帷幄謀議之臣則有若大學士楊廷和等該部調度之臣則有若尚書王瓊等是皆有先事禦備之謀所謂發縱指示之功也今諸臣未蒙顯褒而臣獨冒膺重賞是掩人之善矣其不敢受者二也變之初起勢焰熖熾人心疑懼退沮當時首從義師自伍文定邢珣徐璉戴德孺諸人之外又有知府陳槐曾璵胡堯元等知縣劉源清馬津傅南喬李美李楫及楊材王冕顧佖劉守緒王軾等鄉官都御史王懋中編修鄒守益御史張鼇山伍希儒謝源等諸人臣今不能悉數其間或摧鋒陷陣或遮邀伏擊或贊畫謀議監錄經紀雖其平日人品或有清濁高下然就兹一事

而言固亦咸有捐軀效死之忠戮力勤王之績所謂同功一體者也今賞當其功者固已有之然施不酬勞之人尚多也其帳下之士若聽選官雷濟已故義官蕭禹致仕縣丞龍光指揮高睿千戶王佐等或詐爲兵檄以撓其進止壞其事機或僞書反間以離其心腹散其黨與陰謀祕計蓋有諸將士所不與知而辛苦艱難亦有諸部領所未嘗歷者臣於捷奏本內既不敢瑣瑣煩瀆今聞紀功文冊復爲改造者多所刪削其餘或力戰而死於鋒鏑或犯難而委於溝渠陳力效能者尤不可以枚舉是皆一時號召之人臣於顛沛搶攘之際今已多不能記憶其姓名籍貫復有舉人冀元亨者爲臣勸說寧濠反爲奸黨搆陷竟死獄中以忠受禍爲賊報讎抱冤齎恨實由於臣雖盡削臣職移報元亨亦無以贖此痛此尤傷心慘目負之於冥冥之中者夫倡義調兵雖起於臣然猶有先事者爲之指措而戮力成功必賴於衆則非臣一人之所能獨濟也乃今諸將士之賞尚多未稱而臣獨蒙冒重爵是襲下之能矣其不敢受者三也夫周公之功大矣亦臣子之分所當爲況區區犬馬之微勞又皆偶逢機會幸而集

事者奚足以爲功乎臣世受　國恩虀身粉骨亦無以報繆當提督重任承乏
戎行苟免鰥曠況又超擢本兵旣已叨冒踰分且臣近年以來憂病相仍神昏
志散目眩耳聾無復可用於世兼之親族顛危命在朝夕又不度德量分自知
止足乃冒昧貪進據非其有是忘己之恥矣其不敢受者四也夫殃莫大於叨
天之功罪莫甚於掩人之善惡莫深於襲下之能辱莫重於忘己之恥四者備
而禍全故臣之不敢受爵非敢以辭榮也避禍焉爾已伏願　陛下鑒臣之辭
出於誠懇收還　成命容臣以今職終養老親苟全餘喘於林下以所以濫施
於臣者普於衆以明賞罰之典以彰大小之功以慰不均之望以勵將來效忠
赴義之臣臣死且不朽矣不勝受　恩感激懇切願望之至緣係辭免封爵普
恩賞以彰國典事理謹具本題

再辭封爵普　恩賞以彰國典疏 嘉靖元年

臣於正德十六年十二月節准兵部吏部咨節該題奉　聖旨江西反賊勦平
地方安靜各該官員功績顯著你部裏旣會官集議分別等第明白王守仁封

伯爵給與誥券子孫世世承襲照舊參贊機務欽此王守仁封新建伯奉天翊運推誠宣力守正文臣特進光祿大夫柱國還兼南京兵部尚書照舊參贊機務歲支祿米一千石三代幷妻一體追封欽此臣聞命驚惶竊懼功微賞重禍敗將及已經具本辭免去後隨於嘉靖元年七月十九日准吏部咨該臣奏前事節奉　聖旨論功行賞古今令典詩書所載具可考見卿倡義督兵勦除大患盡忠報國勞績可嘉特加封爵以昭公義宜勉承恩命所辭不允該部知道欽此欽遵臣以積惡深重禍延先人臣方煢然瘠疚僅未殞絕聞　命悸慄魂魄散亂已而伏塊沈思臣以微勞冒膺重賞所謂叨天之功掩人之善襲下之能忘己之恥者臣於前奏已具陳之矣然而　聖旨殷優獨加於臣餘皆未蒙採錄者豈以江西之功果臣一人之所能獨辦乎　朝廷爵賞本以公於天下而臣以一身掠衆美而獨承之是臣擁閼　朝廷之大澤而使天下有不均之望也罪不滋重已乎夫廟堂之賞　朝廷之議也臣不敢僭及至於臣所相與協力同事之人則有不得不爲一申白者古者賞不踰時欲人速得爲善之報

也今效忠赴義之士延頸而待已三年矣此而更不一言事日已遠而意日已衰誰復有爲之論列者故臣輒敢割痛忍哀冒斧鉞而控籲氣息奄奄之中忽不自覺其言之躁妄亦其事有所感於昔而情有所激於其中也竊惟宸濠之變實起倉卒其氣勢張皇積威淩劫雖在數千里外無不震駭失措而況江西諸郡縣近切剝牀觸目皆賊兵隨處有賊黨當此之時臣以逆旅孤身舉事其間雖仰仗　威靈以號召遠近然而未受巡撫之　命則各官非統屬也未奉討賊之　旨其事乃義倡也若使其時郡縣各官果懷畏死偷生之心但以未有成命各保土地爲辭則臣亦可何如哉然而聞臣之調卽皆感激奮勵或提兵而至或挺身而來是非真有捐軀赴難之義戮力報主之忠孰肯甘粉虀之禍從赤族之誅蹈必死之地以希萬一難冀之功乎然則凡在與臣共事者皆有忠義之誠者也夫均秉忠義之誠以同赴　國難而功成行賞臣獨當之人將不食其餘矣此臣所爲不敢受也且宸濠之變天實陰奪其魄而摧敗之速是以功成之後不復以此同事諸人者爲庸使其時不幸而一蹶塗地則粉身

滅族之慘亦同事諸人者自當之乎將猶可以藉衆議之解救而除免之乎夫下之人犯必死之難以赴義則上之人有必行之賞以報功今臣獨崇爵而此同事諸人者乃或賞或否或不行其賞而并削其績或賞未及播而罰已先行或虛受陞職之名而因使退閑或冒蒙不忠之號而隨以廢斥由此言之亦何苦捐身赴義以來此呶呶之口而自求無實之殃乎乃不若退縮引避反可以全身遠害安處富貴而逭於衆口之誹也夫披堅執銳身親行伍以及期赴難而猶不免於不忠之罰則容有托故推奸坐而觀望者又將何以加之今不彼之議而獨此之察則已過矣昔人有蹊田而奪牛者君子以爲蹊田固有責而奪牛則已甚今人驅牛以耕我之田既種且穫矣而追究其耕之未盡善也復從而奪之牛無乃太遠於人情乎方今議者或以某也素貪而鄙某也素躁而狂故雖有功而當抑其賞雖有勞而不贖其罪噫是亦過矣當宸濠之變撫按三司等官咸被驅縛或死或從其餘大小之職近者就縻遠者逃潰矣當此之時苟知有從我者皆可以爲忠義之士尚得追論其平時邪況所謂若貪與鄙

者或出於讒嫉之口而未皆真邪若居常處易選擇而使猶不免於失人況一時烏合之衆而顧以此概之其責於人終無已乎夫考素行別賢否以激揚士風者考課之常典較功力信賞罰以振作士氣者軍旅之大權故鄙猥之行平時不恥於士列而使貪使詐軍事有所不廢也急難呼吸之際要在摧鋒克敵而已而暇逆計其他乎當此之時雖有禦人國門之寇苟能效其智力以協濟吾事亦將用之用之而事果有成亦必賞之況乎均在士人之列同有勤事之忠者乎人於平居無事扼腕抵掌而談孰不曰我能臨大節死大難及當小小利害未必至於死也而或有倉皇失措者有矣又況矢石之下劍刃之間前有必死之形而後有夷滅之禍人亦何不設以身處其地而少亮之乎夫考課之典軍旅之政固並行而不相悖然亦不可以混而施之今人方有可錄之功吾且遂行其賞可矣縱有既往之愆亦得以今而贖但據其顯然可見者毋深求其隱然不可見者賞行矣而其人之過猶未改也則從而行其黜謫人將曰昔以功而賞今以罪而黜功罪顯而勸懲彰矣今也將明軍旅之賞而陰以考課

之意行於其間人但見其賞未施而罰已及功不錄而罪有加不能創奸警惡而徒以阻忠義之氣快讒嫉之心譬之投杯醪於河水而曰是有醪焉亦可飲而醉也非易牙之口將不能辯之矣而求飲者之醉可得乎人臣於　國家之難凡其心之可望力之可爲塗肝腦而膏髓骨皆其職分所當然則此同事諸臣者遂敢以此自爲之功而邀賞於其　上乎顧臣與之同事同功今賞積於臣而彼有未逮臣復抗顏直受而不以一言是使　朝廷之上果以其功獨歸於臣而此諸人者之績因臣之爲蔽而卒無以自顯於世也且自平難以來此同事諸人者非獨爲已斥諸權奸之所誣搆挫辱而已也羣憎衆嫉惟事指摘搜羅以爲快曾未見有鳴其不平而伸其屈抑者幸而陛下龍飛赫然開日月之光英賢輔翼廓清風而鼓震霆於是陰氣始散而魍魎潛消然而覆盆之下尚或有未能自露者也故臣敢不避矜誇僭妄之戮而輒爲諸臣者一訴其艱難抑鬱之情昔漢臣趙充國破羌而歸人有訪之謙讓功能者充國曰吾老矣爵位已極豈嫌伐一時事以欺明主哉兵政國之大事當爲後法老臣不以餘

命一爲主上明言其利害卒使誰當復言之者卒以實對夫人之忠於國也殺身夷族有不避而乃避其自矜功伐之嫌乎臣始遇變於豐城也蓋舉事於倉卒荏昧之中其時豈能逆睹其功之必就謂有今日爵賞之榮而爲哉徒以事關 宗社是以不計成敗利鈍捐身家棄九族但以輸忠憤而死節是臣之初心也至於號告三軍則雖激之以忠義而實歆之以爵祿延世之榮勵之以名節而復動之以恩賞絢耀之美是非敢以虛言誘之也以爲功而克成則此爵祿恩賞亦有國之常典理所必有也今臣受殊賞而衆有未逮是臣以虛言罔誘其下竭衆人之死而共成之掩衆人之美而獨取之見利忘信始之以忠信終之以貪鄙外以欺其下而內失其初心亦何顏面以視其人乎故臣之不敢獨當殊賞者非不知封爵之爲榮也所謂有重於封爵者故不爲苟得耳伏願

陛下鑒臣之言不以爲誇也而因以察諸臣之隱允臣之辭不以爲僞也而因以普諸臣之施果以其賞在所薄與則臣亦不得而獨厚果以其賞或可厚與則諸臣亦不得而遂薄也江西同事諸臣臣於前奏亦已略舉且該部具有

成冊可查不敢復有所塵瀆臣在衰絰憂苦之中非可有言之日事不容已而
有是舉不勝受　恩感激含哀冒死戰慄惶懼懇切祈禱之至

王文成公全書卷之十三

王文成公全書卷之十四

別錄　奏疏

辭免重任乞　恩養病疏 嘉靖六年六月

臣自正德十四年江西事平之後身罹讒構危疑洶洶不保朝夕幸遇　聖上龍飛天開日朗鑒臣螻蟻之忠　下詔褒揚洗滌出臣於覆盆之下進官封爵召還京師因乞便道歸省隨蒙賜　敕遣官獎勞慰諭錫以銀幣犒以羊酒臣感激　天恩雖粉骨碎身云何能報不幸遭繼父喪未獲赴闕陳謝服滿之後又連年病臥喘息奄奄苟避形迹　皇上天高地厚之恩迄今六年於此矣尚未能一覲　天顏稽首　闕廷之下臣實瞻戴戀慕晝夜熱中若身在芒刺邇者曾蒙謝　恩之召臣之至願惟不能即時就道顧迺病臥呻吟徒北望感泣神魂飛馳而已今年六月初六日兵部差官齎文前到臣家內開奏奉欽依以兩廣未靖命臣總制軍務督同都御史姚鏌等勘處者臣聞　命驚惶莫知攸措伏自思惟臣於　君命之召當不俟駕而行矧茲軍旅何敢言辭顧臣病

患久積潮熱痰嗽日甚月深每一發咳必至頓絕久始漸甦乃者謝　恩之行
輕舟安臥尚未敢強又況兵甲驅勞豈復堪任夫委身以圖報臣之本心也若
冒病輕出至於僨事死無及矣臣又伏思兩廣之役起於土官讎殺比之寇賊
之攻刼郡縣荼毒生靈者勢尚差緩若處置得宜事亦可集姚鏌平日素稱老
成慎重一時利鈍前卻斯亦兵家之常要在責成難拘速效御史石金據事論
奏是蓋忠於　陛下將爲　國家宏仁覆久遠之圖所以激勵鏌等使之集謀
決策收之桑榆也臣本書生不習軍旅往歲江西之役皆偶會機宜幸而成事
臣之才識自視未及姚鏌且近年以來又已多病況茲用兵舉事鏌等必嘗深
思熟慮得其始末條貫中事少沮輒以臣之庸劣參與其閒行事之際所見或
有同異鏌等益難展布夫軍旅之任在號令嚴一賞罰信果而已慎擇主帥授
鉞分梱當聽其所爲臣以爲兩廣今日之事宜專責鏌等隆其委任重其威權
略其小過假以歲月而要其成功至於終無底績然後別選才能兼於民情土
俗素相諳悉如南京工部尚書胡世寧刑部尚書李承勳者往代其任夫　朝

廷用人不貴其有過人之才而貴其有事君之忠苟無事君之忠而徒有過人之才則其所謂才者僅足以濟其一己之功利全軀保妻子而已耳如臣之迂疏多病徒持文墨議論未必能濟實用者誠宜哀其不逮容令養疾田野俟病痊之後不終棄廢或可量置閑散之地使自得效其涓埃則朝廷於任賢御將之體因物曲成之仁道並行而不相背矣臣不敢苟冒任使以欺國事不勝感恩激義懇切祈望之至

赴任謝恩遂陳膚見疏 六年十二月初一日

臣於病廢之餘特蒙恩旨起用授以兩廣軍旅重寄臣自惟朽才病質深懼不任驅使以誤國事具本辭免過蒙聖旨卿識敏才高忠誠體國今兩廣多事方藉卿威望撫定地方用紓朕南顧之懷姚鏌已致仕了卿宜星夜前去節制諸司調度軍馬撫勦賊寇安戢兵民勿再遲疑推諉以負朕望還差官鋪馬裏賫文前去敦趣赴任行事該部知道欽此欽遵兵部移咨到臣捧讀感泣莫知攸措伏念世受國恩粉骨虀骸亦無能報又況遭逢明聖溫旨勤拳

若是何能復顧其他已於九月初八日扶病起程沿途就醫服藥調理晝夜前進奈秋暑旱澀舟行甚難至十一月二十日始抵梧州思恩田州之事尚未及會同各官查審區處然臣沿途涉歷訪諸士夫之論詢諸行旅之口頗有所聞不敢不爲 陛下一言其略臣惟岑猛父子固有可誅之罪然所以致彼若是者則前此當事諸人亦宜分受其責蓋兩廣軍門專爲諸猺獞及諸流賊而設
朝廷付之軍馬錢糧事權亦已不爲不專且重若使振其軍威自足以制服諸蠻然而因循怠弛軍政日壞上無可任之將下無可用之兵一有驚急必須倚調土官狼兵若猛之屬者而後行事故此輩得以憑恃兵力日增其桀驁今夫父兄之於子弟苟役使頻勞亦且不能無倦況於此輩夷獠之性歲歲調發奔走道途不得顧其家室其能以無倦且怨乎及事之平則又功歸於上而彼無所與兼有不才有司因而需索引誘與之爲姦其能以無怒且慢乎既倦且怨又怒以慢始而徵發愆期既而調遣不至上嫉下憤日深月積劫之以勢而威益褻籠之以詐而術愈窮由是諭之而益梗撫之而益疑遂至於有今日加

以叛逆之罪而欲征之夫即其已暴之惡征之誠亦非過然所以致彼若是已
非一朝一夕之故且當反思其咎姑務自責自勵修我軍政布我威德撫我人
民使內治外攘而我有餘力則近悅遠懷而彼將自服顧不復自反而一意憤
怒之夫所可憤怒者不過岑猛父子及其黨惡數人而已其下萬餘之衆固皆
無罪之人也今岑猛父子及其黨惡數人既云誅戮已足暴揚所遺二酋原非
有名惡目自可寬宥者也又不勝二酋之憤遂不顧萬餘之命竭兩省之財動
三省之兵使民男不得耕女不得織數千里內騷然塗炭者兩年于茲然而二
酋之憤至今尚未能雪也徒爾兵連禍結徵發益多財餽益殫民困益深無罪
之民死者十已六七山猺海賊乘釁搖動窮迫必死之寇既從而煽誘之貧苦
流亡之民又從而逃歸之其可憂危何啻十百於二酋者之爲患其事已兆而
變已形顧猶不此之慮而汲汲於二酋則當事者之過計矣今當事者之於是
役其悴心憔思亦可謂勤且至矣特發於憤激而狃爲其難是以勞而未效夫
二酋者之沮兵拒險亦不過畏罪逃死苟爲自全之計非如四方流劫之賊攻

城堡掠鄉村虜財物殺戮民日爲百姓之患人人欲得而誅之者今驅困憊之民使裹糧荷戈以征不爲民患素無讎怨之虜此人心之所以不奮而事之所以難濟也又今狼達土漢官兵亦不下數萬與萬餘畏罪逋誅之虜相持已三月有餘而未能一決者蓋以我兵發機太早而四面防守太密是乃投之無所往而示之以必不活益使彼先慮預備并心協力堅其必死之志以抗我師就使我師將勇卒奮決能取勝亦必多殺士衆非全軍之道又況人無戰志而徒欲合圍待斃坐收成功此我兵之所以雖衆而勢日以懈賊雖寡而志日以合備日密而氣日以銳者也夫當事者之意固無非欲計出萬全然以用兵而言亦已失之巧遲所謂強弩之末不能穿魯縞矣臣愚以爲且宜釋此二酋者之罪開其自新之路而彼猶頑梗自如然後從而殺之我亦可以無憾苟可曲全則且姑務息兵罷餉以休養瘡痍之民以絕覬覦之姦以弭不測之變迨於區處既定德威既洽蠻夷悅服之後此二酋者遂能改惡自新則我亦豈必固求其罪若其尚不知悛執而殺之不過一獄吏之事何至兵甲之煩哉或者以爲

征之不克而遽釋之則紀綱疑於不振臣竊以爲不然夫　天子於天下之民物如天覆地載無不欲愛養而生全之寧有蕞爾小醜乃與之爭憤求勝而謂之振紀綱者惟後世貪暴諸侯強凌弱衆吞寡則必務於求勝而後已斯固五霸之罪人也昔苗頑不卽工舜使禹益徂征三旬苗民逆命禹乃班師振旅夫以三聖人者爲之君帥以征一頑苗謂宜終朝而克捷顧歷三旬之久而復至於班師以歸自今言之其不振甚矣然終致有苗之格而萬世稱聖古之所謂振紀綱者固若是耳臣以匪才繆膺　重命得總制四省軍務以從事於偏隅之小醜非不知乘此機會可以僥倖成功苟免於怯懦退避然此必多調軍兵多傷士卒多殺無罪多費糧餉又不足以振揚威武信服諸夷僅能取快於二酋之憤而忘其遺患於兩省之民但知徼功於目前而不知投艱於日後此人臣喜事者之利非　國家之福生民之庇臣所不忍也臣又聞兩廣主計之吏謂自用兵以來所費銀兩已不下數十萬梧州庫藏所遺不滿五萬之數矣所食糧米已不下數十萬梧州倉廩所存不滿一萬之數矣由是言之尚可用兵

不息而不思所以善後之圖乎臣又聞諸兩省士民之言皆謂流官之設亦徒有虛名而反受實禍詰其所以皆云思恩未設流官之前土人歲出土兵三千以聽官府之調遣既設流官之後官府歲發民兵數千以防土人之反覆即此一事利害可知且思恩自設流官以來十八九年之間反者五六起前後征勦曾無休息不知調集軍兵若干費用糧餉若干殺傷良民若干　朝廷曾不能得其分寸之益而反為之憂勞徵發浚良民之膏血而塗諸無用之地此流官之無益亦斷然可睹矣但論者皆以為既設流官而復去之則有更改之嫌恐啓人言而招物議是以寧使一方之民久罹塗炭而不敢明為　朝廷一言寧負　朝廷而不敢犯衆議甚哉人臣之不忠也苟利於　國而庇於民死且為之矣而何人言物議之足計乎臣始至地方雖未能周知備歷然形勢大略亦可概見田州切鄰交趾其間深山絕谷皆猺獞之所盤據動以千百必須仍存土官則可藉其兵力以為中土屏蔽若盡殺其人改土為流則邊鄙之患我自當之自撤藩籬非久安之計後必有悔思恩田州處置事宜俟事平之日遵照

敕旨公同各官另行議奏但臣既有所聞見不敢不先爲陛下一言使朝廷之上早有定處臣等得一意奉行不致往復査議失誤事機可以速安反側實地方之幸臣等之幸臣不勝受恩感激竭忠願效之至

辭巡撫兼任舉能自代疏 七年正月初二日

嘉靖六年十二月初二日准本院咨節該吏部題奉聖旨王守仁暫令兼理巡撫兩廣等處地方寫敕與他欽此欽遵外臣聞命之餘愈增惶懼竊念臣以迂疏多病之軀繆承總制四省軍務之命既已有不勝其任之憂矣方爾晝夜驅馳圖其所以仰副朝廷之重委者而尚未知所措今又加以巡撫之責豈其所能堪乎況兩廣地方比於他處尤繁且難蠻夷猺獞之巢穴處處而是攻劫搶擄之警報日日而有近年以來加之以師旅因之以饑饉郡縣之凋敝日甚小民之困苦益深巡撫之任非得才力精強者重其事權漸其官階而久其職任殆未可求效於歲月之間也蓋非重其事權則不可以漸其官階非漸其官階則不可以久其職任非久其職任則凡所舉動多苟且目前之計而不

爲日後久長之謀邀一時之虛名而或遺百年之實禍膏澤未洽於下而小民無愛戴感戀之誠德威未敷於遠而蠻夷無信服歸向之志此巡撫兩廣之任雖才能相繼而治效之所以未究也切見致仕副都御史伍文定質性勇果識見明達往歲寧藩之變嘗從臣起兵討逆臣備知其能今年力未衰置之閑散誠有可惜若起而用之以爲巡撫其於經略之方撫綏之術必能不負所委及照刑部左侍郎梁材新陞南贛副都御史汪鋐亦皆才能素著抑且舊在兩廣備諳土俗民情皆足以堪斯任乞 勅吏部於三人之中選擇而使之臣之駑劣多病俾得專意思田之役幸而了事容令照舊回還原籍調理非獨巡撫得人地方有所倚賴而臣之不肖亦苟免於覆餗之誚矣

奏報田州思恩平復疏 七年二月十三日

嘉靖七年正月二十七日據廣西田州府目民盧蘇陸豹黃笱胡喜邢相盧保羅黃王陳羅寬戴慶等連名具狀爲悔罪投降陳情乞 恩事投稱先因本府土官岑猛與泗城州屢年互相讎殺獲罪上司於嘉靖五年六月內致蒙奏請

官兵征勦臨境岑猛自思原無反叛情由意得招撫先自同道士錢一真及親信家人逃躲歸順州界蘇等俱各畏避四散逃入山林止有各處寄住客戶千餘躲避不及冒犯官軍俱蒙殺勦目民人等俱不敢抵抗官軍惟有陸綬不曾遠遯當被擒斬其餘韋好羅河等俱蒙官軍陸續搜山殺死駑於當年九月內歸順土官岑璋書報岑猛見在該州前月已將道士錢一真功次假作岑猛解報軍門爾可作急平定地方來迎爾主蘇等聽信遣人節送衣服檳榔等件岑璋一一收受言說岑猛不可輕易見人官府得知累我續於十月內岑猛又差人促令邀同王受招復鄉村因見府治空虛乘便入城休息又遣迎岑猛岑璋回說爾今地方未定姑候來春我當發兵三十餘營送爾主來且替爾防守蘇等因此逃命屯聚以候岑猛並無叛心嘉靖六年正月有人傳說岑猛於天泉蹈內急病身死屍骨被岑璋燒燬金銀盡被收獲隨遣人去歸順探問又被岑璋殺死蘇等痛悔無由竊思官男岑邦彥先已齊村病故今聞岑猛又死無主可靠欲出投訴切見四方軍馬充斥聲言務要盡勦又恐飛蟲附火必損其身

又蒙上司陰使王受圖殺盧蘇又使盧蘇圖殺王受反覆難信投降無路日切苦痛今幸　朝廷寬赦　欽命總制天星體天行道按臨在此神鬼信服蘇等方敢捨命求生率領闔府目民男子大小人等共計四萬餘名口盡數投降伏乞憫念生靈草命赦死立功以贖前罪哀乞憐憫岑猛原無反叛情罪存其一脈俯順夷情辦納糧差實爲萬幸等情幷據思恩府頭目王受盧蘇黃容盧平韋文明侶馬黃留黃石陸宗覃鑑潘成等亦連名具狀告同前事投稱本府原係土官自改立流官開圖立里土俗不便奈緣小人冥頑不諳漢法屢次擾亂不定受等同辭懇乞上司仍立目甲不意反致官府嗔怪近又蒙官兵征勦田州要將受等一概誅滅必要窮追逐捕只得逃遯山林兼以八寨蠻子原以剽掠爲生乘機假受姓名每每攻圖城邑劫虜鄉村虛名受禍受等卽欲挺身投訴見得四方軍馬把截兼聞陰使盧蘇圖殺王受又使王受圖殺盧蘇反覆難信以此連年抱苦控訴無由且受等頗知利害豈敢自速滅亡今幸　朝廷寬恩命總制天星按臨在此神鬼信服受等方敢率領所部目民男女大小人

等共計三萬餘名口捨命投降伏乞詳情赦死以全草命更望俯順夷情仍復目甲使得辦納糧差實爲萬幸等因各投訴到臣據此照得先於嘉靖六年七月初七日爲地方事節奉　敕諭先該廣西田州地方逆賊岑猛爲亂已令提督兩廣等官都御史姚鏌等督兵進勦隨該各官奏稱岑猛父子悉已擒斬巢穴蕩平捷音上聞已經降　敕獎勵論功行賞續該各官復奏惡目盧蘇倡亂復叛王受攻陷思恩及節據石金所奏前項地方盧蘇王受結爲死黨互相依倚禍孽日深將來不可收拾又參稱先後撫臣舉措失當姚鏌等攘夷無策輕信寡謀圖田州已不可得幷思恩胥復失之要得通行查究追奪兵部議奏以各官先後所論事宜意見不同且兵連兩廣調遣事干鄰境地方必得重臣前去總制督同議處方得停當今特命爾提督兩廣及江西湖廣等處地方軍務星馳前去彼處卽查前項夷情田州因何復叛思恩因何失守督同姚鏌等斟酌事勢將各夷叛亂未形者可撫則撫反形已露者當勦卽勦一應主客官軍從宜調遣主副將官及三司等官悉聽節制公同計議應設土官流官何者經

久利便幷先今撫鎮等官有功有過分別大小輕重明白奏聞區處事體十分
重大者具奏定奪朕以爾勳蹟久著才望素隆特茲簡任爾務以體國爲心聞
命就道竭忠盡力大展謀猷俾夷患殄除地方安靖以紓朕西南之憂仍須深
慮卻顧事出萬全一勞永逸以爲廣人久遠之休毋得循例辭避以孤衆望欽
此欽遵隨於九月内節該兵部咨爲辭免重任乞　恩養病事臣奏奉聖旨卿
識敏才高忠誠體國今兩廣多事方藉卿威望撫定地方用紓朕南顧之懷姚
鏌已致仕了卿宜星夜前去節制諸司調度軍馬撫勦賊寇安戢兵民勿再遲
疑推諉以負朕望還差官鋪馬裏齎文前去敦趣赴任行事該部知道欽此欽
遵當即啓行至十一月二十一日抵梧州蒞任十二月内續准兵部咨爲地方
大計緊急用人事該禮部右侍郎方獻夫奏節奉　聖旨方獻夫所奏關係地
方大計鄭潤朱麟與姚鏌事同一體姚鏌已着致仕鄭潤等因賊情未寧暫且
留用今既這等說鄭潤取回代替的朕自簡用朱麟應否去留着兵部會議幷
堪任更代的推舉相應官兩員來看田州應否設都御史在彼住劄還着王守

仁議處具奏定奪欽此備咨前來知會俱經欽遵外本月初五日進至平南縣地方與都御史姚鏌交代二十二等日太監鄭潤總兵官朱麟陸續各回梧州廣州等處聽候新任總兵太監交代去訖當臣公同巡按紀功御史石金右布政林富參政汪必東鄒輗副使祝品林大輅僉事汪溱張邦信申惠吳天挺參將李璋沈希儀張經及舊任副總兵今閑住都指揮同知張祐幷各見在軍前用事等官會議得思恩田州之役兵連禍結兩省荼毒已踰二年兵力盡於哨守民脂竭於轉輸官吏罷於奔走卽今地方已如破壞之舟漂泊於顛風巨浪中覆溺之患洶洶在目不待智者而知之矣今若必欲窮兵雪憤以收前功未論其不克縱復克之亦有十患何者今　皇上方推至孝以治天下惻怛之仁覆被海宇惟恐一物不得其所雖一夫之獄猶慮有所虧枉　親臨斷決況茲數萬無辜之赤子而必欲窮搜極捕使之噍類不遺傷伐天地之和虧損好生之德其患一也屯兵十萬日費千金自始事以來所費銀米各已數十餘萬前歲之冬二酋復亂至今且餘二年未嘗與賊交一矢接一戰而其費已若此今

若復欲進兵以近計之亦須數月省約其費亦須銀米各十餘萬計今梧州倉庫所餘銀不滿五萬米不滿一萬矣兵連不息而財匱糧絶其患二也調集之兵遠近數萬屯戍日久人懷歸思兼之水土不服而前歲之疫死者一二萬人衆情憂惑自頃以來疾病死者不可以數無日無之潰散逃亡追捕斬殺而不能禁其未見敵而已若此今復驅之鋒鏑之下必有土崩瓦解之勢其患三也用兵以來兩省之民男不得耕女不得織已餘二年衣食之道日窮老稚轉乎溝壑今春若復進兵又將廢一年之耕百姓饑寒切身羣起而爲盜不逞之徒因而號召之其禍殆有甚於思田之亂者其患四也論者皆以不誅二酋則無以威服土官是殆不然今所賴以誅二酋者乃皆土官之兵而在我曾無一旅可恃之卒又不能宣布主上威德明示賞罰而徒以市井狙獪之謀相欺相誘計窮詐見益爲彼所輕侮每一調發旗牌之官十餘往反而彼猶驁然不出反挾此以肆其貪求縱其吞噬我方有賴於彼縱之而不敢問彼亦知我之不能彼禁也益狂誕而無所忌岑猛之僭妄亦由此等積漸成之是欲誅一二逃死

之遺孽而養成十數岑猛其患五也兩廣盜賊猺獞之巢穴動以數千百計軍衞有司營堡關隘之兵時嘗召募增補然且不敷今復盡取而聚之思田之一隅山猺海寇乘閒竊發遂至無可捍禦近益窺我空虛出掠愈頻爲患愈肆今若復聞進兵彼知事未易息遠近相煽蠭起我兵勢難中輟救之不能棄之不可其爲慘毒可憂尤有甚於饑寒之民其患六也軍旅一動饋運之夫騎征之馬各以千計每夫一名顧直一兩馬一匹四兩馬之死者則又追償其主之直是皆取辦於南寧諸屬縣百姓連年兵疲困苦已極而復重之以此其不亡而爲盜者則亦溝中之瘠矣其患七也兩省土官於岑猛之滅已各懷唇齒之疑其各州土目於蘇受之討又皆有狐兔之慽是以遲疑觀望莫肯效力所憑恃者獨湖兵耳然前歲之疫湖兵死者過半其閑固多借倩而來兵回之日死者之家例有償命銀兩總其所費亦以萬數今茲復調踣頓道途不得顧其家室亦已三年勞苦怨鬱潛逃而歸者相望於道誅之不能止因一隅之小憤而重失三省土人之心其閒伏憂隱禍殆難盡言其患八也田州外捍交阯內屏各

郡其間深山絶谷又皆猺獞之所盤據若必盡誅其人異時雖欲改土設流亦
已無民可守非獨自撤藩籬勢有不可抑亦藉膏腴之田以資猺獞而爲邊夷
拓土開疆其患九也既以兵克必以兵守歲歲調發勞費無已秦時勝廣之亂
實與於閭左之戍且一夫制馭變亂隨生反覆相尋禍將焉極其患十也故爲
今日之舉莫善於罷兵而行撫撫之有十善活數萬無辜之死命以明昭　皇
上好生之仁同符虞舜有苗之征使遠夷荒服無不感恩懷德培　國家元氣
以貽燕翼之謀其善一也息財省費得節縮贏餘以備他虞百姓無椎脂刻髓
之苦其善二也久戍之兵得遂其思歸之願而免於疾病死亡脱鋒鏑之慘無
土崩瓦解之患其善三也又得及時耕種不廢農作雖在困窮之際然皆獲顧
其家室亦各漸有回生之望不致轉徙自棄而爲盜其善四也罷散土官之兵
各歸守其境土使知　朝廷自有神武不殺之威而無所恃賴於彼陰消其桀
驁之氣而沮懾其僭妄之心反側之姦自息其善五也遠近之兵各歸舊守窮
邊沿海咸得修復其備禦盜賊有所憚而不敢肆城郭鄉村免於驚擾劫掠無

虚內事外顧此失彼之患其善六也息饋運之勞省夫馬之役貧民解於倒懸得以稍稍甦復起呻吟於溝壑之中其善七也土民釋兔死狐悲之憾土官無脣亡齒寒之危湖兵遂全師早歸之願莫不安心定志涵育深仁而感慕德化其善八也思田遺民得還舊土招集散亡復其家室因其土俗仍置酋長彼將各保其境土而人自爲守內制猺獞外防邊夷中土得以安枕無事其善九也土民既皆誠心悅服不須復以兵守省調發之費歲以數千官軍免跕頓道途之苦居民無往來騷屑之患商旅通行農安其業近悅遠來　德威覃被其善十也夫進兵行勦之患既如彼罷兵行撫之善復如此然而當事之人乃猶往往利於進兵者其間又有二幸四毀焉下之人幸有數級之獲以要將來之賞上之人幸成一時之捷以蓋日前之愆是謂二幸始謀請兵而終鮮成效則有輕舉妄動之毀頓兵竭餉而得不償失則有浪費財力之毀聚數萬之衆而竟無一戰之克則有退縮畏避之毀循土夷之情而拂士夫之議則有形迹嫌疑之毀是謂四毀二幸蔽於其中而四毀惕於其外是以寧犯十患而不顧棄十

善而不爲夫人臣之事君也殺其身而苟利於國滅其族而有裨於上皆甘心焉豈以僥倖之私毀譽之末而足以撓亂其志者今日之撫利害較然事在必行斷無可疑者矣於是衆皆以爲然二十六日臣至南寧府乃下令盡撤調集防守之兵數日之內解散而歸者數萬有餘湖兵數千道阻且遠不易卽歸仍使分留南寧賓州解甲休養待閒而發初盧蘇王受等聞臣奉命前來查勘始知　朝廷亦無必殺之意皆有投生之念日夜懸望惟恐臣至之不速已而聞太監總兵等官復皆相繼　召還至是又見防守之兵盡撤其投生之念益堅乃遣其頭目黃富等十餘人於正月初七日先付軍門訴告願得掃境投生惟乞宥免一死臣等諭以　朝廷之意正恐爾等有所虧枉故特遣大臣前來查勘開爾等更生之路爾等果能誠心投順決當貸爾之死因復開陳　朝廷威德備寫紙牌使各持歸省諭盧蘇王受等大意以爲岑猛父子縱無叛逆之謀卽其兇殘酷暴慢上虐下自有可誅之罪今其父子黨與俱已伏其辜爾等原非有名惡目本無大罪至於部下數萬之衆尤爲無辜今因爾等阻兵負險致

令數萬無辜之民破家失業父母死亡妻子離散奔逃困苦已將兩年又上煩
朝廷興師命將勞擾三省之民爾等之罪固已日深但念爾等所以阻兵負
險者亦無他意不過畏罪逃死苟爲自全之計其情亦有可憫方今　聖上推
至孝之仁以子愛黎元惟恐一物不得其所雖一夫之獄尚恐或有虧枉　親
臨斷決何況爾等數萬之命豈肯輕意勦殺故今特遣大臣前來查勘開爾更
生之路非獨救此數萬無辜之民亦使爾等得以改惡從善捨死投生牌至爾
等部下兵夫卽可解散各歸復業安生爾等卽時出來投到決當宥爾之死全
爾身家若遲疑觀望則天討遂行後悔無及限爾二十日內爾若不至是　朝
廷必欲開爾生路而爾必欲自求死路進兵殺爾亦可以無憾矣蘇受等得牌
皆羅拜踴躍歡聲雷動當卽撤守備具衣糧盡率其衆掃境來歸本月二十六
日俱至南寧府城下分屯爲四營明日蘇受等皆囚首自縛各與其頭目數百
人赴軍門投見號哀控訴各具投狀告稱前情乞免一死願得竭力報效臣等
看得蘇受等所訴情節亦與臣等前後所聞所訪大略相同其閒雖有飾說亦

多真情艮可哀憫因復照前牌諭所稱諭以　朝廷恩德以爲　朝廷既已赦
爾等之死許爾投降寧肯誘爾至此又復殺爾虧失信義爾之一死決當宥爾
矣爾可勿復憂疑但爾蘇受二人擁衆負險雖由畏死然此一方爲爾之故騷
擾二年有餘至上煩　九重之慮下疲三省之民若不略示責罰亦何以舒泄
軍民之憤於是下盧蘇王受於軍門各杖之一百衆皆合辭叩首爲之請命乃
解其縛諭以今日宥爾一死者是　朝廷天地好生之仁杖爾一百者乃我等
人臣執法之義於是衆皆叩首悅服臣亦隨至其營撫定餘衆皆莫不感泣歡
呼皆謂　朝廷如此再生之恩我等誓以死報及據狀末告乞憐憫岑猛原無
反叛情罪存其一脉俯順夷情辦納糧差一節自臣奉　命而來沿途詢諸商
賈行旅訪諸士夫軍民莫不以爲宜從夷俗仍立土官庶可永久無變不然反
覆之患終恐不免及臣至此又公同大小各官審度事勢屢經酌量議處亦皆
以爲治夷之道宜順其情臣於先次謝　恩本內已經略具奏聞至是因其控
告哀切當即遵照　敕諭便宜事理許以其情奏請且諭以　朝廷之意無非

欲生全爾等爾等但要誠心向化改惡從善竭忠報　國勿慮　朝廷不能順
爾之情於是又皆感泣歡呼皆謂　朝廷如此再生之恩我等誓以死報且乞
卽願殺賊立功以贖前罪臣因諭以　朝廷之意惟願生全爾等今爾方來投
生豈忍又驅之兵刃之下爾等逃竄日久家業破蕩且宜速歸完爾家室及時
耕種修復生理至於各處盜賊軍門自有區處不須爾等勦除待爾家事稍定
徐當調發爾等於是又皆感泣歡呼皆謂　朝廷如此再生之恩我等誓以死
報臣於是遂委右布政林富舊任總兵官張祐分投省諭安插其衆俱於二月
初八日督令各歸復業去訖地方之事幸遂平定皆皇上至孝達順之德感格
上下神武不殺之威震懾鬼神風行於廟堂之上而草偃於百蠻之表是以班
師不待七旬而頑夷卽爾來格不折一矢不戮一卒而全活數萬生靈是所謂
綏之斯來動之斯和者也臣以蹇劣繆承任使仰賴　鴻休得免罪責快覩
盛明豈勝慶幸除將設立土官及地方一應經久事宜遵照　敕旨公同各官
再行議處另行具奏外緣係奏報平復地方事理爲此具本專差冠帶舍人王

洪親齋謹具題 知

地方緊急用人疏 七年二月十五日

先該禮部右侍郎方獻夫奏前事節奉 聖旨田州應否設都御史在彼住劄還着王守仁議處具奏定奪欽此兵部備咨前來知會除欽遵外隨於今年正月二十七日該思恩田州二府土目盧蘇王受等各率衆數萬自縛歸降該臣遵照 敕諭事理悉已撫定當遣廣西右布政林富舊任副總兵張祐分投督領各夷各歸原土復業安生已經具本奏報外照得思恩田州連年兵火殺戮之餘官府民居悉已燒燬破蕩雖蔀屋尋丈之廬亦遭翻穵發掘曾無完土荒村僻塢不遺片瓦尺椽傷心慘目誠不忍見各夷近已誠心投服毀棄兵戈賣刀買牛見已各事田作自後反側之患以臣料之或已可免但其風景淒戚生意蕭條憂惶困苦之餘無以自存必得老成寬厚之人撫恤綏柔之臣等見其悲慘無聊之狀誠亦未忍一旦棄去而不顧況思田去梧州軍門水路一月之程一時照料有所不及近又與各官議欲於田州建立流官府治以制御土官

修復城池廨宇等項必須勞民動衆自非素得夷情者爲之經理區畫各夷彫弊之餘豈復堪此騷屑況議設知府等官皆未曾到一應事務莫有任其責者看得右布政林富慈祥愷悌識達行堅素立信義見在思田地方安插各夷合無准如方獻夫所奏將林富量改憲職仍聽臣等節制暫於思田地方往來住劄撫循緝理其於事理亦甚相應臣又看得思田地方原係蠻夷猺獞之區不可治以中土禮法雖流官之設尙且不可又況常設重臣住劄其地豈其所堪則其供饋之費送迎之勞必且重貽地方異日之擾斯亦不可不預言之者合無將本官廩給口糧一應合用之費及往來夫馬一應合用之人俱於南寧府衞取辦銀兩於庫貯軍餉內支給一不以干思田之人俟一年之後各夷生理漸復府治城郭廨宇漸以完備則將林富量移別處任用而思田止存知府理治或設兵備官一員於賓州住劄或就以南寧兵備兼理不時往來撫循如此則目前既可以得撫定綏柔之益而日後又可以免困頓煩勞之擾臣之愚見所議如此惟復別有定奪均乞　聖明裁處

地方急缺官員疏 七年二月十八日

先據廣西副總兵李璋呈前事看得柳慶地方新任參將王繼善近因病故地方盜賊生發不可一日缺官乞暫委相應官一員前去代理等因到臣該臣看得柳慶地方近因思田用兵不息猺賊乘間出掠參將王繼善既已病故而該道守巡兵備等官又以思田之役皆在軍門督餉督哨地方重寄委無一官之託爲照參將沈希儀雖係專設田州住劄官員然田州之事臣與各官見駐南寧自可分理本官舊在柳慶夷情土俗備能諳悉而謀勇才能足當一面求可委用無踰本官者該臣遵照欽奉 敕諭便宜事理就行暫委本官前去管理參將行事聽候奏請外近該思恩田州土目盧蘇王受等率衆歸降該臣行委右布政林富閑住副總兵張祐分投督領各夷各歸原土復業安生今各夷見已賣刀買牛爭事農作度其事勢將來或可以無反側之患則前項駐劄參將似亦可以無設但今議於田州修復流官府治以控制土官則城郭廨宇之役未免勞民動衆瘡痍大病之後各夷豈復堪此臣等議調腹裏安靖地方官軍

打手之屬約二千名隱然有屯戍之形而實以備修建之役庶幾工可速就而又得免於起夫之擾然非統馭得人則於各夷或亦未免有所驚疑除布政林富已另行議奏外看得閑住總兵張祐才識通敏計慮周悉將略堪折衝之任文事兼撫綏之長今又見在思田地方安插各夷皆能得其歡心乞 敕兵部俯從臣議將張祐復其舊職暫委督令前項各兵經理修建之役仍令與布政林富更互往來於思田之閑省諭安撫諸夷其合用廩給夫馬之類悉照議處林富事例於南寧府衛取辦俟一二年後各夷生理盡復府治城郭廨宇悉已完備則將張祐量改他處任用而田州止存知府理治仍乞將沈希儀或就改駐柳慶地方守備惟復別有定奪均乞 聖明裁處

處置平復地方以圖久安疏 七年四月初六日

臣聞傅說之告高宗曰明王奉若天道建邦設都樹后王君公承以大夫師長不惟逸豫惟以亂民今天下郡縣之設乃有大小繁簡之別中土邊方之殊流官土襲之不同者豈故爲是多端哉蓋亦因其廣谷大川風土之異氣人生其

閑剛柔緩急之異稟服食器用好惡習尙之異類是以順其情不違其俗循其故不異其宜要在使人各得其所固亦惟以亂民而已矣臣以迂庸繆膺重命勘處兵事於茲土節該欽奉　敕諭謂可撫則撫當勦卽勦是　陛下之心惟在於除患安民未嘗有所意必也又節該欽奉　敕諭謂賊平之後公同議處應設土官流官何者經久利便是　陛下之心惟在於安民息亂未嘗有所意必也始者思田梗化旣舉兵而加誅矣因其悔罪來投遂復宥而釋之固亦莫非仰體　陛下不嗜殺人之心惓惓憂憫赤子之無辜也然而今之議者或以爲流官之設中土之制也已設流官而復去之則嫌於失中土之制土官之設蠻夷之俗也已去土官而復設之則嫌於從蠻夷之俗二者將不能逃於物議其何以能建事而底績乎是皆不然夫流官設而夷民服何苦而不設流官乎夫惟流官一設而夷民因以騷亂仁人君子亦安忍寧使斯民之騷亂而必於流官之設者土官去而夷民服何苦而必土官乎夫惟土官一去而夷民因以背叛仁人君子亦安忍寧使斯民之背叛而必於土官之去者是皆虞目前之

毀譽避日後之形迹茍爲周身之慮而不爲　國家思久長之圖者也其亦安能仰窺　陛下如天之仁固平平蕩蕩無偏無黨惟以亂民爲心乎臣於思恩田州平復之後卽已仰遵　聖諭公同總鎮鎮巡副參三司等官太監張賜御史石金等議應設流官土官何者經久利便不得茍有嫌疑避忌而心有不盡謀有不忠乃皆以爲宜仍土官以順其情分土目以散其黨設流官以制其勢蓋蠻夷之性譬猶禽獸麋鹿必欲制以中土之郡縣而繩之以流官之法是羣麋鹿於堂室之中而欲其馴擾帖服終必觸樽俎翻几席狂跳而駭擲矣故必放之閒曠之區以順適其獷野之性今所以仍土官之舊者是順適其獷野之性也然一惟土官之爲而不思有以散其黨與制其猖獗是縱麋鹿於田野之中而無有乎牆墉之限犢牙童梏之道終必長奔直竄而無以維縶之矣今所以分立土目者是墻墉之限積牙童梏之道也然分立土目而終無連屬綱維於其閒是畜麋鹿於苑囿而無守視之人以時守其墻墉禁其羣觸終將踰垣遠逝而不知踐禾稼決藩籬而莫之省矣今所以特設流官者是守視苑囿之

人也議既僉同臣猶以爲土夷之心未必盡得而窮山僻壤或有隱情也則亦安能保其必行乎則又備歷田州思恩之境按行其村落而經理其城堡因而以其所以處之之道詢諸其目長率皆以爲善又以詢諸其父老子弟又皆以爲善又以詢諸其頑鈍無恥廝役下賤之徒則又亦皆以爲善然後信其可以久行而庶或幸免於他日之戮也矣夫然後敢具本以請亦恃　聖明在上洞見萬里而無微不燭故臣得以信其愚忠不復有所顧忌然猶反覆其辭而更互其說者非敢有虞於陛下不能亮臣之愚衷以今之士人率多執己見而倡臆說亦足以搖衆心而僨成事故臣不避頰舌之騰者亦欲因是以曉之也煩瀆　聖聽臣不勝戰慄惶懼之至緣係處置平復地方以圖久安長治事理未敢擅便爲此開坐具本請　旨

計開

一特設流官知府以制土官之勢臣等議得思田初服　朝廷威德方新今雖仍設土官數年之閒決知可無反側之慮但十餘年後其衆日聚其力日

強則其志日廣亦將漸有縱肆幷兼之患故必特設流官知府以節制之其御之之道則雖不治以中土之經界而納其歲辦租稅之入使之知有所歸效雖不蒞以中土之等威而操其襲授調發之權使之知有所統攝雖不繩以中土之禮教而制其朝會貢獻之期使之知有所尊奉雖不嚴以中土之法禁而申其寃抑不平之鳴使之知有所赴訴因其歲時伏臘之請慶賀參謁之來而宣其閼隔之情通其上下之義矜其不能教其不逮寓警戒於温恤之中消倔強於涵濡之內使之日馴月習忽不自知其爲善良之歸蓋含洪坦易以順其俗而委曲調停以制其亂此今日知府之設所以異於昔日之流官而爲久安長治之策也臣等看得田州故地寬衍平曠堪以建設流官衙門但其衝射凶惡居民弗寧今擬因其城垣略加改創修理備立應設衙門地僻事簡官不必備環府之田二甲皆以屬之府官府官既無民事案牘之擾終歲可以專力於農爲之闢其荒蕪備其旱潦通其溝洫丁力不足則聽其募人耕種官給牛具種子歲收其入三分之一以廩官吏而其餘以

食佃人城之內外漸置佃人廬舍而歲益增募招徠以充實之田州舊有商課仍許設於河下薄取其稅以資祭祀賓旅柴薪馬夫之給凡流官之所須者一不以及於土夷如此則雖草創之地而三四年後亦可以漸爲富庶之鄉若其經營之始則且須仰給於南寧府庫逮其城郭府治完備事體大定然後總會其土夷之所輸公田之所入商稅之所積每歲若干而官吏之所需者每歲若干斟酌通融立爲經久之計又必上司之制用者務從寬假無太苛削官吏其土者得以優裕展布無局促牽制之繁此又體悉遠臣綏柔荒服之道也至於思恩舊已設有流官但因開圖立里繩以郡縣之法是以其民遂亂今宜照舊仍設流官知府聽其土目各以土俗自治而其連屬制御之道悉如臣等前之所議庶可經久無患均乞 聖明裁處

一仍立土官知州以順土夷之情臣等議得岑氏世有田州其繫戀之私恩久結於人心今岑猛雖誅各夷無賢愚老少莫不悲愴懷思願得復立其後故蘇受之變翕然蠭起不約而同自官府論之則皆以爲苗頑逆命之徒在

各夷言之則皆自以爲嬰臼存孤之義故自兵興以來遠近軍民往往亦有
哀憐其志而反不直官府之爲者況各夷告稱其先世岑伯顏者嘗欽奉
太祖高皇帝敕旨岑黃二姓五百年忠孝之家禮部好生看他着江夏侯護
送岑伯顏爲田州府土官知府職事傳授子孫代代相繼承襲欽此欽遵其
後如岑永通岑祥岑紹岑鑑岑鏞岑溥皆嘗著征討之績有保障之功猛之
暴虐騷繼罪雖可戮而往歲姚源之役近年劉召之勦亦皆聞關奔走勤勞
在人各夷告稱官兵未進之先猛尙遣人奉　表朝賀貢獻又遣人賫本赴
京控訴官兵將進之時猛遂率衆遠遯未嘗敢有抗拒以此言之其無反
叛之謀蹤跡頗明今欲仍設土官以順各夷之情而若非岑氏之後彼亦終
有未服故今日土官之立必須岑氏子孫而後可臣等看得田州府城之外
西北一隅地形平坦堪以居民議以其地降爲田州而於舊屬四十八甲之
內劃其八甲以屬之聽以其土俗自治立岑猛之子一人始授以署州事吏
目三年之後地方寧靖效有勤勞則授以判官六年之後地方寧靖效有勤

勞則授以爲同知九年之後地方寧靖效有勤勞則授以爲知州使承岑氏之祀而隸之流官知府其制御之道則悉如臣等前之所議如此則　朝廷於討猛之罪記猛之勞追錄其先世之忠俯順其下民之望者兼得之矣昔文武之政罪人不孥與滅繼絕而天下之民歸心遠近蠻夷見　朝廷之所以處岑氏者若此莫不曰猛肆其惡而舉兵加誅法之正也明其非叛而不及其孥仁之至也錄其先忠而不絕其祀德之厚也不利其土而復與其民義之盡也矜其冥頑而曲加生全恩之極也即此一舉而四方之土官莫不畏威懷德心悅誠服信義昭布而蠻夷自此大定矣此今日知州之設所以異於昔日之土官而爲久安長治之策也臣等又看得岑猛之子存者二人其長者爲岑邦佐其幼者爲岑邦相邦佐自幼出繼武靖州爲知州前者徒以誅猛之故有司奏請安置於漳州然彼實無可革之罪今日田州之立無有宜於邦佐者但武靖當猺賊之衝而邦佐素得其民心其才足能制御邇者武靖之民以盜賊猖獗州民無主之故往往來告願得復還邦佐爲知州

以保障地方臣等方欲爲之上請如欲更一人諸夷未必肯服莫若仍以邦佐歸之武靖而立邦相於田州用其強立有能者於折衝捍禦之所而存其幼弱未立者於安守宗祀之區庶爲兩得其宜至於思恩則岑濬之後已絕自不必復有土官之設矣均乞　聖明裁處

一分設土官巡檢以散各夷之黨臣等議得土官知州既立若仍以各土目之兵盡屬於知州則其勢幷力衆驕恣易生數年之後必有報讎復怨吞弱暴寡之事則土官之患猶如故也且土目既屬於土官而操其生殺予奪之權則彼但惟土官之是從寧復知有流官知府者則流官知府雖欲行其控御節制之道施其綏懷撫恤之仁亦無因而與各土目者相接矣故臣等議以舊屬八甲割以立州之外其餘四十甲者每三甲或二甲立以爲一巡檢司而屬之流官知府每司立土巡檢一員以土目之素爲衆所信服者爲之而聽其各以土俗自治其始授以署巡檢司事土目三年之後而地方寧靖效有勤勞則授以冠帶六年之後而地方寧靖效有勤勞則授以爲土巡檢

其糧稅之入則徑納於流官知府而不必轉輸於州之土官以省其費其軍馬之出亦徑調於流官知府而不必轉發於州之土官以重其勞其官職土地各得以傳諸子孫則人人知自愛惜而不敢輕犯法其襲授予奪皆必經由於知府則人人知所依附而不敢輒攜貳勢分難合息朋奸濟虐之謀地小易制絕恃衆跋扈之患如此則土官既無羽翼爪牙之助而不敢縱肆於爲惡土目各有土地人民之保而不敢黨比以爲亂此今日巡檢之設所以異於昔日之土目而爲久安長治之策也至於思恩事體悉與田州無異亦宜割其目甲分立以爲土巡檢司聽其以土俗自治而屬之流官知府其辦納兵糧與連屬制御之道一如田州則流官之設既不失　朝廷之舊巡司之立又足以散土夷之黨而土俗之治復可以順遠人之情一舉而兩得矣均乞　聖明裁處

一田州既改流官亦宜更其府名初岑猛之將變忽有石自田州江心浮出傾臥岸側其時民間有田石傾田州兵田石平田州寧之謠猛甚惡之禁人

勿言密起百餘人夜平其石旦卽復傾如是者屢屢已而果有兵變今年二月盧蘇等既有投順歸視其石則已平矣皆共喜異傳以爲祥臣至田州親視其石聞士人之言如此民間多取田寧二字私擬其名臣等欲乞 朝廷遂以此意命之雖非大義所關亦足以新耳目而定人心之一端也其該府所設官員臣等擬於知府之外佐貳則同知或通判一員首領則經歷知事各一員吏胥略具而已今見在者已有通判張華知事林光甫照磨李世亨其知府亦已選有一員陳能然至今尚未到任臣嘗訪詢其故咸謂陳能原奉 朝旨陞廣西布政司右參政管田州府事又賜之 敕旨以重其權吏部奏有 欽依令其先赴該司到任然後往蒞田州該司左布政嚴紘謂其既掌府事卽係屬官不得於該司到任陳能遂竟還原籍至今亦不復來參照嚴紘妄自尊大但知立上司之體勢而輒敢慢視 敕旨蔑廢部移固已深爲可罪陳能則褊狹使氣徒欲申一己之小憤而遂爾委 朝命於草萊棄職任如敝屣使爲人臣者而皆若是則地方之責焉所寄託而 朝廷威

令何以復行乎臣等所訪如此但未委虛的乞將二人通行提究重加懲戒以警將來臣觀陳能氣性悻悻若此亦非可使以綏柔新附之民者看得廣東化州知州林寬舊任南康通判翦緝安義諸賊甚得調理且其才識通敏幹辦勤勵臣時巡撫江西深知其有可用近因田州改建府治修復城垣地方無官可任已經行文委令經理其事卽若陞以該府同知而使之久於其職其所建立必有可觀迨其累有成績遂擢以爲知府使終身其地彼亦欣然過望必且樂爲不倦爲益地方決知不少矣大抵田州之亂起於搜剔太甚今其歸附皆出誠心原非以兵力強取而得者故不必過爲振厲駕抑急其機防反足生變但與之休養生息略施控御其間可矣夫走狗逐兎而捕鼠以狸人之才器各有所宜也伏乞　聖明采擇

一思恩府設立流官亦宜如田州之數其知府一員吳期英見在但已屢有奔逃之辱難以復臨其下然未有可去之罪且宜改用於他所姑使之自效可矣看得柳州府同知桂鏊督餉賓州思恩之人聞其行事頗知信向近以

修復思恩府治委之經理其所謀猷雖未見有大過於人然皆平實詳審不為浮飾似於思恩之人為宜苟未能灼知超然卓異之才舉而用之以一新政化則得如鑿者器而使之姑且修弊補罅休勞息困以與久疲之民相安於無事當亦能有所濟也乞 敕吏部再加裁酌而改用之

一田州各甲今擬分設為九土巡檢司其思恩各城頭今擬分設為九土巡檢司各立土目之素為衆所信服者管之其連屬之制陞授之差俱已備有前議但各甲城頭既已分析若無人管理復恐或生弊端臣等遵照 敕諭便宜事理已先行牌仰各頭目暫且各照分掌管辦納兵糧候奏請 命下然後欽遵施行

一田州淩時甲完冠砦陶甲腮水源坤官位甲舊朔勒甲兼州子半甲共四甲半擬立為淩時土巡檢司擬以土目龍寄管之緣龍寄先來投順故分甲比衆獨多

一田州砦馬甲略羅博温甲共三甲擬立為砦馬土巡檢司擬以土目盧蘇

管之
一田州大田子甲那帶甲錦養甲共三甲擬立爲大田土巡檢司擬以土目
黃富管之
一田州萬洞甲周甲共二甲擬立爲萬洞土巡檢司擬以土目陸豹管之
一田州陽院右鄧甲控講水冊槐並畔甲共二甲擬立爲陽院土巡檢司擬
以土目林盛管之
一田州思郎那召甲舍甲共二甲擬立爲思郎土巡檢司擬以土目胡喜管
之
一田州累彩甲子軒憂甲篤忭下甲共三甲擬立爲累彩土巡檢司擬以土
目盧鳳管之
一田州怕何甲速甲共二甲擬爲怕何土巡檢司擬以土目羅玉管之
一田州武龍甲里定甲共二甲擬立爲武龍巡檢司擬以土目黃蔔管之
一田州栱甲白石甲共二甲擬立爲栱甲土巡檢司擬以土目邢相管之

一田州床甲砦例甲共二甲擬立爲床甲土巡檢司擬以土目盧保管之
一田州婪鳳甲工堯降甲共二甲擬立爲婪鳳土巡檢司擬以土目黃陳管之
一田州下隆甲周甲共二甲擬立爲下隆土巡檢司擬以土目黃對管之
一田州縣甲環甫蛙可甲共二甲擬立爲縣甲土巡檢司擬以土目羅寬管之
一田州篆甲煉甲共二甲擬立爲篆甲土巡檢司擬以土目王萊管之
一田州砦桑甲義寧江那半甲共一甲半擬立爲砦桑土巡檢司擬以土目戴德管之
一田州思幼東平夫棒甲盡甲子半甲共一甲半擬立爲思幼土巡檢司擬以土目楊趙管之
一田州侯周怡豐甲一甲擬立爲侯周土巡檢司擬以土目戴慶管之
一思恩興隆七城頭兼都陽十城頭擬立爲土巡檢司擬以土目韋貴管之

緣韋貴先來向官故授地比衆獨多
一思恩白山七城頭兼丹良十城頭擬立爲白山土巡檢司擬以土目王受
管之
一思恩定羅十二城頭擬立爲定羅土巡檢司擬以土目徐五管之
一思恩安定六城頭擬立爲安定土巡檢司擬以土目潘良管之
一思恩古零通感那學下半四堡四城頭擬立爲古零土巡檢司擬以土目
罩益管之
一思恩舊城十一城頭擬立舊城土巡檢司擬以土目黃石管之
一思恩那馬十六城頭擬立爲那馬土巡檢司擬以土目蘇關管之
一思恩下旺一城頭擬立爲下旺土巡檢司擬以土目韋文明管之
一思恩都陽中團一城頭擬立爲都陽土巡檢司擬以土目王留管之
右各目之內惟田州之龍寄思恩之韋貴徐五事體於各目不同而韋貴又
與徐五龍寄稍異蓋韋貴於事變之始卽來投順官府又嘗效有勤勞宜不

待三年而卽與之以實授土巡檢以旌其功徐五亦隨韋貴投順而效勞不及龍寄雖無功勞而投順在一年之前二人者宜次韋貴不待三年而卽與之以冠帶三年而卽與之以實授土巡檢如此則功罪之大小投順之先後皆有差等而勸懲之道著矣或又以盧蘇王受不當與各土目並立者臣等又以爲不然方其率衆爲亂則蘇受者固所謂罪之魁矣及其率衆來降則蘇受者又所謂功之首也況二府目民又皆素服二人今若立各土目而二人不與非但二人者未能帖然於衆目之下衆目固亦未敢安然而處其上非所以爲定亂息爭之道也故臣等仍議以盧蘇王受爲衆目之首庶幾事體穩帖而人心允服矣

一田州思恩各官目人等見監家屬男婦初擬解京今各目人等旣已投順則其家屬男婦相應給還領養均乞　聖明裁允

一田州新服用夏變夷宜有學校但瘡痍逃竄之餘尙無受廛之民焉有入學之士況齋膳廩餼俱無所出卽欲建學亦爲徒勞然風化之原終不可緩

臣等議欲於附近府州縣學教官之內令提學官選委一員暫領田州學事
聽各學生徒之願改田州府學及各處儒生之願來田州附籍入學者皆令
寄名其間所委教官時至其地相與講肄游息或於民間興起孝弟或倡遠
近舉行鄉約隨事開引漸爲之兆俟休養生息一二年後流移盡歸商旅湊
集民居已覺既庶財力漸有可爲則如學校及陰陽醫學之類典制之所宜
備者皆聽該府官以次舉行上請然後爲之設官定制如此則施爲有漸而
民不知擾似亦招徠填實之道鼓舞作新之機也均乞　聖明裁處
一思田去梧州水陸一月之程軍門隔遠難於控馭調度兼之府治雖立而
制未成流官雖設而職守未定且瘡痍未復人心憂惶須得重臣撫理臣
等已經具　題乞將右布政林富量陞憲職存留舊任副總兵張祐使之更
迭往來於二府地方綏緝經理仍乞　賜以便宜規敕書將南寧賓州等府
衛州縣及東蘭南丹泗城那地都康向武等土官衙門俱聽林富等節制臣
等所議地方經久事宜候奏請　命下之日悉以委之林富等使之欽遵以

次施行庶幾事無隳墮而功可責成矣

王文成公全書卷之十四

別錄七　奏疏

奏疏七

征勦稔惡猺賊疏　七年四月十五日

據留撫田州思恩等處地方廣西布政司右布政林富原任副總兵都指揮同知張祐等會呈前事開稱田州思恩平復居民悉已各安生理土夷亦皆各事農耕地方實已萬幸但惟八寨猺賊積年千百成徒流劫州縣鄉村殺害良民虜掠子女生口財物歲無虛月月無虛旬民遭荼毒寃苦屢經奏告乞要分兵勦滅者已不知幾百十番爲因地方多事若要進兵未免重爲民困是以官府隱忍撫諭冀其悔罪改過而彼乃悍然不顧愈加兇横出劫益頻蓋緣此賊有衆數萬盤據山谷憑恃險阻南通交阯等夷西接雲貴諸蠻東北與斷藤牛腸仙臺花相風門佛子及柳慶府江古田諸處猺賊回旋連絡延袤周遭二千餘里東掠西竄南摽北突近因思田擾攘各賊乘機出攻州縣鄉村遠近相煽幾

爲地方大變仰賴　朝廷威令傳播苟幸未動緣此猺賊之與居民勢不兩立
若猺賊不除則居民決無安生之理乞要乘此軍威速加征勦庶不貽患地方
緣由呈乞照詳施行等因據此行間隨據左江道守巡守備等官左參議汪必
東僉事吳天挺參將張經等會呈爲請兵征勦積年窮兇極惡猺賊以除民患
事開稱斷藤峽牛腸六寺磨刀等處猺賊上連八寨諸蠻下通白竹古陶羅鳳
仙臺花相風門佛子等峒各賊累年攻劫郡縣鄉村殺人放火虜掠子女財畜
民遭荼毒逃竄死亡拋棄田業居民日少村落日空延袤千百里內皆已變爲
盜賊之區各處被害軍民累奏請兵誅勦爲因地方多事兵力不敷官府隱忍
招撫期暫少息而各賊愈肆猖獗近因思田用兵遂與八寨及白竹古陶羅鳳
等賊乘勢朋比連結殺虜搶劫月無虛旬扇惑搖動將成大變仰賴　神武傳
播幸未舉發近幸思田之諸夷感慕　聖化悉已自縛歸降遠近向服各山猺
獞亦皆出來投撫請給告示願求自新從此不敢爲惡雖其誠僞未可逆料然
皆尚有畏懼之心獨此斷藤各巢逆賊自知罪在不赦恃險如故截路劫村略

無忌憚若不乘此軍威進兵勦滅將來禍患焉有紀極緣由會案呈詳到臣照得臣近因思田之役奉　命前來駐軍南寧府地方與八寨猺賊相去六日之程　朝廷德威宣布雖外國遠夷皆知震懾向慕輸情納款而此猺賊獨敢擁衆千百四出刼掠武緣等處鄉村殺人放火略無忌憚此臣所親知即此猖獗桀驁平時抑又可知及照牛腸六寺磨刀古竹古陶羅鳳仙臺花相風門佛子等巢稔惡各賊自弘治正德以來至於今日二三十年之間節該桂平等縣被害人戶李子太等前後控奏乞行勦除民害不下數十餘次皆有部咨行令勘議計勦若不及今討伐其爲地方之患終無底極誠有如各官所呈者況臣駐劄南寧小民紛然訴告請兵急救荼毒皆爲朝不謀夕各賊之惡委已數窮貫滿神怒人怨難復逋誅即欲會案奏請俟　命下之日行事切恐聲迹昭彰反致衝突奔竄則雖調十數萬之衆以一二年爲期亦未易平蕩了事照得臣節該欽奉　敕諭但遇賊寇生發即便相機可撫則撫可捕則捕欽此欽遵爲照思田變亂之時該前都御史等官姚鏌等奏調湖廣永保二司土兵前來南寧

等處聽用近幸地方悉已平靖各兵正在班師放回之際歸途所經正與各賊巢穴相去不遠況思田二府新附土目盧蘇王受等感激　朝廷生全之恩屢乞殺賊報效俱各遵奉　敕諭事理除一面量調官軍協同前項各兵行委左江道守巡參將等官監統永保二司宣慰官男領各頭目土兵人等分道進勦牛腸六寺仙臺花相等賊幷行留撫思田布政及右江分巡兵備守備等官監統思田土目兵夫分道進勦八寨等賊所獲功次俱仰該道分巡兵備官收解紀功御史紀驗造冊奏報及行總鎮太監張賜密切公同行事幷密行鎮巡等官知會外緣係征勦積年稔惡猺賊以除民患以安地方事理爲此具本題

知

舉能撫治疏　七年正月二十五日

案照先該禮部右侍郎方獻夫奏前事節奉　聖旨田州應否設都御史在彼住劄還着王守仁議處具奏定奪欽此兵部備咨前來知會隨欽遵外隨於今年正月二十七日該思恩田州二府土目盧蘇王受等各率衆數萬自縛歸降

該臣遵照　敕諭事理悉已撫定當遣廣東右布政林富舊任副總兵張祐分
投督領各夷各歸原土復業安生已經具本奏報外爲照思恩田州連年兵火
殺戮之餘官府民居悉已燒毁破蕩雖蔀屋尋丈之廬亦遭翻空發掘曾無完
土荒村僻塢不遺片瓦尺椽傷心慘目誠不忍見各夷近已誠心投服毁棄兵
戈賣刀買牛見已各事田作自後反側之患以臣料之或已可免但其風景淒
戚生意蕭條憂惶困苦之餘無以自存非得老成寬厚之人撫恤綏柔之臣等
見其悲慘無聊之狀誠亦未忍一旦棄去而不顧況思田去梧州軍門水路一
月之程一時照料有所不及近又與各官議欲於田州建立流官府治以制御
土官修復城池廨宇等項必須勞民動衆自非素得夷情者爲之經理區畫各
夷彫弊之餘豈復堪此騷屑況議設知府等官皆未曾到一應事務莫有任其
責者該臣看得右布政林富慈祥愷悌識達行堅素立信義見在思田地方安
插各夷皆能得其歡心合無准如方獻夫所奏將林富量陞憲職仍聽臣等節
制暫於思田地方往來住劄撫循緝理其於事理亦甚相應俟一二年後各夷

生理漸復府治城郭廨宇漸已完備則將林富量移別處任用而思田止存知
府理治或設兵備官一員於賓州住劄或就以南寧兵備兼理不時往來撫循
如此則目前既可以得撫定綏柔之益而日後又可以免困頓勞煩之擾已經
具本於本年二月十五日差舍人湯祥賫奏請　旨續爲處置平復地方以圖
久安長治事節該臣看得思恩田州二府地方府治雖立而規制未成流官雖
設而職守未定且瘡痍未服人心憂惶乞將右布政林富量陞憲職及存留舊
任副總兵張祐使之更迭往來於二府地方綏緝經理仍乞賜以便宜　敕書
將南寧賓州等府衛州縣及東蘭南丹泗城那地都康向武等土官衙門俱聽
林富等節制臣等所議地方經久事宜候奏請　命下之日悉以委之林富等
使之欽遵以次施行庶幾事無曠惰而功可責成又經條陳具本於本年四月
初六日差承差楊宗賫奏請　旨俱未奉明示本年五月二十二日本官已蒙
欽陞都察院右副都御史撫治湖廣鄖陽等處地方去訖所有思田二府撫
循緝理官員尚未奉有　成命如蒙　皇上軫念邊方俯從臣等所請乞於兩

廣及鄰省附近地方各官內選用庶可令其作速到任不致久曠職業臣本昧於知人不敢泛然僭舉切照廣東右布政使王大用湖廣按察使周期雍皆才識過人可以任重致遠臣往年巡撫南贛二臣皆在屬司爲兵備僉事與之周旋兵革之閒知其皆肯實心幹事江西未叛一年之前臣嘗與周期雍密論宸濠之惡不可不爲之備期雍歸去汀漳卽爲養兵蓄銳以待及臣遇變豐城傳檄各省獨期雍與布政席書聞變卽發當是時四方援兵皆莫敢動迄宸濠就擒竟無一人至者獨席書行至中途復受臣檄歸調海滄打手又行至中途聞事平而止其先後引領至江西省城者惟周期雍王大用兩人而已當時以捷奏既上隨復讒言朋與各臣之忠勤遂不及一白臣爲之每懷歉然卽是而觀其能竭忠赴義不肯上負 國家亦可知矣乞 敕吏部酌臣所議於二臣之內選用其一非惟地方付託得人永有所賴而臣等亦可以免於身後之戮地方幸甚

邊方缺官薦才贊理疏 七年七月初六日

邇者思恩田州之變諸夷感慕　聖化悔罪求生已蒙浩蕩之仁宥納而撫全之地方亦既寧定矣但凋弊之餘必須得人以時綏緝況兩府設立流官衙門及修築城池營堡等項百務並舉若無專官夙夜經理催督則事無統紀功難責成已經臣等具題乞將右布政林富等陞職留撫隨蒙將林富陞任去訖又經臣等仍乞推選相應官員替任俱未奉　明旨臣看得今歲例當朝　覲各該掌印官員不久皆將赴京而廣西布按二司等官適多遷轉去任者右布政林富陞鄖陽副都御史參政黃芳陞江西布政副使李如圭陞陝西按察使參政龍誥參議汪必東僉事吳天挺等督押湖兵出境往復之間卽須半年參議鄒輗僉事申惠皆賫捧表箋進京其餘雖有一二新任官員皆未到任止存左布政嚴紘按察使錢宏各掌司印僉事張邦信分巡桂林李傑分巡蒼梧而臣在南寧思田等處輿疾往來調度再無一官隨從贊理者近日止有兵備副使翁素來管右江道事緣其才性乃慈祥愷悌之人用之中土分理司事足爲循良而置之邊方瘴癘多事之鄉則其稟質稍弱不耐崎險易生疾病似於風土

亦非所宜臣看得爲民副使陳槐平生奮志忠節才旣有爲而又能不避艱險
致仕知府朱袞年力壯健才識通敏去任副使施儒學明氣充忠信果斷閑住
副使楊必進曉練軍務識達事機此四人者皆堪右江兵備之任施儒舊爲兵
備於潮惠楊必進舊爲兵備於府江皆嘗著有成績兩地夷民至今思念不忘
若於四人之中選用其一其餘地方之事必有所濟及照田州新附之地知府
陳能尙未到任該臣看得化州知州林寬舊在江西知其才能足充任使已經
具奏行委見在該府管事但其稟質乃亦不禁炎瘴於風土非宜莅事以來終
月臥病呻吟床席軀命且不能保又何能經理地方之事乎臣又訪得潮州府
推官李喬木者才力足以有爲而又熟知土俗夷情服於水土但係梧州籍貫
稍有鄉里之嫌臣看得廣西軍衞有司衙門所屬官員及各學教職亦皆多用
本省士人今田州雖設流官知府而其所屬乃皆土夷自無鄉里之嫌可避亦
與各教職無異者乞　勅吏部改用林寬於別地俯採臣議將李喬木改陞田
州同知庶可使之久於其任以責成功則地方之幸臣之幸也臣惟任賢圖治

得人實難其在邊夷絶域反覆多事之地則其難尤甚何者反覆邊夷之地非得忠實勇果通達坦易之才固未易以定其亂有其才矣使不諳其土俗而悉其情性或過剛使氣率意徑行則亦未易以得其心得其心矣使不耐其水土而多生疾病亦不能以久居於其地以收積累之效而成可厎之績故用人於邊方必兼是三者而後可即如右江一兵備此臣之所最切心者臣竊爲吏部私計其人終夜不寢而思之竟未見有快心如意者蓋兼是三者而求之也如前所舉四人者固皆可用之才今乃皆爲時例所拘棄置不用而更勞心遠索則亦過矣臣近於南寧思田諸處因無可用之才調取其發身科第以遷謫而至者三四人其志向才識果自不羣足可任用但到未旬日而輒以患病告歸皆相繼狼狽扶攜而去矣不得已就其見在者而使之則皆庸劣陋下素不可齒於士類者然無可柰何則略其全體之惡而用其一肢之能旣其終事所就不能以尺寸而破壞則尋丈矣用是觀之亦何怪乎斯土之民愈困亂愈積而禍日以深也哉是固相沿積習之弊不及今一洗而改革之邊患未見其能有

謬也夫今之以朝覲考察而去者固多貪暴不才之人矣其閒乃有雖無過人之才而亦無顯著之惡尙在可用不可用之閒者皆未暇論至其平生磊落自負卓然思有所建立而其學識才能果足以有爲者乃爲一時愛憎毀譽之所亂亦遂忞然就抑而去斯固天下之所共爲不平公論彌彰者孰得而終掩之

陛下何不使在位大臣一時各舉十餘人之可用者　陛下合而考之若一人舉之而九人不舉未可也三人舉之而七人不舉已在所察矣五人舉之而五人不舉其察又宜詳矣或七人八人舉之而一二人不舉則其人之可用亦斷在不疑者矣若此者亦在朝覲二次三次之後或七年或十年而後一舉夫身退十年之後則是非已明公論已定雖有黨比自不能容今邊方絕域無可用之人至取其庸劣陋下者而使之以滋益地方之苦弊其豪傑可用之才乃爲時例所拘棄置而不用夫所謂時例者固　朝廷爲之也可拘而拘不可拘而不拘無不可者　陛下何忍一方之禍患日深月積乃惜破例而用一人以救之乎夫考察而去者果皆貪惡庸陋之徒則固營營苟苟無時而不僥倖以

求進若磊落自負有過人之見者則雖屈抑而退自放於山水田野之間亦足以自樂今若用之於邊夷困弊之地殆亦未必其所欲但爲　朝廷愛惜人才則當此　宵旰側席遑遑求賢之日而使有用之才廢棄終身乃不得已至取其庸劣陋下者而用之以益民困豈不大可惜乎臣因地方缺人心切其事不覺其言之煩瀆伏望　陛下恕其愚妄下臣議於吏部採擇而去取之臣不勝瀆冒恐懼之至

八寨斷藤峽捷音疏 七年七月初十日

據湖廣按察司分巡上湖南道監軍僉事汪溱廣西按察司分巡左江道監軍僉事吳天挺分巡右江道監軍副使翁素等會呈節據廣西領哨潯州衛指揮馬文瑞王勳唐宏卞琚張縉千戶劉宗本永順統兵宣慰彭明輔官男彭宗舜保靖統兵宣慰彭九霄及辰州等衛部押指揮彭飛張恩等各呈前事職等遵奉統領各該軍兵依期於本年四月初二日密到龍村埠登岸當蒙統督參將張經都指揮謝珮督同宣慰彭明輔分布官男彭宗舜頭目彭明弼彭杰領土

兵一千六百名隨同領哨指揮馬文瑞頭目向永壽嚴謹領土兵一千二百名隨同領哨指揮王勳又督同宣慰彭九霄等分布官男彭藎臣下報效頭目彭志明領土兵六百名隨同領哨指揮唐宏頭目彭九臯領土兵六百名隨同領哨指揮卞琚頭目彭輔領土兵六百名隨同領哨指揮張縉頭目賈英領土兵六百名隨同領哨千戶劉宗本并各哨官員領潯州等衛所及武靖州漢土官兵鄉導人等共一千餘名永順進勦牛腸保靖進勦六寺等賊巢刻定初三日寅時一齊抵巢各賊先防湖兵經過各將家屬生畜驅入巢後大山潛伏賊首胡緣二等各率徒黨團結防拒然訪知本院住札南寧寂無征勦消息又不見調兵集糧而湖兵之歸又皆偃旗息鼓略無警備遂皆怠弛不以爲意至是突遇官兵四面攻圍各賊倉惶失措然猶恃其驍悍蜂擁來敵當有彭明輔彭九霄彭宗舜并頭目田大有彭輔等督率目兵奮不顧身衝突矢石敵殺數合賊鋒摧敗當陣生擒斬獲首賊并次從賊徒賊級六十九名顆俘獲男婦及奪回被虜人口牛隻器械等項數多餘賊退敗復據仙女大山憑險結寨各兵追圍

攀木緣崖設策仰攻至初四日復破賊寨當陣生擒斬獲首賊并次從賊徒賊級六十二名顆初五日復攻破油確石壁大陂等巢生擒斬獲首賊及次從賊徒賊級七十九名顆俘獲男婦牛隻器械等項數多餘賊奔至斷藤峽橫石江邊因追兵緊急爭渡覆溺死者約有六百餘徒官兵復從後奮勇追殺當陣生擒獲斬首賊及次從賊徒賊級六十五名顆俘獲男婦牛畜器械等項數多各賊間有一二漏網亦皆奔竄他境官兵追殺至於本月初十日遍搜山峒無遺稟蒙收兵回至潯州府住劄聽隨蒙本院密切牌諭復令職等移兵進勦仙臺等賊就於本月十一日乘夜仍前分布各哨官兵遵照牌內方略永順於盤石大黃江登岸進勦仙臺花相等處保靖於烏江口冉竹埠登岸進勦白竹古陶羅鳳等處刻定於十三日寅時一齊抵巢各賊聞知牛腸等巢破滅方懷疑懼謀欲據險自固賊首黃公豹廖公田等各率徒黨沿途設伏埋簽合勢出拒官兵驟進翕如風雨各賊雖已奪氣然猶舍死衝敵比之牛腸等賊兇惡尤甚各該官兵奮勇夾擊爭先陷陣生擒斬獲首賊及次從賊徒賊級四百九十名顆

俘獲賊屬男婦牛畜器械等項數多各賊奔入永安邊界地名立山恃險結寨當蒙摘調指揮王良輔幷目兵彭愷等於本月二十四日亦各分路並進奮勇爭先四面仰攻賊乃敗散當陣生擒斬獲首賊及次從賊徒賊級一百七十二名顆俘獲男婦牛畜器械數多餘賊遠竄追殺無遺又據把截邀擊參將沈希儀解報擒斬首從賊徒賊級八十六名顆把截頭目鄧宗七撫猺老人陳嘉猷旗軍洪狗驢等及貴縣典史蘇桂芳把隘指揮孫龍官舍覃鋙潯州府捕盜通判徐俊平南知縣劉喬等亦各呈解擒斬首從賊徒賊級八十一名顆俘獲男婦器械等項數多又該督兵右布政林富舊任副總兵張祐等遵奉本院方略分督田州府報效頭目盧蘇等目兵及官軍人等三千名思恩府報效頭目王受等目兵及官軍人等二千名韋貴等目兵及官軍鄉款人等一千一百名照依分定哨道進勦八寨稔惡猺賊刻期於本年四月二十三日卯時一齊抵巢先於二十二日晚於新墟地方集各土目人等申布本院密授方略乘夜啣枚速進所過村寨寂然不知有兵黎明各抵賊寨遂突破石門天險我兵盡入賊

方驚覺皆以爲兵從天降震駭潰竄莫知所爲我兵乘勝追斬各賊且奔且戰薄午四遠各寨驍賊聚衆二千餘徒各執長標毒弩并勢呼擁來拒極其猛悍我兵鼓譟奮擊而前聲震巖谷無不一當十賊既失險奪氣而我兵愈戰益奮賊不能支遂大奔潰當陣生擒斬獲首賊及次從賊徒賊級二百九十一名顆俘獲男婦畜產器械數多賊皆分陣聚黨奔入極高大山據險立寨我兵亦分道追躡圍勦然巖壁峻絶我兵自下仰攻戰勢不便賊從巔崖發石滾木多爲所傷於是多方設策夜發精銳掩其不備二十四日我兵復攻破古蓬等寨生擒斬獲首賊及次從賊徒賊級共一百三名顆俘獲數多二十八日復攻破周安等寨生擒斬獲首賊及次從賊徒賊級共一百四十六名顆俘獲數多五月初一日復攻破古鉢等寨生擒斬獲首從賊徒賊級一百二十七名顆俘獲數多初十日復攻破都者峒等寨斬獲首從賊徒賊級一百四名顆俘獲數多本月十二等日復據參將沈希儀解到督領指揮孫繼武等官軍及還江土目兵夫人等於高徑洛春大潘等處追勦邀擊各寨奔賊斬獲首從賊徒賊級九十

八名顆都指揮高崧解到督領指揮程萬全等官軍及土目兵夫人等於思盧
北山等處搜勦截捕各寨奔賊斬獲首從賊徒賊級九十一名顆又據同知桂
鏊監督思恩土目韋貴徐五等目兵分勦銅盆等寨斬獲首從賊徒賊級一百
九十二名顆俘獲數多又據通判陳志敬督領武緣應虛等處鄉兵搜勦大鳴
等山奔賊斬獲首從賊徒賊級八十六名顆又於本月十七等日盧蘇王受等
復攻破黃田等寨斬首從賊徒賊級三百六十二名顆俘獲數多六月初七等
日復攻破鐵坑等寨斬獲首從賊徒賊級二百五十三名顆俘獲數多又據指
揮康壽松千爨王俊等督領官兵於綠茅等處把隘搜截斬獲首從賊徒賊級
四十八名顆各賊始雖敗潰然猶或散或合至是見其渠魁驍悍悉就擒斬遂
各深逃遠竄其稍有強力者尚一千餘徒將奔往柳慶諸處賊巢我兵四路夾
追及之於橫水江各賊皆已入舟離岸兵不能及然賊衆船小皆層疊而載舟
不可運復因爭渡自相格鬬適遇颶風大作各船盡覆浮迫登岸得不死者僅
二十餘徒而已我兵既無舟渡又風雨益甚遂各歸營既晴我兵仍分路入山

搜勦各賊茫無蹤跡又復深入見崖谷之間顛墮而死者不可勝計臭惡薰蒸不可復前遠近叢峒之中林木之下堆疊死者男婦老少大約且四千有餘蓋各賊皆倉卒奔逃不曾賫有禾米大雨之中飢餓經旬而旣晴之後烈日焚炙瘴毒蒸熾又且半月有餘故皆糜爛而死八寨之賊畧已蕩盡雖有脫網亦不能滿數十餘徒矣本院議於八寨之中據其要害移設衛所以控制諸蠻復於三里設縣以迭相引帶親臨相視思恩府基景定衛縣規則其時暑毒日甚山溪水漲皆惡流臭穢飲者皆成疫痢本院因見各賊旣已掃蕩而我兵又多疾疫死亡乃遂班師而出照得各職於本年三月二十三等日先奉本院鈞牌據左江道守巡守備等官呈稱斷藤峽等處猺賊上連八寨下通仙臺花相等峒累年攻刦郡縣鄉村被害軍民累奏請兵誅勦乞要乘此兵威勦滅等因行仰各職監統各該官兵進勦各賊諭令未至信地三日之前停軍中途候約參將張經與同守巡各官集議先將進兵道路之險夷遠近各巢賊徒之多寡強弱及所過良民村分之經由往復面同各鄉導人等逐一備細講究明白務要彼

此習熟若出一人然後刻定日時偃旗息鼓寂若無人密至信地乘夜速發務使迅雷不及掩耳將各稔惡賊魁盡數擒勦以除民害以靖地方除臨陣斬獲外其餘脅從老弱一切皆可宥免今玆之舉惟以定亂安民爲事不以多獲首級爲功各官務要仰體　朝廷憂憫困窮之心俯念地方久罹荼毒之苦仍要禁約軍兵人等所過良民村分毋得侵擾一草一木有犯令者當依軍法斬首示衆各官既有地方責任兼復素懷忠義當茲委任務竭心力以祛患安民事完之日通將獲過功次開報紀功御史紀驗以憑奏報奉此各職會同參議汪必東僉事汪溱吳天挺參將張經都指揮謝珮遵照軍門成算分布各哨官兵申明紀律嚴督依期進勦前項各賊巢穴獲功解報間隨準參將張經手本密奉本院鈞牌仰候牛腸事畢即便移兵進勦古陶諸賊就使各賊先已聞風逃遁亦須整兵深入掃其巢穴以宣聲罪致討之威若其遂能悔罪效順亦宜姑與招安如其仍前憑險縱恣兩征不已至於三三征不已至於四務在殄滅以絕禍根各官就彼分定哨道承順進勦仙臺諸處保靖進勦白竹諸處各分鄉

導人等引路進兵務在計慮周悉相機而行各毋偏執己見致有誤事彼中事
勢參將張經久於其地必能知悉仍要本官勇當力任斷決而行不得含糊兩
可終難辭責又經遵照方略依期進勦獲功解報間又於四月初五等日各職
先奉本院密切鈞牌據右布政林富副總兵張祐等呈稱八寨猺賊毒害萬民
千百里內塗炭已極乞要乘此軍威急除一方大患等因本院看得八寨之賊
既極驍猛而石門天險自來兵不能入此可以計取未易以兵力圖者邇者思
田既附湖兵尚留彼賊心懷疑懼必已設有備禦今各州狼兵悉已罷散而思
田新附之民方各歸事農耕湖兵又已撤回彼必以我為無復有意於彼是以
近日稍稍復出剽掠是殆以此探望官府舉動今我若罔聞知且聽其出沒彼
亦放縱懈弛謂我不復能為此正天亡之時機不可失前者思田各目感激
朝廷再生之恩求欲立功報效當時許其休息三月然後調用今已及期仰右
布政林富副總兵張祐照牌事理即便分投密切起調各目兵夫迂路前到南
寧面聽約束行事各職遵奉起調行至新墟地方又密奉進兵方略刻定日期

當即遵奉連夜分哨速進遂克攻破巢穴連戰皆捷斬獲功次解報閑職等各

蒙巡按廣西監察御史石金案驗爲紀獲功次事案行該道各不妨監督如遇

參將張經舊任副總兵張祐等官各解到擒斬賊人賊級并俘獲賊屬男婦牛

馬俱要就彼審驗真的事完通查獲功員役分別首從功次多寡緣由造冊賫

報以憑覆審奏報等因除遵奉外今據進勦斷藤峽谷各哨土目官兵解到生

擒斬獲首從賊徒賊級一千一百四名顆俘獲賊屬五百六十八名口進勦八

寨各哨土目官兵解到生擒斬獲首從賊徒賊級一千九百一名顆俘獲賊屬

五百八十七名口兩處共計擒斬獲三千五名顆俘獲賊屬一千一百五十五

名口除遵照案驗事理再行驗實造冊另報外其各哨解到生擒斬獲俘獲等

項功次數目合先開報職等會同參照斷藤峽諸賊連絡數十餘巢盤亙三百

餘里彼此犄角結聚憑險稔惡流劫郡縣鄉村自　國初以來屢征不服至天

順年間該都御史韓雍統兵二十餘萬來平兩廣然後破其巢穴兵退未久各

賊復攻陷潯州據城大亂後復合兵攻勦兼行招撫然後退還巢穴自是而後

官府曲加撫處或時暫有數月之安而稍不如意輒復猖獗殺掠愈毒蓋其祖父以來狠戾相承兇惡成性不可改化近年以來官府勦撫之計益窮各賊殘毒之害日甚蓋已至於不可支持矣至於八寨諸賊尤爲兇悍猛惡利鏢毒弩莫當其鋒且其寨壁天險進兵無路自　國初韓都督嘗以數萬之衆圍困其地亦不能破竟從招撫其後屢次合勦一無所獲反多撓喪惟成化年間土官岑瑛素能懾服諸猺嘗合各州狠兵一入其巢穴斬獲二百餘級已而賊勢大湧力不能支當遂退兵亦以招安而罷自是而後莫可誰何流劫遠近歲無虛月民遭荼毒寃苦無所控籲自思田多事兩地之賊相連煽動將有不可明言之變千里之間方爾洶洶朝夕今幸　朝廷威德宣揚軍門方略密授因湖廣之回兵而利導其順便之勢作思田之新附而善用其報效之機翕若雷霆疾如風雨事舉而遠近不知有兵興之役敵破而士卒莫測其舉動之端兩地進兵各不滿八千之衆而三月報績共已踰三千之功蓋其勞費未及大征十之一而其斬獲加於大征三之二遠近室家相慶道路懽騰皆以爲數十年來未

見其斯舉也職等承乏任使雖衝冒炎毒攀援險阻不敢不竭力效命但僅遵奉方略安能仰贊一籌照得宣慰彭明輔彭九霄官男彭宗舜等扶病冒暑督兵勦賊顛頓崖谷仆而益奮遂能掃蕩巢穴殄滅渠黨即其忠義激發誠亦人所難能其思田報效頭目盧蘇王受等感激再生之　恩共竭效死之報自備資糧爭先首敵遂破賊險搗自昔不到之巢斬自來難敵之寇蓋有仰攻險寨墮崖而碎首者猶曰我死不憾亦有仰受賊弩掛樹而裂肢者猶曰我死甘心民間傳誦以爲盧蘇王受昔未招撫惟恐其爲地方之患今既招撫乃復爲地方除患嘖嘖稱嘆謂其竭忠報德之誠雖子弟之於父兄亦不能是過矣再照督兵督哨防截給餉等項凡有事於軍前各官雖其職有崇卑功有大小然皆衝冒矢石炎瘴備歷險阻艱難比之往來大征合圍守困坐待成功其爲利害勞逸相去倍蓰均乞錄奏以勸將來等因到臣照得先該各官呈稱前項各巢各賊積年窮兇稔惡千百里內被其慘毒萬姓寃苦朝不保夕乞要乘此軍威急救一方塗炭等因其時臣方駐劄南寧目覩其害誠不忍坐視斯民之苦一

至此極及查兵部屢次咨來題奉　欽依事理要將前項各賊即行發兵計勦以除民患正亦臣等職所當盡之責但慮賊衆勢大連絡千里可以計破難以力攻欲俟再行奏請　命下然後舉行必致形迹昭聞雖用十萬之師圖以歲年亦未可克故遂仰遵欽奉　敕諭但有賊盜生發當撫則撫可勦則勦及便宜行事事理一面密切相機行事及密行總鎮太監張賜知會隨該鎮守兩廣豐城侯李旻亦相繼到任又經轉行知會外今據各呈前因該臣會同總鎮太監張賜總兵李旻及鎮巡三司等官看得八寨斷藤牛腸六寺磨刀古陶白竹羅鳳龍尾仙臺花相等賊巢穴連絡盤據千百餘里兇悍驍猛酷虐萬姓流毒一方自來征勦所不能克果已貫盈罪極神怒人怨委有如各官所呈者是誠兩廣盜賊之淵藪根抵此而不去兩廣盜賊終未有衰息之漸也乃今於三月之內止因湖廣便道之歸師及用思田報效之新附兩地進兵不滿八千而斬獲三千有奇巢穴掃蕩一洗萬民之寃以除百年之患此豈臣等知謀才略之所能及皆是　皇上除患救民之誠心默贊於天地鬼神而神武不殺之威任

人不疑之斷震懾遠邇感動上下且廟廊諸臣咸能推誠舉任公同協贊惟
國是謀與人爲善故臣等得以展布四體無復顧慮信其力之所能爲竭其心
之所可盡動無不宜舉無弗振諸將用命軍士效力以克致此雖未足爲可稱
之功而　朝廷之上所以能使臣等獲成是功者實可以爲後世行事之法矣
不然則兵耗財竭凋弊困苦之餘僅僅自守尚恐未克而況敢望此意外之事
哉照得宣慰彭明輔彭九霄官男彭宗舜等皆衝犯暑毒身親陷陣事竣之後
狼狽扶病而歸生死皆未可必其官男彭藎臣者亦遣家丁遠來報效兩年之
閱顛頓道途疾疫死亡誠有人情所不能堪者而彭明輔等忠義奮發略無悔
怠卽其一念報　國之誠殊有所不可泯者至於恩田報效頭目盧蘇王受等
感激　朝廷再生之恩自備資糧力辭軍餉實能舍死破敵爭先陷陣惟恐功
效不立無以自白其本心譬子弟之於父兄亦不過是誠非虛言此皆臣所親
見者也及照留撫思田右布政林富已陞都御史之擢而忠義激發猶且不計
體面必欲督兵入巢破賊而後出是尤人所難能舊任副總兵張祐參將張經

沈希儀湖廣督兵僉事汪溱廣西督兵僉事吳天挺參議汪必東副使汪素湖
廣督兵都指揮謝珮廣西都指揮高崧及各督哨督押指揮等官馬文瑞王勳
唐宏卞珺張縉彭飛張恩周徹宗趙璇林節劉鏜武鑾千戶劉宗本等督勦縣
丞林應聰主簿季本并防截搜捕調度給餉等項官員知府程雲鵬蔣山卿同
知桂鏊史立誠舒柏通判陳志敬徐俊知州林寬李東諭召知縣劉喬縣丞杜
桐蕭尚賢經歷周奎等雖其才猷功績各有大小等級之殊而利害勤苦亦有
緩急久暫之異然當茲炎毒暑雨之中瘴疫薰蒸經冒鋒鏑之場出入崎險之
地固皆同效捍患勤事之績均有百死一生之危者也伏望　皇上明昭軍旅
之政既行廟堂協贊舉任之上賞亦錄諸臣分職供事之微勞及將宣慰彭明
輔等特加陞獎官男彭宗舜彭藎臣免其赴京就彼襲替以旌其報　國之義
土目盧蘇王受等亦曲賜　恩典或不待三年而遂錫之冠帶以勵其報效之
忠如此庶幾功無不賞而益與忠義之心賞當其功而自息僥倖之望矣臣以
懦劣迂疏繆蒙不世之　知遇授以軍旅重任言無不錄計無不行且又慰以

温旨使之不必顧忌臣伏讀感泣自誓此生鞠躬盡死以報　深恩今茲之役本無足言然亦自幸苟無覆敗以免戮辱但恨身嬰危疾自後任勞頗難已具本告回養病乞　賜俯允俾得全復餘生尚有圖報之日臣不勝願望

處置八寨斷藤峽以圖永安疏　嘉靖七年七月十二日

照得臣於去歲奉　命勦處思田兩府皆蒙　皇上天地好生之仁悉從寬宥兩府人民今皆復業安居化為無事寧靖之地自此可以永無反覆之患而免於防守屯息之勞矣惟是八寨及斷藤峽諸賊積年痛毒生民千百里內塗炭已極臣既目覩其害不忍坐視而不救遂遵奉　敕諭事理乘機舉兵征勦仰賴　神武威德幸已翦滅蕩平一方倒懸之苦略已為之一解但將來之患不可以不預防而事機之會亦不可以輕失臣因督兵親歷諸巢見其形勢要害各有宜改立衛所開設縣治以斷其脈絡而扼其咽喉者若失今不為則數年之間賊以漸復歸聚生息不過十年又有地方之患矣臣以多病之故自度精神力量斷已不能了此但已心知其事勢不得不然不敢仰負　陛下之託俯

貽地方之憂輒已遵奉　敕諭便宜事理一面相度舉行不避煩瀆之誅開陳

上請乞　賜採擇施行實地方之幸臣等之幸

計開

一移築南丹衛城於八寨臣等看得八寨之賊實爲柳慶諸賊之根抵蓋其東連柳州朧蛤三都嶺三北四等處賊峒以數十北連慶遠忻城東歐莫往八仙等處賊峒亦以數十西連東蘭等州及夷江土者等處賊峒以十數南接思恩及賓州上林縣諸處賊村亦以十數各處賊巢雖多其小者僅百數人大者不過數百人及千人而止各賊巢穴皆有山谿之限險阨之守不相通和至期有急或欲有所攻劫糾合會聚然後有一二千之衆多至數千者惟八寨之賊每寨有衆千餘四山環合同據一險無事則分路出劫有警急奔入其巢數千之衆皆不糾而聚不約而同不謀而合故名雖爲八實則一寨此八寨之賊所以勢衆力大而自來攻之有不能克者也各巢之賊皆倚恃八寨爲逋逃主每有緩急一投八寨即無所致其窮詰八寨爲之一呼則

羣賊皆應聲而聚故羣賊之於八寨猶車輪之有軸樹木之有本若八寨不除則羣賊決無衰息之期也今幸八寨悉已破蕩正宜乘此平靖之時據其要害建置衛所以控馭羣賊臣等看得周安堡正當八寨之中四方賊巢道路之所會議於其地創築一城度可以居數千之衆者而移設南丹一衛於其閒蓋南丹衛舊在南丹州地方爲廣西極邊窮苦之地非中土之人所可居者故自先年屢求內徙今已三遷而至賓州遂爲中土富樂之鄉賓州既有守禦千戶一所官軍而又益以南丹一衛自遠來徙無片田尺土之籍但惟安居坐食取給於賓州州城之內皆職官旗舍之居州民反避處於四遠村寨每遇糧差徭役然後入城故州官號令不行於城中而政事牽沮地方益弊今計一衛之官軍雖不滿五百之數蓋盡移其家衆則亦不下二千以二千之衆而屯聚於一城其氣勢亦已漸盛足充守禦遂清理屯田之在八寨者使之屯種又分撥各賊占據之田使各官軍得以爲業以稍省俸給月糧之費彼亦無不樂從且賓州之城既空又可以還聚居民修復有司之治

亦事之兩便者也臣等又看得遷江八所皆土官指揮千百戶等職舊有狼
兵數千以分制八寨猺賊之勢後因賊勢日盛各官皆不敢復入反遂與之
交通結契及爲之居停指引分其劫掠之所得共爲地方之害已非一日官
府察知其奸欲加懲究則又倚賊爲重不可根極近臣督兵其地悉將各官
遵照　敕諭事理綁赴軍門議欲斬首示衆以警遠近而各官哀求免死願
得殺賊立功自贖然其時賊勢已平遂許其各率土兵入屯八寨就與該衛
官軍分工效力助築城垣待城完之日就與城外別築營堡與南丹衛官軍
犄角而守亦各分撥賊田使之耕種以資衣糧今八所土兵雖已比舊衰耗
然亦尚有四千餘衆若留其微弱者四所於外以分屯其所遺之田而調其
強盛者四所於內合南丹一衛之衆以守亦且四千有餘隱然足爲柳慶之
間一巨鎮矣此鎮一立則各賊之脈絡斷咽喉絕自將沮喪震懾其勢莫敢
輕動稍有反側者據險出兵而撲之夕發而旦至各賊之交自不能合如取
機上之肉下筯無弗得者此真破車輪之軸而諸輻自解伐樹木之本而衆

幹自枯不過十年柳慶諸賊不必征勦皆將效順而服化矣伏乞聖明裁

允

一改築思恩府城於荒田臣等看得思恩舊治原在寨城山內尙歷高山數十餘里其後土官岑濬始移出地名喬利就巖險壘石爲城而居四面皆斬山絕壁府治亦在礫确之上芒利硌砑之石衝射牴觸如處戈矛劍戟之中自岑濬被誅繼是二十餘年反者數起曾不能有一歲之安人皆以爲風氣所使雖未可盡信然頑石之上不生嘉禾而陰崖之下必有狐鼠要亦事理之有然者況其地瘴霧昏塞薄午始開中土之人來居輒生疾疫自春初思田歸附之後臣時卽已經營料理其事竟未能有相應之地近因督勦八寨復親往相度乃於未至橋利六十里外地名荒田者其地四野寬衍皆膏腴之田而後山起伏蜿蜒數爲平原環抱涵蓄兩水夾繞後山而出合流於前屈曲數十里入武緣江水達於南寧四面山勢重疊盤迴皆軒豁秀麗眞可以建立府治臣因信宿其地爲之景定方向創設規則諸夷來集莫不踴躍

歡喜爭先趨事赴工遂令署府事同知桂鏊督令各役擇日興工蓋思恩舊治皆在萬山之中水道不通故各夷所須魚鹽諸貨類皆遠出展轉鬻買往反旬月十不致一常多匱絕舊府既地險氣惡又無所資食故各夷終歲不一至府治情益疏離易生嫌隙今府治既通江水商貨自集諸夷所須皆仰給於府朝夕絡繹自然日加親附歸向而武緣都里舊嘗割屬思恩者其始多因路險地隔不供糧差今荒田就係武緣止戈鄉一圖二圖之地四望平野坦然大道朝往夕反無復阻隔則該府之官自可因城頭巡檢之制循土俗以順各夷之情又可開圖立里用漢法以治武緣之衆夷夏交和公私兩便則改築思恩府城於荒田者是亦保治安民勢不容已之事伏乞 聖明

裁允

一改鳳化縣治於三里臣等勘得思恩舊有鳳化一縣然無城郭縣治廨宇選來知縣等官多借居民村或寄其家眷於賓州諸處而遷徙無常如流寓者然上司憐其無所依泊則委之管理別印或以公務差遣往來於外以苟

歲月故鳳化之在思恩徒寄虛名而實無縣治臣近督勦八寨看得上林縣地名三里者乃在八寨之間其地平廣博衍東西數里外石山周圍如城自厚極高石山之間獨抽土山一脈起頓昂伏分為兩股環抱而前遂有兩水夾流土山之外當心交合出水之口石山十餘重錯互回盤轉折二三十里極外石山合為城門水從此出是為外隘其間多良田茂林村落相望前此居民十餘家皆極饒富後為寨賊所驅殺占據遂各四散逃亡不敢歸視其土者已二十餘年今各賊既滅遂空其地不及今創設縣治以據其險或有漏殄之賊潛回其間日漸生息結聚後阻石門之險前守外隘之塞不過數年又將漸為地方之梗矣故臣以為宜割上林上下無虞鄉三里之地屬之思恩而移設鳳化縣治於其內量為築立城垣廨宇選委才能之官與督其役遠近聞之不過三四月而逃亡之民將盡來歸各修復其田業供其糧差蔚然遂可以成一方之保障且其南通南丹新衞五六十里南丹在石門之內鳳化當石門之外內外聲勢連合而石門之險亡西至思恩一百餘里取

道於那學沿途村寨荒塞日久因此兩地之人往來絡繹而道途益通又上林舊在大鳴山與八寨各賊之間勢極孤懸今得鳳化爲之唇齒氣勢日盛雖割三里之地以與鳳化而綠茅綠篠等村寨舊所亡失土田皆將以次歸復則亦失之於東而收於西矣及照思恩雖已設立流官知府然其所屬皆土目巡檢而舊屬鳳化一縣亦皆徒寄空名實未嘗有今割武緣止戈一圖二圖之地改築思恩府城而又割上林上下無虞三里之地改設鳳化縣治固於思恩亦已稍有資輔但自鳳化三里至於思恩一百五六十里中間尙隔上林一縣臣以爲幷割上林一縣而通以屬之思恩似於事勢爲便而於體統尤宜何者柳州一府所屬二州十縣賓州蓋柳州所屬者且有上林遷江兩縣今思恩既設流官知府固亦一府之尊而反不若柳州所屬之一州也其於體統亦有所未稱矣況賓州自有十五里而又有遷江一縣雖割上林以與思恩其地猶倍於思恩未爲遽損也上林之屬賓州與屬思恩均之爲一屬邑亦未有所加損也然以之屬於思恩則思恩始可以成一府之規

模而其閑有無相須緩急相援氣勢相倚流官之體統益尊則土俗之歸向益謹郡縣之政化日新則夷民之感發日易固有不可盡言之益也夫立新縣以扼據地險改屬縣以輔成府治是皆所以乂安地方者也伏乞　聖明

裁允

一添設流官縣治於思龍照得南寧自宣化縣至於田寧逆流十日之程宣化所屬如思龍十圖等處相去倘有五日六日其閑錯以土夷村寨地既隔越而窮鄉小民畏見官府故其糧差多在縣之宿奸老蠹與之包團因而以一科十小民不勝迫脇往往逃入夷寨土夷又從而暴之地日凋殘盜賊日起近年以來思龍之圖鄉民屢次奏乞添設縣治以便糧差蓋亦內迫於縣民之奸外苦於土夷之暴不得已而然臣因入撫田寧親歷其所民之擁道控告者以千數因停舟其地爲之經理相度得村名那久者其地亦寬平深厚江水縈迴環匝傍有一江來會亦正於此合流沿江居民千餘家竹樹森翳煙火相接且向武各州道路皆經由其傍亦爲四通之地若於此分割宣

化縣思龍一五六七八九十十二及西鄉之六八圖共十里之地而設立一
縣治則非獨以便窮鄉小民之糧差賦役亦足以鎮據要害消沮盜賊其間
小民村居如那茄馬坳三顏那排之類未可悉數皆久已淪入於夷今若縣
治一立則此等村寨諸夷自不得而隱占皆將漸次歸復流官而其地遂接
比於田寧固可以所設之縣而遂以屬之田寧矣夫南寧一府所屬一州三
縣而宣化一縣自有五十二里今雖分割十里之地以與田寧而宣化尚有
四十二里一縣之地猶四倍於一府也況田寧又係新創流官府治所統皆
土目巡檢今得此一屬縣爲之傍輔又自不同臣於前割上林以屬思恩之
議已略言之矣且左江一帶自蒼梧以達南寧皆在流官腹裏之地自南寧
以達於田寧自田寧以通於雲貴交趾則皆夷村土寨稍有疑傳易成閡隔
今田寧思恩二府既皆改設流官與南寧鼎峙而立而又得此新創一縣以
疏附交連於其間平居無事商貨流通厚生利用一旦或有境外之役道路
所經皆流官衙門從門庭中度兵更無阻隔之患此亦安民經國之事勢所

當爲者也伏乞　聖明裁允仍　定賜縣名選官給印地方幸甚

一增築守鎭城堡於五屯照得斷藤峽諸賊既平守巡各官議調土漢官兵數千於潯州以防不測該臣看得各賊既滅縱有一二漏網其勢非三四年亦未能復聚爲今之計正宜勦撫並行蓋破滅窮兇各賊者所以懲惡而撫恤向化諸猺者所以勸善今懲惡之餘卽宜急爲勸善之政使軍衛有司各官分投遍歷向化村寨慰勞而存恤之給以告示賜以魚鹽因而爲之選立酋長諭以　朝廷所以征勦各巢者爲其稔惡也今爾等向化村寨自安心樂業益堅爲善之志但有反側悖亂者卽宜擒送官府自當重賞以酬爾勞其漏殄諸賊果能誠心悔惡亦皆許其歸附待以良民夫使向化者益勸於爲善而日加親附則惡黨自孤賊勢自散不復能合縱遺一二終將屈而順服矣乃今則不然賊既破勦而猶屯兵不散使漏殄之徒得以藉口搖惑遠近其向化村分又略不加恤奸惡之民復乘機而驅脅虐害之彼見賊已破滅而復聚兵已心懷驚疑矣而又外惑於賊黨之扇搖內激於奸民之驅脅

遂勾結相連而起也近年以來所以亂始平而變復作皆迷誤於相沿之弊而不察也今各賊新破勢決未敢輕出雖屯數千之衆不過困頓坐食徒穢擾民居耗竭糧餉而實無益於事吾民久被賊苦今始一解其倒懸又復自聚無用之兵以重困之此豈計之得者哉惟於各寨之中相其要害之地創立一鎮以控制之此則事理之所當行亦正宜乘此掃蕩之餘而速圖之者其在斷藤牛腸諸處則既切近潯州府衞不必更有所設至於四方各寨遍歷其要害險阻則惟五屯正當風門佛子諸巢穴而西通府江北接荔浦各處猺賊最爲緊要之區宜設一鎮以控御遠邇而舊已有千戶所統率官兵亦幾及一千之數困於差徭日漸躲避於附近土目村寨官司失於清理止有五百其後上司不聞地方之艱難又於五百之中分調哨守於他所而所餘遂不滿二百既而賊亂四起守禦缺乏則又取調潮州之兵數百以來協守五屯事既紛亂人無所遵兼以統馭非人故地方遂致大壞且其屯堡牆垣亦甚卑隘不足以壯威設險今宜開拓其地增築高城度可以居二千之

衆而設守備衙門於其內取回五百之中分調哨守於他所之兵其自潮州調來協守者則盡數發還原衛以免兩地各兵背離鄉土之苦往復道途之費仍於附近土寨目兵之中清查揀補其原避差役者務足原數一千選委智略忠勇之官一員重任而專責之使之訓練撫摩敷之以威信而懷之以仁恩務在地險既設而士心益和自然動無不克而行無不利參將兵備各官又不時親至其地經理而振作之或案行其村寨或勸督其農耕或召其頑梗而曲示訓懲或進其善良而優加獎賜或救恤其災患或聽斷其是非如農夫之去稂莠而養嘉禾漸次耕耨而耘鋤之無事之時隨意取調附近土官兵款或百人或七八十人以協同哨守為名使之兩月一更班而絡繹往來於道路以慣習遠近各巢之耳目自後我兵出入自將無所驚疑果有兇梗當事舉動然後密調精悍可用土目一二千名如尋常哨守然以次潛集城中畜力養銳相機而發夫無事而屯數千之兵則一月糧餉費踰千金若每一年無屯軍之費用之以築城設險犒賞兵士招來遠人亦何事不行

何工不就此增築城堡以據要害所謂謀成而敵自敗城完而寇自解險設而賊自摧威震而奸自伏正宜及今爲之而亦事勢之不可已焉者也伏乞

聖明裁允

查明岑邦相疏 七年七月十九日

准兵部咨該本部題節奉 欽依岑邦佐仍武靖知州岑邦相着王守仁再查明白具奏欽此欽遵照得先該臣等具題前事內一件仍立土官知州以順土夷之情臣等議得岑氏世有田州久結於人心岑猛雖沒諸夷莫不願得復立其後議於開設流官知府之外就於該府四十八甲之內割其八甲降設田州立岑猛之子一人始授以署州事吏目三年之後地方寧靖效有勤勞則授以爲判官六年之後地方寧靖效有勤勞則授以爲同知九年之後地方寧靖效有勤勞則授以爲知州使承岑氏之祀而隸之流官知府當時臣等通拘該府大小土目及鄉老人等審問岑猛之子應該承立者何人乃衆口一詞以爲岑猛四子長子岑邦佐係正妻張氏所出次子岑邦彥係庶妾林氏所出三子岑

邦輔係外婢所生四子岑邦相係次妾韋氏所出猛嬖溺林氏而張氏失愛故邦佐自幼出繼武靖而以邦彥承襲官職今邦彥既死應該承立者莫宜於邦佐臣等當看得武靖地方正當猺賊之衝而邦佐自幼出繼該州之民信服歸戴已久況其才力足能制禦各猺近日該州土目人等又相繼懇恩來告願得復還邦佐今欲改立一人亦未有可以代邦佐者臣恐一失武靖各目之心則於地方又多生一事莫若仍還邦佐於武靖一以禦地方之患一以順各夷之情至於田州新立不過苟以無絶岑氏之祀此其才否優劣固有不必深論者因論以邦佐出繼武靖既久　朝廷事體已定不可復還宜立其次者岑邦輔則可於是各目人等又衆口一詞以爲邦輔名雖岑猛外婢所生其實來歷不明闔府之民皆不欲立惟邦相則次妾所生實係岑猛的親骨血況其質貌厚重謹實衆心歸服立繼岑氏庶不絶其真正一脈臣等議得仍立土官者專爲不絶岑氏之後以順諸夷之情也今衆心若此亦合俯順故當時直斷邦輔謂非岑猛之子而止謂岑猛之子存者二人亦所以正名慎始杜日後之紛爭也

但具奏之時因本内事體多端文以繁瑣若再加詳說誠恐有瀆　聖聽故遂餙略其詞今蒙　朝廷明見萬里洞徹細微復　命臣等查奏聞　命惶懼無所措躬因思岑邦輔尚存當時奏內不曾詳開所以不立邦輔之故而直言岑猛之子存者二人果係情節脫落事體欠明臣等䟽漏之罪萬死有不容赦者矣臣等近復通拘該府土目鄉老人等再加審問而衆口一詞執說如前陳請益篤臣等反覆思惟其事誠亦必須如此而後穩帖無弊故仍照原議上請蓋此等關係地方之事臣等言雖或有所不敢盡而心已無所不用其極必求事出萬全永久無患然後乃敢具奏伏乞　聖明宥其䟽漏萬死之誅仍　勑該部俯從原議立岑邦相於田州以曲順各夷之情其岑邦輔者聽其以官族名目隨住如此則名正事成而人心允服實地方之幸臣等之幸

奬勵賞賫謝　恩疏　七年九月二十日

准兵部咨爲奏報平復地方事該臣題該本部覆題節奉　聖旨王守仁受命提督軍務涖任未久乃能開誠布恩處置得宜致令叛夷畏服率衆歸降罷兵

息民其功可嘉寫敕差行人賫去奬勵還賞銀五十兩紵絲四表裏布政司買
辦羊酒送用欽此隨於本年九月初八日該行人馮恩賫捧　敕書并前項綵
幣銀兩等項到於廣州府地方奉迎入城當除望　闕謝恩欽遵收領外臣時
臥病牀褥已餘一月扶疾與伏感激惶懼顛頓昏眩莫知攸措已而漸復甦息
伏自念思恩田州數萬赤子皆畏死逃生本無可誅之罪而前此當事者議欲
勦滅故皆洶洶思亂既已陷之必死之地而無復生全之心矣仰賴　皇上好
生之仁軫念遠夷惟恐一物不得其所特遣臣來勘處臣亦何能少效一籌不
過宣揚　深仁敷昭神武而旬月之間遂皆回心向化舍死投生面縛來歸是
皆　皇上聖德格天至誠所感不疾而速是以綏之斯來動之斯和有莫知其
所以然而然者此豈臣等知謀才力能致毫髮於其間哉今乃誤蒙　洪恩重
頒大賞且又特遣行人賫　敕遠臨事尤出於常格之外臣亦何功而敢當此
臣亦何人而敢望此祗受之餘戰悚惶惑徒有感泣惟誓此生鞠躬盡瘁竭犬
馬之勞以圖報稱而已臣病日亟自度此生恐不復能奔走　闕廷一覲　天

顏以少罄其螻蟻葵藿之誠臣不勝刻心鏤骨感激戀慕之至

乞 恩暫容回籍就醫養病疏 七年十月初十日

臣以憂病踣伏田野六年有餘蒙 陛下賜之再生之恩錫之分外之福每思稽首 闕廷一覲 天顏以申其螻蟻感激之誠遂其葵藿傾戴之願既困疾病復畏譏讒六年之間瞻望太息竟未敢一出門庭夫蒙人一顧之恩尚必思其所以爲酬受人一言之知亦必圖其所以爲報何況 君臣大義天高地厚之恩 上之所以施於其下者如雨露之霑濡無時或息而下之所以承乎其上者乃如頑石朽株略無生動此雖禽獸異類稍有知覺者亦不能忍於其心是以每一念及則哽咽涕下徒日夜痛心惕骨行吁坐嘆而已邇者繆蒙 陛下過採大臣之議授以軍旅重寄自知才不勝任病不任勞輒乃觸冒上陳辭謝又蒙 温旨眷覆慰諭有加伏讀感泣不復能顧其他即日矢死就道既而沿途備訪其所以致此變亂之由熟思其所以經理斡旋之計乃甚有牴牾矛盾者而其事勢既□顛覆破漏如將傾之屋半溺之舟莫知所措其惟恐 付

託不效以孤　陛下生成之德以累大臣薦舉之明於是始益日夜危懼而病
亦愈甚乃不意到任以來旬月之間不折一矢不戮一卒而兩頑民帖然來服
千里之內去荆棘而行成坦途其間雖有數處強大賊巢素爲廣西衆賊之淵
藪根株屢嘗征討而不克者亦就湖廣撤回之兵而乘其取道之便用兩廣新
附之民而鼓其報效之勇財力不致於大費小民不及於疲勞遂皆殲厥渠魁
蕩平巢穴而遠近略已寧靖是皆　陛下好生之至德昭格於上下不殺之神
武幽贊於神明是以不言而信不怒而威陰宥默相以克有此固非愚臣意望
之所敢及豈其知謀才力爲能辦此哉竊自喜幸以爲庶得藉此以免於覆敗
之戮不爲諸臣薦揚之累足矣而臣之病勢乃日益增劇百療無施臣又思之
是殆功過其事名浮其實福踰其分所謂小人而有非望之獲必有意外之災
者也臣自往年承乏南贛爲炎毒所中遂患咳嗽之疾歲益滋甚其後退伏林
野雖得稍就清涼親近醫藥而病亦終不能止但遇暑熱輒復大作去歲奉
命入廣與舊醫偕行未及中途而醫者先以水土不服辭疾歸去是後旣不敢

輕用醫藥而風氣益南炎毒益甚今又加以遍身腫毒喘嗽晝夜不息心惡飲
食每日強呑稀粥數匙稍多輒又嘔吐當思恩田州之役其時既已力疾從事
近者八寨既平議於其中移衛設所以控制諸蠻必須身親相度方敢具奏則
又冒暑輿疾上下巖谷出入茅葦之中竣事而出遂爾不復能興今已輿至南
寧移臥舟次將遂自梧道廣待　命於韶雄之間新任太監總兵亦皆相繼涖
任各能守法奉公無地方騷擾之患兩省巡按等官又皆安靖行事創滌往時
煩苛搜刻之弊方務安民今日之兩廣比之異時庶可謂無事矣臣雖病發而
歸亦可以無去後之憂者夫竭忠以報　國臣之素志也受　陛下之深恩思
得粉身虀骨以自效又臣近歲之所日夜切心者也病日就危尚求苟全以圖
後報而爲養病之舉此臣之所大不得已也惟　陛下鑒臣一念報　主之誠
固非苟爲避難以自偷安而憫其瀕危垂絕不得已之至情容臣得暫回原籍
就醫調治幸存餘息鞠躬盡瘁以報　陛下尚有日也臣不勝懇切哀求之至

別錄八　公移

巡撫南贛欽奉　敕諭通行各屬 正德十二年正月

節該欽奉　敕諭江西福建廣東湖廣各布政司地方交界去處累有盜賊生發因地連各境事無統屬特命爾前去巡撫江西南安贛州福建汀州漳州廣東南雄韶州惠州潮州各府及湖廣郴州地方安撫軍民修理城池禁革姦弊一應地方賊情軍馬錢糧事宜小則徑自區畫大則奏請定奪但有盜賊生發卽便嚴督各該兵備守禦守巡幷各軍衞有司設法勦捕選委廉能屬官密切體訪及簽所在大戶幷被害之家有智力人丁多方追襲量加犒賞或募知因之人陰爲鄉導或購賊徒自相斬捕或聽脅從幷亡命窩主人等自首免罪其軍衞有司官員中政務修舉者量加旌獎其有貪殘畏縮誤事者徑自拏問發落爾風憲大臣須廉正剛果肅清姦弊以副　朝廷之委任欽此欽遵照得撫屬地方界連四省山谿峻險林木茂深盜賊潛處其間不時出沒剽劫東追則

西竄南捕則北奔各省巡捕等官彼此推調觀望不肯協力追勦遂至延蔓日多當職猥以非才濫膺重寄大懼職業鰥廢仰負　朝廷委託爲照前項地方延袤廣遠未能徧歷其間綏撫之方隨時殊制攻守之策因地異宜若非的確詢訪難以臆見裁度爲此仰鈔案回司著落當該官吏照依案驗內事理即行本司該道分巡分守兵備守備等官幷所屬大小衙門各該官吏公同逐一會議要見卽今各處城堡關隘有無堅完軍兵民快曾否操練某處賊方猖獗作何擒勦某處賊已退散作何撫緝某賊怙終必須撲滅某賊被誘尚可招徠何等人役堪爲鄉導何等大戶可令追襲軍不足恃或須別募精強財不足用或可別爲經畫某處或有閑田可與屯以足食某處或多浮費可節省以供軍何地須添寨堡以斷賊之往來何地堪建城邑以扼賊之要害姑息隱忍固非久安之圖會舉夾攻果得萬全之策一應足財養兵弭寇安民之術皆宜悉心計慮折衷惟求山川道路之險易必須親切畫圖賊壘民居之錯雜皆可按實開注近者一月以裏遠者一月以外凡有所見備寫揭帖各另呈來以憑採擇非

獨以匡當職之不逮亦將以驗各官之所存務求實用毋事虛言各該官吏俱要守法奉公長廉遠恥袪患衞民竭誠報　國毋以各省而分彼此務須協力以濟艱難果有忠勇清勤績行顯著者旌勸自有常典當職不敢蔽賢其或姦貪畏縮志行卑污者黜罰亦有明條當職亦不敢同惡深惟昧劣庶賴匡襄凡我有官各宜知悉

選揀民兵

照得府屬地方界連四省山谷險隘林木茂深盜賊所盤三居其一乘間刦掠大為民害本院繆當巡撫專以弭盜安民為職欽奉　敕諭一應軍馬錢糧事宜得以徑自區畫蒞任以來甫及旬日雖未徧歷各屬且就贛州一府觀之財用耗竭兵力脆寡衞所軍丁止存故籍府縣機快半應虛文禦寇之方百無足恃以此例彼餘亦可知夫以羸卒而當強寇猶驅羣羊而攻猛虎必有所不敢矣是以每遇盜賊猖獗輒復會　奏請兵非調土軍即倩狼達往返之際輒已經年糜費所須動逾數萬逮至集兵舉事即已魍魎潛形曾無可勦之賊稍俟

班師旋旅則又鼠狐聚黨復皆不軌之羣艮由素不練兵倚人成事是以機宜屢失備禦益弛徵發無救乎瘡痍供饋適增其荼毒羣盜習知其然愈肆無憚百姓謂莫可恃競亦從非夫事緩則坐縱烏合勢急迺動調狼兵一皆苟且之謀此豈可常之策古之善用兵者驅市人而使戰假閭戍以與師豈以一州八府之地遂無奮勇敢戰之夫事豫則立人存政舉近據江西分巡嶺北道兵備副使楊璋呈將所屬各縣機快通行揀選委官統領操練卽其處分當亦漸勝於前但此等機快止可護守城郭隄備關隘至於搗巢深入摧鋒陷陣恐亦未堪爲此案仰四省各兵備官於各屬弩手打手機快等項挑選驍勇絕羣膽力出衆之士每縣多或十餘人少或八九輩務求魁傑異材缺則懸賞召募大約江西福建二兵備各以五六百名爲率廣東湖廣二兵備各以四五百名爲率中間若有力能扛鼎勇敵千人者優其廩餼署爲將領召募犒賞等費皆查各屬商稅贓罰等銀支給各縣機快除商贛兵備已行編選外餘四兵備仍於每縣原額數內揀選精壯可用者量留三分之二就委該縣能官統練專以守城

防隘爲事其餘一分揀退疲弱不堪者免其著役止出工食追解該道以益召募犒賞之費所募精兵專隨各兵備官屯劄别選素有膽略屬官員分隊統押教習之方隨材異技器械之備因地異宜日逐操演聽候徵調各官常加考校以核其進止金鼓之節本院閒一調遣以習其往來道途之勤資裝素具遇警即發聲東擊西舉動由己運機設伏呼吸從心如此則各縣屯戍之兵既足以護防守截而兵備募召之士又可以應變出奇盜賊漸知所畏而格心平良益有所恃而無恐然後聲罪之義克振撫綏之仁可施弭盜之方斯惟其要本院所見如此其閒尚有知慮未周措置猶缺者又在各官酌量潤色務在盡善期於可久亮愛民憂國之心既無不同則拯溺救焚之圖自不容緩案至即便舉行或有政務相妨未能一一親詣先行各屬精爲選發先將召募所得姓名及措置支費銀糧陸續呈報事完之日通造文冊以憑查考

十家牌法告諭各府父老子弟

本院奉　命巡撫是方惟欲剪除盜賊安養小民所限才力短淺智慮不及雖

挾愛民之心未有愛民之政父老子弟凡可以匡我之不逮苟有益於民者皆
有以告我我當商度其可以次舉行今為此牌似亦煩勞爾衆中間固多詩書
禮義之家吾亦豈忍以狡詐待爾良民便欲防姦革弊以保安爾良善則又不
得不然父老子弟其體此意自今各家務要父慈子孝兄愛弟敬夫和婦隨長
惠幼順小心以奉官法勤謹以辦　國課恭儉以守家業謙和以處鄉里心要
平恕毋得輕意忿爭事要含忍毋得輒興詞訟見善互相勸勉有惡互相懲戒
務興禮讓之風以成敦厚之俗吾愧德政未敷而徒以言教父老子弟其勉體
吾意毋忽

輪牌人每日仍將告諭省曉各家一番

十家牌式

某縣某坊

某人某籍

某人某籍

某人某籍
某人某籍
某人某籍
某人某籍
某人某籍
某人某籍
某人某籍
某人某籍
右甲尾某人
右甲頭某人
此牌就仰同牌十家輪日收掌每日酉牌時分持牌到各家照粉牌查審某家今夜少某人往某處幹某事某日當回某家今夜多某人是某姓名從某處來幹某事務要審問的確乃通報各家知會若事有可疑卽行報官如或

隱蔽事發十家同罪各家牌式

某縣某坊民戶某人

某坊都里長某下甲首軍戶則云某所總旗小旗某下匠戶則云某里甲下

某色匠客戶則云原籍某處某里甲下某色人見作何生理當某處差役有

寄莊田在本縣某都原買某人田親徵保住人某某若官戶則云某衙門某

官下舍人舍餘

若客戶不報寫莊田在牌者日後來告有莊田皆不准不報寫原籍里甲即

係來歷不明即須查究

男子幾丁

某某項官見任致仕在京聽選或在家　某某處生員吏典

某治何生業成丁未成丁或往何處經營　某見當某差役

某有何技能或患廢疾　某

某　某

見在家幾丁　若人丁多者牌許增闊量添行格填寫

一婦女幾口

一門面屋幾間係自己屋或典賃某人屋

一寄歇客人某人係某處人到此作何生理一名名開寫浮票寫帖客去則揭票無則云無

案行各分巡道督編十家牌

照得本院巡撫地方盜賊充斥因念禦外之策必以治內爲先顧蒞事未久尚昧土俗永惟撫緝之宜懵然未有所措訪得所屬軍民之家多有規圖小利寄住來歷不明之人同爲狡僞欺竊之事甚者私通羣賊而與之傳遞消息窩藏姦宄而爲之盤據夤緣盜賊不靖職此其由合就行令所屬府縣在城居民每家各置一牌備寫門戶籍貫及人丁多寡之數有無寄住暫宿之人揭於各家門首以憑官府查考仍編十家爲一牌開列各戶姓名背寫本院告諭日輪一家沿門按牌審察動靜但有面目生疏之人蹤跡可疑之事卽行報官究理或有隱慝十家連罪如此庶居民不敢縱惡而姦僞無所潛形爲此仰鈔案回道

即行各屬府縣著落各掌印官照依頒去牌式沿街逐巷挨次編排務在一月之內了事該道亦要嚴加督察期於著實施行毋使虛應故事仍令各將編置過人戶姓名造冊繳院以憑查考非但因事以別勤惰且將旌罰以示勸懲

告諭各府父老子弟

告諭父老子弟今兵荒之餘困苦良甚其各休養生息相勉於善父慈子孝兄友弟恭夫和婦從長惠幼順勤儉以守家業謙和以處鄉里心要平恕毋懷險譎事貴含忍毋輕鬬爭父老子弟曾見有温良遜讓卑己尊人而人不敬愛者乎曾見有凶狠貪暴利己侵人而人不疾怨者乎夫嚚訟之人爭利而未必得利求伸而未必能伸外見疾於官府內破敗其家業上辱父祖下累兒孫何苦而爲此乎此邦之俗爭利健訟故吾言懇懇於此吾愧無德政而徒以言教父老其勉聽吾言各訓戒其子弟毋忽

勦捕漳寇方略牌　正月

據福建廣東布按二司參議等官張簡等各呈勦捕事宜已經行仰遵照案驗

施行所有方略恐致泄露不欲備開案內爲此另行牌仰廣東嶺東福建汀漳等處兵備僉事顧應祥胡璉密切會同守巡紀功贊畫等官於公文至日便可揚言本院新有明文謂天氣向暖農務方新兼之山路崎險林木蓊翳若雨水洊至瘴霧驟興軍馬深入實亦非便莫若於要緊地方量留打手機兵操練隄備其餘軍馬逐漸抽回待秋收之後風氣涼冷然後三省會兵齊進或宣示遠近或曉諭下人此聲既揚卻乃大饗軍士陽若犒勞給賞爲散軍之狀實則感激衆心作興士氣一面亦將不甚緊關人馬抽放一處兩處以信其事其實所散人馬亦可不遠而復預遣間諜探賊虛實有間可乘卽便齊糗銜枚連夜速發當此之時卻須捨卻身家有死無生有進無退若一念轉動便成大害勁卒當前重兵繼後伺至其地鼓譟而入仍戒當先之士惟在摧鋒破陣不許斬取首級後繼重兵止許另分五六十騎沿途收斬其餘亦不得輒亂行次違者就便以軍法斬首重兵之後紀功贊畫等官各率數隊相繼而進嚴整行伍務令鼓譟之聲連亘不絕使諸賊逃遯山谷者聞之不得復聚若賊首未盡探其所

如分兵速躡不得稍緩使賊復得爲計已獲渠魁其餘解散黨與平日罪惡不大可招納者還與招納不得貪功一概屠戮乘勝之餘尤要振兵肅旅如初遇敵不得恃勝懈弛恐生他虞歸途仍將已破賊巢悉與掃蕩經過寨堡村落務禁摽掠宜撫恤者卽加撫恤宜處分者卽與處分毋速一時之歸復遺他日之悔本院奉 命而來專以節制四省沿邊軍職爲務卽今進兵一應機宜悉宜稟聽本院庶幾事有總領舉動齊一授去方略敢有故違悉以軍法論處各官知會之後卽連名開具遵依揭帖密切回報

案行廣東福建領兵官進勦事宜

據福建廣東按察司等衙門備呈到院看得兩省勦捕事宜設施布置頗已詳備誠使諸將齊心軍士用命並舉夾攻已有必克之勢但事干各省舉動難一頓兵既久變故旋生則謀算機宜旬日頓異亦難各守初議執爲定說照得福建軍務整緝既久兼有海滄演城政和諸處打手足可濟事諸將咸有以功贖罪之心意氣頗銳當道亦皆協謀并力期收克捷之功利在速戰若當集謀之

始掩賊不備奮擊而前成功可必今旣曠日持久聲勢彰聞各巢賊黨必有連絡糾合阻阱設械以禦我師其爲姦黨當亦日加險密至於今日已爲持久之師且宜示以寬懈待間而發而猶執其乘機之說張皇於外以堅賊志是謂知吾卒之可擊而不知敵之未可擊也廣東之兵集謀稍緩聲威未震意在倚重狼達土軍然後舉事利於持久是亦愼重周悉之謀諸賊聞之雖相結聚尙候土兵之集以卜戰期其備必猶懈弛若因而形之以緩乘此機候正可奮怯爲勇變弱爲強而猶執其持重之說必候土軍之至以坐失事機是徒知吾卒之未可擊而不知敵之正可擊也譽用兵者因形而借勝於敵故其戰勝不復而應形於無窮勝負之算間不容髮烏可執滯除江西南贛地方凡通賊關隘已行兵備副使楊璋委官隄備截殺及將進勦方略各另差人封付福建僉事胡璉廣東僉事顧應祥會同守巡等官密切遵依行事外仰鈔案回司卽行各官務要同心協德乘間而動毋得各守一見縻軍僨事一應進止不必呈稟以致誤事領軍等官隨機應變就便施行一面呈報如復彼此偏執失誤軍機定行

從重參拏決不輕貸其軍馬錢糧紀功給賞等項已行有成規不再更定

案行漳南道守巡官戴罪督兵勦賊

據福建漳南道右參政艾洪等呈准左參政陳策副使唐澤手本該三司遵依議委各職隨軍紀功運謀經略依蒙前詣南靖縣小谿中營住扎查理軍情審驗功次大約賊衆以四分爲率一分就擒一分聽撫俱已審驗查處明白一分遠遯廣東境界一分深藏本處山谷狼子野心絕巖峻嶺易以計破難以兵碎必須通將調募見在官軍二萬二千餘名再加議處減冗兵以省費留精兵以守險待賊饑疲隨加撫勦庶幾軍餉不缺農業不廢節據各哨委官連日稟報各賊恃居險阻公然拒敵官軍不聽招撫合無繼處本省錢糧以堅自守之謀催請廣東狼兵以助夾攻之計等因隨據參政陳策等呈據鎮海衛指揮高偉呈指揮覃桓縣丞紀鏞被大傘賊衆突出馬陷深泥被傷身死等因到院簿查先據參政陳策等呈已經批各官酌量事機公同會議如是賊雖據險而守尚可出其不趨掩其不備則用鄧艾破蜀之策從間道以出奇若果賊已盤據得

地可以計困難以兵克則用充國破羌之謀減冗兵以省費務在防隱禍於顯
利之中絶深姦於意料之外萬全無失僉謀皆同然後呈來定奪去後今據前
因參照指揮高偉既奉差委督哨自合與覃桓等相度機宜協謀並進若乃孤
軍輕率中賊姦計雖稱督兵救援先亦頗有斬獲終是功微罪大難以贖準廣
東通判陳策指揮黄春千百戸陳洪鄭芳等既與覃桓等面議夾攻眼見摧敗
略不應援挫損軍威壞事匪細俱屬違法各該領兵守備兵備守巡等官督提
欠嚴亦屬有違合就通行參究但在緊急用人之際姑且記罪查勘督勦及查
添調狼兵一節案查該省節呈兵糧預備已久惟俟剋日進攻今始成軍而出
一遇小挫輒求濟師況動調狼兵往返數月非但臨渴掘井緩不及事兼據見
在官兵二千有餘數已不少兵貴善用豈在徒多況稱糧餉缺乏正宜減兵省
費安可益軍匱財除廣東坐視官員及應否動調狼兵另行查議外仰鈔案回
道查勘指揮覃桓縣丞紀鏞是否領兵夾攻被傷身死各官原領軍兵若干見
在若干其指揮仲欽推官胡寧道知事曾瑤知縣施祥等緣何不行策應是否

畏避退縮俱要備查明白從實開報其覃相等所統軍兵就仰高偉管領戴罪殺賊立功自贖仍仰福建布政司作急查處堪以動支銀兩就呈鎮巡衙門知會差官領解軍前接濟一面備數呈來以憑查考不許稽遲致誤軍機各該官員俱要奮勇協心乘機進勦毋頓兵遙制以失機宜毋坐待狼兵以自懈弛務須連營犄角以壯我軍之威更休迭出以蓄我軍之鋭多方以誤賊人之謀分攻以疲賊人之守掃蕩巢穴靖安地方則東隅可收於桑榆大捷不計其小挫事完之日通查功罪呈來以憑酌量參奏

案行領兵官搜勦餘賊

據福建左參政陳策副使唐澤會案呈准漳南道參政艾洪僉事胡璉手本督據委官指揮徐麒等呈稱督領軍兵黏蹤追賊至象湖山賊寨連營拒守遵奉本院密諭佯言犒衆退兵俟秋再舉密切部勒諸軍乘懈奮擊云云除將擒斬功次審驗監候梟掛外呈乞照詳等因到院卷查先准兵部咨前事已經備行福建廣東二省漳南嶺東二道守巡兵備守備等官欽遵調兵上緊相機勦撫

并將進兵方略行仰各官密切遵照施行敢有故違悉以軍法論處去後續據福建布按二司守巡漳南道右參政等官艾洪等呈據委指揮高偉呈稱督同指揮等官覃桓等領兵剋期夾攻不意大賊衆突出陷入深泥被傷身死廣東官兵在彼坐視不行策救呈詳到院參看得各官頓兵日久老師費財致此敗衂顯是不奉節制故違方略正行查勘參提間隨據廣東按察司等衙門僉事顧應祥等官會呈前事開稱約會福建官兵剋期進攻間爪探福建官軍被大傘賊徒殺死指揮覃桓等情各職隨即統兵策應當獲賊人一名審係賊首羅聖欽執稱餘賊潛入箭灌巢內率領官兵直抵地名白上村遇賊交戰斬獲賊級俘獲賊屬等因呈報前來看得象湖箭灌最爲峻絶諸巢賊首悉遁其間賊之精悍盡聚於此自來兵卒所不能攻今各官雖有前挫隨能密遵方略奮勇協力竟破難克之寨以收桑榆之功計其大捷足蓋小挫但象湖雖破而可塘猶存賊首頗已就擒而餘猾尚多逃遁若不乘此機會速行勦撲薙草存根恐復滋蔓狡兎入穴獲之益難除將功次另行查奏外爲此仰鈔案回道查照先

行方略乘此勝鋒急攻可塘破竹之勢不可復緩仍一面分兵搜斬餘猾毋令
復聚爲姦罪惡未稔可招納者還與招納毋縱貪功一概屠戮務收一簣之功
勿爲九仞之棄本院卽日自漳州起程前來各營督戰仍與各官備歷已破諸
賊巢壘共議經久之策鈔案

獎勵福建官巡漳南道廣東守巡嶺東道領兵官

據福建參政陳策艾洪副使唐澤僉事胡璉都指揮僉事李胤廣東參議張簡
僉事顧應祥都指揮僉事楊懋各呈稱據委官知府通判等官鍾湘徐璣等率
領軍兵夾攻象湖可塘箭灌大傘等處賊巢前後擒斬賊首詹師富羅宗旺等
共計一千五百餘名顆及俘獲賊屬牛馬器械等數到院看得象湖箭灌諸寨
皆係極險最深賊巢自來官兵所不能下今各官乃能運謀設策協力夾攻旬
月之間擒斬賊首掃蕩巢穴謀勇顯著功勞可嘉除將功次查奏外通合先行
獎勵爲此牌仰汀州府上杭縣卽便動支商稅銀兩買辦綵段銀花羊酒委官
分投領齎備用鼓樂迎送各官處用旌勤勞以明獎勵之典其餘領哨有功官

員知府鍾湘等就行該道照依定去賞格酌量輕重徑自支給官錢買辦花紅等項一體賞勞仍具由回報以憑查考

告諭新民

爾等各安生理父老教訓子弟頭目人等撫緝下人俱要勤爾農業守爾門戶愛爾身命保爾室家孝順爾父母撫養爾子孫無有爲善而不蒙福無有爲惡而不受殃毋以衆暴寡毋以強淩弱爾等務興禮義之習永爲良善之民子弟羣小中或有不遵教誨出外生事爲非者父老頭目卽與執送官府明正典刑一則彰明爾等爲善去惡之誠一則翦除莨莠免致延蔓貽累爾等良善吾今奉 命巡撫是方惟欲爾等小民安居樂業共享太平所恨才識短淺雖懷愛民之心未有愛民之政近因督征象湖可塘諸處賊巢悉已擒斬掃蕩住軍於此當茲春耕甚欲親至爾等所居鄉村面問疾苦又恐跟隨人衆或至勞擾爾民特遣官耆諭告及以布匹頒賜父老頭目人等見吾勤勤撫恤之心餘人衆多不能偏及各宜體悉此意

欽奉　敕諭切責失機官員通行各屬
照得本院於本年六月十五日節該欽奉　敕近該巡按福建監察御史程昌
奏今年正月內被漳州南靖地方流賊殺死領軍指揮覃桓縣丞紀鏞射死軍
人打手一十五名參稱指揮高偉參政陳策艾洪副使唐澤僉事胡璉都指揮
李胤失機誤事俱各有罪及稱爾膺茲重寄責亦難辭等因下兵部議謂前項
賊情自去年七月已　敕彼處撫巡等官相機撫勦日久未見成功今反墮賊
計喪師失事欲將高偉陳策等姑免提問各令住俸戴罪殺賊并降　敕切責
令爾立效贖罪朕皆從之敕至爾宜親詣潮漳二府地方申嚴號令詳審機宜
督同守巡領軍等官調集官軍民快打手人役儹運糧餉指授方略隨賊向往
設法勦捕其福建廣東江西官員悉聽爾節制有急督令互相策應約會夾攻
不許自分彼此執拗誤事如有不用命及遲誤供軍者宜照原奉　敕內事理
徑自拏問施行事有應與兩廣并江西巡撫等官議處者公同計議而行務要
處置得宜賊徒殄滅以靖地方欽此欽遵外照得本院於本年正月十六日抵

贛蒞事當據福建參政陳策僉事胡璉等呈爲急報賊情事已經密具方略行各官遵照約會廣東官兵剋期夾攻隨據各官呈稱指揮覃桓縣丞紀鏞在廣東大傘地方遇賊突出抵戰身死又稱象湖可塘等寨係極高絶險自來官兵所不能攻乞添調狼兵俟秋再舉等因到院參看各官頓兵不進致此敗衂顯是不奉節制故違方略正宜協憤同奮因敗求勝豈可輒自退阻倚調狼兵坐失機會本院卽於當日選兵二千自贛起程進軍汀州一面督令各官密照方略火速進勦立功自贖一面查勘失事緣由另行參　奏聞隨據各官續呈遵奉本院紙牌密諭佯言犒衆班師乘賊怠弛銜枚直擣攻破象湖等寨又經行令各官乘此勝鋒速攻可塘破竹之勢不可復緩仍一面分兵搜擒餘猖毋令復聚爲姦本院亦自汀州進軍上杭期至賊寨親自督戰隨據各官復呈爲捷音事開稱攻破賊巢三十餘處擒斬首從賊人一千四百二十餘名顆俘獲賊屬五百七十餘名口燒毀房屋二千餘間奪獲牛馬贓仗無算卽今餘黨悉願聽撫出給告示招撫得脅從賊人一千二百三十五名家口二千八百二十八

名口乞要班師等因已經具本奏報去後今奉　勑諭切責不勝惶恐待罪然
猶幸其因人成事偶獲收功愧雖難當罪或可免隨又訪得各賊徒黨尚多逃
遁諸巢餘孽又復萌芽果爾則憂患方興罪累日重深思其故恐是各官急於
成功不能掃蕩或是憚於久役爲此隱瞞本院聞此實切慚懼卽欲遵奉　勑
諭事理親至漳州體勘查處但今南贛盜賊猖獗方奉　欽依來勦師期緊迫
軍馬錢糧必須調度勢難遠出又前項事情出於傳聞未委虛的合行查勘爲
此仰鈔捧回司照依備奉　勑諭及查照先今案驗內事理卽委本司公正堂
上官一員會同守巡該道官親詣漳州地方督同知府等官將已破賊巢逐一
查勘前項強賊曾否盡絕所獲賊首是否真正徒黨有無逃遁餘孽有無萌芽
是否各官苟且隱瞞惟復別賊各另生發若賊首果已擒獲巢穴果已掃蕩是
實取具各官不致遺患重甘結狀具由呈來如或有所規避欺蔽俱要明白聲
說以憑參究施行若有脫漏殘黨或是別項流賊乘間嘯聚事出意外亦要從
實開報就將防勦機宜作急議處停當相機行事一面呈來定奪無得畏難推

咎以致貽患地方　國典具存取罪愈大俱無違錯遲延

兵符節制　五月

先據該道具呈計處武備以便經久事議將原選聽調人役如寧都殺手廖仲器之屬盡行查出頂補各縣選退機兵通拘贛城操演以備征調已經批仰施行去後看得習戰之方莫要於行伍治衆之法莫先於分數所據各兵既集部曲行伍合先預定爲此仰鈔案回道照依定去分數將調集各兵每二十五人編爲一伍伍有小甲五十人爲一隊隊有總甲二百人爲一哨哨有長協哨二人四百人爲一營營有官有參謀二人一千二百人爲一陣陣有偏將二千四百人爲一軍軍有副將偏將無定員臨陣而設小甲於各伍之中選材力優者爲之總甲於小甲之中選材力優者爲之哨長於千百戶義官之中選材識優者爲之副將得以罰偏將偏將得以罰營官營官得以罰哨長哨長得以罰總甲總甲得以罰小甲小甲得以罰伍衆務使上下相維大小相承如身之使臂臂之使指自然舉動齊一治衆如寡庶幾有制之兵矣編選既定仍每五人給

一牌備列同伍二十五人姓名使之連絡習熟謂之伍符每隊各置兩牌編立字號一付總甲一藏本院謂之隊符每哨各置兩牌編立字號一付哨長一藏本院謂之哨符每營各置兩牌編立字號一付營官一藏本院謂之營符凡遇征調發符比號而行以防姦僞其諸緝養訓練之方旗鼓進退之節要皆逐一講求務濟實用以收成績事完備造花名手冊送院以憑查考發遣

預整操練

案照先經批仰將聽調人役查拘操演以備征調卽今兵威士氣已覺漸有可觀但諸色人內尚有遺才亦合通拘操演看得龍南等縣捕盜老人葉秀芳等部下兵衆亦多經戰陣況各役向化日久皆有竭忠報效之心但其勇力雖有而節制未諳向慕雖誠而情意未洽一時調用亦恐兵違將意將拂士情信義既未交孚心志豈能齊一爲此仰鈔案回道通將所屬向化義民人等悉行查出照依先行定去分數行令各選部下驍勇之士多者二三百人少者一百人或五十人順從其便分定班次各役若無別故自行統領或有事故相妨許令

推選親屬爲衆所服者代領前來贛城皆於教場內操演除耕種之月放令歸農其餘農隙俱要輪班上操仍於教場起蓋營房使各有棲息之地人給口糧使皆無供饋之勞效有功勤者厚加犒賞違犯約束者時與懲戒如此則號令素習自然如身臂手指之便恩義素行自然與父兄子弟之愛居則有禮動則有威以是征誅將無不可矣

選募將領牌

看得所屬地方盜賊充斥一應撫勦事宜各該兵備等官既以地方責任勢難頻來面議若專以公文往來非惟事情不能該悉兼恐機宜多致漏洩爲此牌仰郴州兵備道即於所屬軍衞有司官或義官耆老推選素有膽略才堪將領熟知賊寨險夷備曉盜情向背忠慎周密可相信任者一二人前來軍門凡遇地方機務即與密切商度往來計議庶事可周悉機無疏虞

批留嶺北道楊璋給由呈

據副使楊璋呈給由事看得　朝廷設官本因保障臣子盡職匪專給由副使

楊璋才力精敏識見練達久在軍中習知戎務見今盜賊猖熾方爾請兵會勦一應軍馬錢糧皆倚贊畫方有次第若因給由遽爾輕動更代之人豈免事多生疏交承之際必至弊乘間隙遂有出柙之虞何益噬臍之悔仰本官勿以循例給由爲急惟以效忠盡職爲先益展謀猷仍舊供職地方安靖足申體 國之勤懋績彰聞豈俟天曹之考仍行撫按衙門知會呈繳

批廣東韶州府留兵防守申

看得本院募兵選士欲弭盜安民正恐地利不能齊一措置或有未周故期各官酌量潤色務求盡善可久今據該府各縣所呈非惟不能弭盜而適以啓盜非徒不能安民而又以擾民此豈本院立法之初意哉行仰各縣掌印官務體本院立法不得已之意各要酌量事勢通融審處苟無不盡之心自無難處之事兵法謂守則不足攻則有餘今各縣所留之兵止於防守而兵備所選之士將以勦襲防守之兵雖老弱皆可以備數而張威勦襲之士非精銳不可以摧鋒而陷陣況各縣所留尚有三分之二而兵備所取止得三分之一其於大勢

未便虧損今取三分之一而遂以爲地方不復可守假使原數止此亦將別無措置之方耶又況勦襲之兵既集則兵威日振聲東擊西倏來忽往賊將瞻前顧後自然不敢輕出各縣防守愈易爲力此於事理亦皆明白易見各官類皆狃於因循憚於振作惟知取私便之爲利而不知妨大計之爲害宜各除去偏小之見共爲公溥之謀若復推調遲延夾攻在邇已經　奏有成命苟誤軍機定以軍法從事

咨報湖廣巡撫右副都御史秦防賊奔竄　八月

准巡撫湖廣都御史秦　咨云云已經一體欽遵施行續據江西嶺北道副使楊璋看得朱廣寨等處係桂陽樂平二縣界內賊奔要路今夾攻在邇要行各道預發精兵把截又經備行廣東湖廣各官起集驍勇機快父子鄉兵選委素有能幹官員統領各於賊行要路晝夜嚴加把截或遇前賊奔逃就便詳察險易相機截捕或先於朱廣魚黃賊所潛逃諸山寨多張疑兵使賊不敢奔往務要慮出萬全不得墮賊姦計各道仍須分投瓜探出奇設伏先事預防但得賊

中虛實差人飛報軍門大抵防寇如水四面隄防旣固但有一處滲漏必致併力潰決賊所奔逃尙恐不止前項諸處仍行各道再加詢訪但有罅隙卽便行文知會互相關防必使皆無蟻穴之漏庶可全收草薙之功今准前因爲照前項各賊屢經夾攻狡猾有素今聞大舉預將妻子搬寄此亦勢所必有照得咨開龔福全李斌皆已搬送妻子近往桶岡親識人家除行嶺北道密行擒拏一面行文湖廣各官將前項窩戶姓名密切知會或住近桂陽或住近上猶就仰各該守把官兵相機勦捕外擬合咨報云云

欽奉　敕諭提督軍務新　命通行各屬　九月

正德十二年九月十一日節該欽奉　敕諭江西南安贛州地方與福建汀漳二府廣東南韶潮惠四府及湖廣郴州桂陽縣壤地相接山嶺相連其閒盜賊不時生發東追則西竄南捕則北奔蓋因地分各省事無統屬彼此推調難爲處置先年以此之故嘗設有都御史一員巡撫前項地方就令督勦盜賊但責任不專類多因循苟且不能申明賞罰以勵人心致令盜賊滋多地方受禍今

因爾所奏及該部覆奏事理特改命爾提督軍務常在贛州或汀州住劄仍往前各處撫安軍民修理城池禁革姦弊一應軍馬錢糧事宜俱聽便宜區畫以足軍餉但有盜賊生發卽便嚴督各該兵備守備守巡幷各軍衛有司設法調兵勦殺不許踵襲舊弊招撫蒙蔽重爲民患其管領兵快人等官員不拘文職武職若在軍前違期幷逗遛退縮者俱聽以軍法從事生擒盜賊鞫問明白亦聽就行斬首示衆斬獲賊級行令各該兵備守備官卽時紀驗明白備行江西按察司造冊奏繳查照南方勦殺蠻賊事例陞賞激勸仍要選委廉能官員密切體訪或僉所在大戶幷被害之家及素有智力人丁多方追襲量加糧賞或募知因之人陰爲鄉導或購令賊徒自相斬捕或許令脅從幷亡命窩主人等自行出首免罪皆聽爾隨宜處置不必執定一說其應捕人員尤要嚴加戒約不許妄拏平人及容賊挾讎攀引因而嚇詐財物擾害良善軍衛有司官員中政務修舉者量加獎勸其有貪殘畏縮誤事者文職五品以下武職三品以下徑自拏問發落事有應與各該鎮巡官計議者亦須計議而行爾爲風憲大臣

受茲新命尤宜廉能剛果肅清積弊以副　朝廷委任之意如違責亦有所歸焉爾其欽承之毋忽故敕欽此欽遵擬合通行爲此仰鈔捧回司照依案驗備奉　敕諭內事理并行該道守巡兵備守備等官及府衛等官及府衛所縣大小衙門一體欽遵施行都司呈鎮守布政司　巡撫按察司呈巡按衙門各查照施行

咨報湖廣巡撫右副都御史秦夾攻事宜

准巡撫湖廣都御史秦　咨內開夾攻江西該分哨道并把截之路及各該官軍不無追勦往來過境必須各給旗號識別以防錯誤凡遇賊勢縱橫及攻堅去處各領哨官卽便發兵策應同舟共濟又稱各省窩賊之家今既各有指實必須從長計處絕其禍本以收全功煩爲參酌行止并將合行事宜咨報以憑轉行各該領兵等官遵守等因准此先該本院訪得大庾南康上猶三縣近附賊巢良民村寨甚多往年大征不曾分別善惡給與良民旗號及撥兵護守以致狼土官兵貪功妄殺玉石不分亦有一二良民村寨給與旗號撥兵護守又

被不才領兵官員幷良民寨主受賊重賄及將有名賊首隱藏其家事定仍復
還巢至今貽患及有吉安府龍泉萬安泰和三縣幷南安府所屬大庾等三縣
居民無籍者往往攜帶妻女入𡺸爲盜行劫則指引道路征勦則通報消息尤
爲可惡卽今聞有大兵夾攻俱各潛行回家遇有盤詰輒稱被虜逃歸因而得
脫誅戮若不通行挨究將來事定仍復入巢地方之患何時可已就預行上猶
等三縣著落當該掌印官員查出附近賊巢居民村寨通計若干圖畫申報以
憑每寨給與良善旗號臨期撥兵護守仍取各寨主幷地方總甲甘結在官如
有㸃勦賊徒來投希圖隱匿者許其擒斬送官照例重賞容隱者事發一寨之
人通行坐以姦細重罪其大庾龍泉等六鄉各給告示曉諭鄉村里老人等但
有平昔入𡺸爲盜卽今潛出許其舉首亦行照例給賞容隱事發本家幷四鄰
一體坐罪如此庶良善免於玉石俱焚而盜賊得以根株悉拔俱經牌仰該道
遵照施行外又據委官知府等官季斆等呈稱依奉本院方略分兵於上猶南
康等處防遏被賊兩次糾衆出攻南安俱幸我兵克捷卽今賊勢略已衰敗若

乘此機會直擣其巢旬月之間可期掃蕩云云本院看得三省夾攻事宜集兵有先後期約有遲速如上猶大庾之賊江西先與湖廣夾攻止令廣東之兵于仁化把截候廣東兵力已齊聽湖廣廣東約會夾攻江西之兵止于大庾把截通候廣東湖廣夾攻已畢廣東之兵移于惠州江西之兵移于龍南又行約會夾攻如此庶先後有序事機不失兵力不竭糧餉可省又經移咨貴院查照施行外今准前因看得官軍過境必須各給旗號識別以防錯誤攻堅去處必須各領哨官即便發兵策應庶得成功持論既極公平所處又甚詳悉除行領哨等官遵照施行外惟守備指揮李璋所呈窩賊之家傳聞之言未必皆實已行該道再行查訪務求的實拔絕禍源其進攻次第惟桶岡一處該與湖廣之兵會合若長流坑左谿等處皆深入南安府所屬三縣腹心之內見今不次擁衆奔衝勢難止遏本院欲將前項賊巢以次相機剿撲候貴治之兵齊集會合夾攻桶岡如此則江西腹心之害已除而二省夾攻之舉得以併力從事擬合移咨前去煩爲查照定處咨報施行

征勦橫水桶岡分委統哨牌

據守把金坑等處領兵縣丞舒富等申稱探得各巢賊首聞知湖廣土兵將到集衆劫掠猖熾日甚鑿山開塹爲備益堅又聞於桶岡後山陡絶崖壁結構飛梯自此直入范陽大山延袤千里自來人迹所不能到今皆搬運糧穀設有機險意在悉力拒戰戰而不勝卽奔入此中截斷飛梯雖有十萬之衆亦無所施其力乞要急爲區處等因到院隨將各巢擒獲賊徒備細研審亦與所呈略同照得先經具 題及備行兩省將各處賊巢以次攻勦先約湖廣官兵會攻上猶諸賊未報但南贛兵力自來疲弱爲賊所輕必資湖廣土兵然後行事賊見土兵未至必以爲夾攻尙遠雖若出其不意奮兵合擊先以一哨急趨其後奪其隘口賊旣失勢殆可盡殪若必俟土兵之至果如各官所呈陷賊計中老師費財復爲他日之患追悔何及本院節准兵部咨題奉 欽依南贛地方賊情著都御史王守仁自行量調官軍設法勦捕及近奉 敕諭云云俱聽以軍法從事欽此欽遵除監督守巡官員外令分投先往上猶大庚等處調度催督外

本院身督中軍直搗橫水大巢所據各哨官兵合就分委督發依期進勦
一仰贛州府知府邢珣統領後開官兵自上猶石坑進由上稍石谿入磨刀坑
過白封龍一面分兵搜茶潭窩井杷州坑正兵經過朱坑早坑入楊梅村攻白
藍橫水與都司許清指揮謝昶姚璽知縣王天與等兵會合共結爲一大營及
各選精銳用鄉導兵引齎乾糧三日四搜附近各山寨如茶潭窩井杷州坑寨
下等處多方瓜探務期盡絕互相援應毋致疏虞左谿諸賊既盡然後分哨起
營過背烏坑穿牛角窟踰梅伏坑過長流坑涉果木口搜芒背上思順過烏地
入上新地中新地下新地攻桶岡峒諸賊與知府唐淳指揮余恩謝昶等兵合
勢夾擊賊既敗散遂會各營連絡犄角爲一大營各營精銳開合縱橫分布搜
扒必噍類無遺候有班師期日方許回兵領哨各官及兵快人等敢有臨陣退
縮違犯號令者仰遵照本院欽奉　敕諭內事理聽以軍法從事本官務要竭
忠效命益展才猷嚴督諸軍奮勇前進蕩除羣醜以靖地方如或怠忽乖繆致
有疏虞　國典具存罪難輕貸本院即日進屯南康親臨督戰一應進止機宜

密切差人俱赴營所稟白牌候事完日繳

計開　安遠縣新民義官某某等名下打手八百名乾字營哨長趙某某等名下機兵四百名弓箭手一隊銃手八名鄉導二十名火藥八十斤地圖一張軍令八十張號色布一千五百件兵旗大小九十面令字藍絹大旗一面奇兵搜扒用為先導尋常皆捲遇各營兵始開令字黃絹大旗一面正兵行動用為先導尋常皆捲遇各營兵始開

軍令　失誤軍機者斬臨陣退縮者斬違犯號令者斬經過宿歇去處敢有攪擾居民及取人一草一木者斬劄營起隊取火作食後時遲慢者照軍法治因而誤事者斬安營住隊常如對敵不許私相往來及輒去衣甲器仗違者照軍法治因而誤事者斬凡安營訖非給有各隊信牌及非營門而輒出入者皆斬守門人不舉告者同罪其出營樵牧汲水方便而擅過營門外者杖一百軍中呼號奔走驚衆者斬雖遇賊乘暗攻營將士輒呼動者斬軍中卒遇火起除奉軍令救火人外敢有喧呼及擅離本隊者斬軍中守夜巡夜之人每夜各有號色號色不應者即便收縛軍中不許私議軍機及妄言禍福休咎惑亂衆心違

者皆斬凡入賊境哨探可往而畏難不往託故推調及回報不實者斬軍行遇
敵人往衝及有埋伏在傍者不許輒動即便整隊向賊牢把相機殺勦違者斬
軍行遇賊乞衆降恐有姦謀即要駐軍嚴備一面飛稟中軍令其遠退自縛來
投不許輒與相近遇有自稱官吏及地方里老來迎接者亦不許輒與相近即
便駐軍嚴備一面飛稟中軍審實發落違者皆斬賊使入營及來降之人將士
敢與私語及問賊中事宜凡漏泄軍情者斬凡臨陣對敵一隊失全伍皆斬鄰
隊不救鄰隊皆斬賊敗追奔不得太遠一聽號令聞鼓方進聞金即止違者斬
賊巢財物並聽殺賊已畢差官勘驗給賞敢有臨陣擅取者斬乘勝逐賊不許
爭取首給路有遺下金銀寶物不許低頭拾取違者皆斬
一仰統兵官汀州府知府唐淳統領後開官兵前往南安府自百步橋浮江合
村等處進屯聶都會同把隘推官徐文英將點集守把鄉夫於內選取堪爲鄉
導者一百名分引哨路進襲上關破下關乃分兵爲三哨中一大哨踰相見嶺
撲密谿徑攻左谿右一小哨從下關分道搜絲茅壩復從中大哨於密谿進攻

左谿左一小哨自密谿搜羊牯腦山復自密谿從中大哨進攻左谿三哨復合爲一與本院會於橫水遂會同守備郟文知府季斆指揮余恩縣丞舒富等兵五營犄角合爲一大營乃各選精銳用鄉導分引齎乾糧二三日四搜山寨多方瓜探務期盡絕互相援應毋致疏虞左谿諸賊旣盡聽候本院再授方略然後分哨起營復自密谿回關田推官徐文英仍於關田厚集營陣以待奔竄遺賊勿輕散動本官自關田率兵由古亭進屯上保復自上保歷茶坑由十八磊依期進於木坳攻桶岡諸賊與知府邢珣指揮余恩等兵合勢夾擊賊旣敗散遂會各營連絡犄角爲一大營各選精銳開合縱橫分布搜扒必使噍類無遺候有班師之日方許回兵領哨各官及兵快人等敢有臨陣退縮違犯號令者仰卽遵照本院云云

計開云云下同

一仰南安府知府季斆統領後開官兵自南安府石人背進破義安分兵搜朱雀坑入西峯分兵搜狐狸坑進船廠分兵搜李家坑屯穩下分兵搜李坑遂踰

狗脚嶺搜陰木坑攻左谿與本院會於橫水遂與守備郟文知府邢珣唐淳指揮余恩縣丞舒富等兵合連爲一大營乃各選精銳齎乾糧三日用鄉導分引四搜附近山寨多方瓜探務期盡絕互相援應毋致疏虞左谿諸賊既盡然後分哨起營過密谿搜羊牯腦踰相見嶺歷上關下關關田經古亭分屯上保茶坑斷胡蘆洞等處賊路四面設伏以待桶岡奔賊爲都指揮許清之繼探候緩急相機應援必使根株悉拔噍類無遺候有班師期日方許回兵領兵各官及兵快人等敢有臨陣退縮違犯號令者仰即遵照本院云云

一仰江西都司都指揮僉事許清統領後開官兵自南康進破雞湖撲新地襲楊梅坑攻白藍與本院會於橫水遂與知府邢珣等兵會合共結爲一大營乃各選精銳用鄉導分引齎乾糧二三日四搜附近各山寨多方瓜探務期盡絕互相援應毋致疏虞橫水諸賊既盡聽候本院再授方略然後分哨起營自橫水穿牛角窟搜川拗陰木潭會左谿入密谿過相見嶺歷下關上關關田上華山過鱗潭屯左泉分斷西山界胡蘆洞等賊路四面設伏以待桶岡奔賊仍歸

屯橫水控制諸巢遙與知府季斆相機應援必使根株悉拔噍類無遺候有班師日期方許回兵領哨各官及兵快人等敢有臨陣退縮違犯號令者仰卽遵照本院云云

一仰守備南贛二府地方以都指揮體統行事指揮使郁文統領後開官兵前往南安府自石人坑度湯瓶嶺破義安上西峯過鉛廠破苦竹坑勦長河洞搜狐狸坑攻左谿與本院會於橫水遂與知府唐淳季斆指揮余恩縣丞舒富等兵營營連絡爲一大營乃各選精銳用鄉導分引齎乾糧二三日四搜附近山寨如天台菴獅子山絲茅壩等處多方瓜探務期盡絕互相援應毋致疏虞左谿附近諸賊既盡聽候本院再授方略然後分哨起營自左谿過密谿分兵搜絲茅壩會下關入關田過古亭踰上保搜茶坑屯於十八磊分兵斷下章設伏以待桶岡奔賊爲知府唐淳之繼使人探候消息相機應援必使遠近各賊噍類無遺候有班師期日方許回兵領兵各官及兵快人等敢有臨陣退縮違犯號令者仰卽遵照本院云云

一仰贛州衞指揮余恩統領後開官兵自上猶官隘踰獨孤嶺至營前進金坑屯過步破長流坑分兵入梅伏坑破牛角窟撲川拗陰木潭與正兵合攻左谿與本院會於橫水遂與縣丞舒富知府唐淳季斅守備郁文等兵連絡爲一大營乃各選精銳齎乾糧二三日用鄉導分引四搜附近各山寨多方爪探務期盡絕互相援應毋致疏虞左谿諸賊旣盡聽候本院再授方略然後分哨起營過密谿搜羊牯腦踰相見嶺歷下關上關關田上華山鱗潭網夾裏從左谿入西山界攻桶岡諸賊與知府邢珣唐淳指揮謝昶等兵合勢夾擊賊旣敗散遂會各營連絡犄角爲一大營各選精銳開合縱橫分布搜扒必使噍類無遺候有班師期日方許回兵領兵各官及兵快人等敢有臨陣退縮違犯號令者仰卽遵照本院云云

一仰寧都縣知縣王天與督同典史梁儀統領後開官兵自上猶官隘員坑過琴江口由白面寨至長潭經杰壩屯石玉分兵搜樟木坑正兵自黃泥坑過大灣入員分與本院會於橫水遂與知府邢珣都司許清等兵會合四營共結爲

一大營乃合選精銳用鄉導分引齎乾糧二三日四搜附近各山寨多方瓜探務期盡絕互相援應毋致疏虞横水等處諸賊既盡聽候本院再授方略然後分哨起營過背烏坑牛角窟梅伏坑涉長流渡果木口搜芒背上思順入烏地經上新地中新地分屯下新地分兵搜扒斷絶要路四面設伏以待桶岡之賊爲知府邢珣之繼使人探候緩急乃與縣丞舒富聲息相接應援必使噍類無遺候有班師期日方許回兵領兵各官及兵快人等敢有臨陣退縮違犯號令者仰即遵照本院云云

一仰南康縣縣丞舒富統領後開官兵自上猶營前金坑進屯過步破長流坑徑攻左谿與本院會於横水遂與知府邢珣唐淳季斆守備郁文等兵合四營共結爲一大營乃分選精銳齎乾糧用鄉導分引四搜附近賊巢如鼈坑箬坑赤坑觀音山奄埸仙鶴頭源陂左谿等處諸賊既盡聽候本院再授方略然後分哨起營復自長流坑過果木口搜芒背搜鐵木里徇上池徧搜東桃坑山源竹壩泉大王嶺板嶺諸巢遂屯鎖匙龍外四面埋伏以待桶岡奔賊仍與知縣

王天與聲息相接彼此相機應援必使噍類無遺候有班師期日方許回兵領
兵各官及兵快人等敢有臨陣退縮違犯號令者仰卽遵照本院云云
一仰吉安府知府伍文定統領後開官兵前去屯劄穩下會同守備郁文併謀
協力搜勦稽蕪等處賊巢進屯橫水聽候本院再授方略然後進攻桶岡諸峒
本官仍須詳察地理險易相度機宜協和行事毋得爾先我後力散勢分致失
事機　國典具存決不輕貸其領哨各官及兵快人等敢有臨陣退縮違犯號
令者許卽以軍法從事軍中一應事宜亦應隨宜應變應呈報者仍呈軍門施
行
一仰廣東潮州府程鄉縣知縣張戩統領部下新民打手鄉夫人等搜勦稽蕪
黃徑坳新地等處賊巢進屯橫水聽候本院再授方略然後進攻桶岡諸峒本
官仍須詳察云云
一仰中軍營參隨官
　案行分守嶺北道官兵戴罪勦賊

參看稽蕪大山不係進兵隘路若使郁文季斅等遵依本院方略直趨左谿與諸軍連營合勢兵威旣振然後分兵四勦則稽蕪等巢自然聞風而靡今乃不遵約束頓兵僻路以攻險絕堅小之寇反致損威挫銳非但有乖節制抑且違誤師期若使各哨官兵皆若季斅等後期不進則左谿橫水賊巢根本腹心之地何由攻破諸軍何由得有今日之勝論情定罪俱合處以軍法但今各營皆已乘勝追逐賊徒四散奔潰正係緊關搜節之際姑令戴罪勦絕以贖前辜爲此仰鈔案回道速督各官分投把截搜勦俱要勵志奮勇毋徒退縮以自全毋以小挫而自餒務奮澠池之翼以收桑榆之功如復仍前畏縮違誤軍令具存難再容恕仍將陣亡千戶劉彪及被傷兵夫人等查驗紀錄量加優恤

搜勦餘黨牌

照得本院於本月十二日親督諸軍進破橫水等巢諸軍皆奮勇敢死奪險陷陣賊乃大敗擒斬功次數多良已可嘉但聞餘黨往往復相嘯聚千百爲羣設柵阻險復爲抗拒官兵之備所據各兵進攻之日攀崖緣壁下上險阻夜困已

極兼之陰雨連日瘴霧咫尺不辯故且容令各兵暫爾休息今天氣漸開兵力已蘇若不乘此破竹之勢疾速急擊使諸賊聲勢復得連絡用力益難爲此牌仰該道官吏嚴督各營官兵星夜速進務在三日之內掃蕩餘孽必使噍類無遺敢有狃於一勝怠忽因循逗遛不進致誤軍機者仰卽遵照 敕諭事理當時以軍法從事該道亦要身督各官奮勇前進毋虧一簣務在萬全

奬勵湖廣統兵參將史春牌

據副使楊璋呈稱遵奉本院牌案監督各營官兵照依二省刻定日期於十一月初十日午時攻破桶岡大峒賊徒皆已擒斬巢穴悉已掃蕩但湖廣官兵未知恐仍復前來非但無賊可勦抑且徒勞遠涉乞將湖廣官兵留屯彼地免其過境實爲彼此兩便等因到院看得桶岡天險先經夾勦圍困半年終不能下乃今一鼓而破斯固諸將用命軍士效力實亦湖廣兵威大震有以懾服其心故破巢之日不敢四散奔潰以克收茲全功訪得湖廣統兵參將史春紀律嚴明行陣肅整故能遠揚威武致茲克捷雖兵不接刃而先聲以張相應差官奬

勵爲此牌差千戶高睿齎領後開花紅禮物前去湖廣郴州親送本官營內傳布本院獎勵之意以彰本官不顯之功

設立茶寮隘所

照得撫屬上猶等縣所轄桶岡天險四面青壁萬仞中盤二百餘里連峯參天深林絕谷不睹日月賊衆屯據其間東出西沒游劫殆徧人民遭其荼毒地方受其擾害先年亦嘗用兵夾勦坐困數月不能俘其一卒竟以招撫爲名而罷近該本院奉命征勦伏賴　天威悉已掃蕩但恐官兵撤後四方流賊乘間復聚必須於緊關去處設立隘所分撥軍兵委官防禦庶使地方得以永寧本院見屯茶寮親督知府邢珣唐淳等徧歷各處險要相視得茶寮正當桶岡之中自來盜賊據以爲險西通桂東桂陽南連仁化樂昌北接龍泉永新東入萬安興國堪以設隘保障當因湖廣官兵未至各營屯兵坐候因以其暇責委千戶孟俊等督領兵夫先行開填基址伐木立柵起蓋營房見今規模草創已具本院即欲移營上猶必須委官督工庶幾垂成之功不致廢弛及照茶寮既設隘

所就合摘撥官兵防禦查得皮袍洞隘兵原非緊要合改移茶寮及於鄰近上保古亭赤水鮮潭金坑編選隘夫兼同防守庶一勞永逸事可經久爲此仰鈔案回道坐委能幹縣官一員前去茶寮督工完造務要堅固永久不得因循遲延一面查照本院欽奉　敕諭隨宜處置事理即將原撥守把皮袍洞隘官兵盡數移就茶寮住劄一面於上保赤水古亭鮮潭金坑等寨量丁多寡每寨抽選精壯者一二百名兼同防禦其合用匠作工食等項行令上猶南康大庾三縣量支官錢給用完日具數及起撥官兵數目一併回報查考仍呈撫鎮巡按衙門知會

牌行招撫官　正德十三年二月

據縣丞舒富稟稱橫水等處新民廖成廖滿廖斌等前來投招隨又招出別山餘黨唐貴安等一百四十二名口俱稱原係被脅無辜乞要安插照例糧差等因到院照得橫水桶岡諸賊已經本院親調官兵將賊首藍天鳳等悉已擒勦奏捷去後近准兵部咨奏奉　敕旨橫水桶岡等處賊首謝志山藍天鳳蕭貴

模等既已擒勦地方寧靖有功官兵俱陞一級不願陞者照例給賞此後但有未盡餘黨務要曲加招撫毋得再行勦戮有傷天地之和其橫水建立縣治俱依所奏施行備咨准此除查照通行外看得新民廖成等誠心投撫意已可嘉又能招出餘黨非但洗其既往之罪亦當錄其圖新之功況今奉有　敕旨方欲大普弘仁而廖成等投順適當其時相應量加陞賞一以見　朝廷之寬仁一以勵將來之向化爲此牌仰縣丞舒富即將新民廖成授以領哨義官廖滿廖斌等各與巡捕老人名目令其分統招出新民編立牌甲聽候調遣殺賊更立新效以贖舊愆就於橫水新建縣城內立屋居住分撥田土令其照例納糧當差本官務加撫恤毋令失所有虧信義仍仰諭各新民俱要洗心滌慮永爲良善毋得聽信讎家恐嚇妄生驚疑自取罪累及照見今農時已過新民人等牛具田種尚未能備今特發去商稅銀一百兩就仰本官置買耕牛農器分給各民督令上緊趁時布種其有見缺食用者亦與量給鹽米一應撫安綏來之策有可施行俱仰本官悉心議處呈來

批留兵搜捕呈

看得樂昌等處賊徒搆怨連年流毒三省今兵備僉事王大用等乃能身歷險阻設謀調度數月之內致此克平論厥功勞良可嘉尚除具本　奏報及一面先行犒獎外所據各哨賊徒穴巢雖已底定而漏殄難保必無況聞湖兵撤後各該巢穴多復嘯聚河源龍川諸處殘賊亦復招羣集黨連結漸多逆其將來必復熾盛今雖役久兵疲且宜班師息衆但留兵搜捕亦不可苟毋謂斬木之不蘖死灰之不然苟涓涓之不塞將江河之莫禦其狼兵既已罷散難復追留若機快鄉兵之屬暫令歸休即可起集為輪番迭出之計務使搜勦之兵若農夫之耘耨庶幾盜賊之種如蕢莠之可除該道仍備行搜捕各官務體此意悉拔根苗無遺後患批呈繳

批將士爭功呈

據兵備僉事王大用呈樂昌縣知縣李增緝獲大賊首李斌等審驗明白續據湖廣永州府推官王瑞之呈稱廣東差人邀奪等情已拘知縣見在人役追出

原得獲李斌金簪銀兩荷包見在顯是湖廣兵快計擒不得妄報掩飾看得邇者大征之舉湖廣實首其謀江廣亦協其力既名夾攻事同一體湖兵有失是亦廣兵之罪廣人有獲斯亦湖人之功況今賊首既擒則湖廣領哨之官亦復何咎雖云因虞得鹿而廣東計誘之人亦非無功但求共成厥事何必己專其伐矧各呈詞亦無相遠就如湖廣各官所呈卽廣人乘機捕獲之功居然自見就如廣東各官所呈則湖官運謀驅逐之勞亦自不掩獲級者匹夫之所能爭功者君子之大恥仰該道備行湖廣守巡等官彼此同心易氣各自據實造冊

告諭浰頭巢賊

正德十二年五月

本院巡撫是方專以弭盜安民爲職蒞任之始卽聞爾等積年流劫鄉村殺害良善民之被害來告者月無虛日本欲卽調大兵剿除爾等隨往福建督征漳寇意待回軍之日剿蕩巢穴後因漳寇既平紀驗斬獲功次七千六百有餘審知當時倡惡之賊不過四五十人黨惡之徒不過四千餘衆其餘多係一時被脅不覺慘然興哀因念爾等巢穴之內亦豈無脅從之人況聞爾等亦多大家

子弟其閑固有識達事勢頗知義理者自吾至此未嘗遣一人撫諭爾等豈可遽爾與師翦滅是亦近於不教而殺異日吾終有憾於心故今特遣人告諭爾等勿自謂兵力之強更有兵力強者勿自謂巢穴之險更有巢穴險者今皆悉已誅滅無存爾等豈不聞見夫人情之所共恥者莫過於身被爲盜賊之名人心之所共憤者莫甚於身遭刼掠之苦今使有人罵爾等爲盜爾必怫然而怒爾等豈可心惡其名而身蹈其實又使有人焚爾室廬刼爾財貨掠爾妻女爾必懷恨切骨寧死必報爾等以是加人人其有不怨者乎人同此心爾寧獨不知乃必欲爲此其間想亦有不得已者或是爲官府所迫或是爲大戶所侵一時錯起念頭誤入其中後遂不敢出此等苦情亦甚可憫然亦皆由爾等悔悟不切爾等當初去從賊時乃是生人尋死路尚且要去便去今欲改行從善乃是死人求生路乃反不敢何也若爾等肯如當初去從賊時拚死出來求要改行從善我官府豈有必要殺汝之理爾等久習惡毒忍於殺人心多猜疑豈知我上人之心無故殺一雞犬尚且不忍況於人命關天若輕易殺之冥冥之中

斷有還報殃禍及於子孫何苦而必欲爲此我每爲爾等思念及此輒至於終夜不能安寢亦無非欲爲爾等尋一生路惟是爾等冥頑不化然後不得已而興兵此則非我殺之乃天殺之也今謂我全無殺爾之心亦是誑爾若謂我必欲殺爾又非吾之本心爾等今雖從惡其始同是　朝廷赤子譬如一父母同生十子八人爲善二人背逆要害八人父母之心須除去二人然後八人得以安生均之爲子父母之心何故必欲偏殺二子不得已也吾於爾等亦正如此若此二子者一旦悔惡遷善號泣投誠爲父母者亦必哀憫而收之何者不忍殺其子者乃父母之本心也今得遂其本心何喜何幸如之吾於爾等亦正如此聞爾等辛苦爲賊所得苦亦不多其間尚有衣食不充者何不以爾爲賊之勤苦精力而用之於耕農運之於商賈可以坐致饒富而安享逸樂放心縱意遊觀城市之中優游田野之內豈如今日擔驚受怕出則畏官避讎入則防誅懼勦潛形遁迹憂苦終身卒之身滅家破妻子戮辱亦有何好爾等好自思量若能聽吾言改行從善吾卽視爾爲良民撫爾如赤子更不追咎爾等既往之

罪如葉芳梅南春王受謝鉞輩吾今只與良民一概看待爾等豈不聞知爾等若習性已成難更改動亦由爾等任意爲之吾南調兩廣之狠達西調湖湘之土兵親率大軍圍爾巢穴一年不盡至於兩年兩年不盡至於三年爾之財力有限吾之兵糧無窮縱爾等皆爲有翼之虎諒亦不能逃於天地之外嗚呼吾豈好殺爾等哉爾等苦必欲害吾良民使吾民寒無衣饑無食居無廬耕無牛父母死亡妻子離散吾欲使吾民避爾則田業被爾等所侵奪已無可避之地欲使吾民賄爾則家資爲爾等所擄掠已無可賄之財就使爾等今爲我謀亦必須盡殺爾等而後可吾今特遣人撫諭爾等賜爾等牛酒銀錢布匹與爾妻子其餘人多不能通及各與曉諭一道爾等好自爲謀吾言已無不盡吾心已無不盡如此而爾等不聽非我負爾乃爾負我我則可以無憾矣嗚呼民吾同胞爾等皆吾赤子吾終不能撫恤爾等而至於殺爾痛哉痛哉與言至此不覺淚下

照得撫屬龍川縣地名浰頭積年老賊池大鬢等不時糾衆突出河源翁源安遠龍南信豐等處攻打城池殺擄人口先年亦嘗征勦皆因預失防禦以致漏網後雖陽爲聽招其實陰圖不軌班師未幾肆出刦掠數年以來民受荼毒控告紛紜有不忍言若不趁時計勦地方何以寧謐爲此仰鈔案回道會同分守守備等官卽行該府知府陳祥速將合用糧餉等項一面從長議處一面卽於所屬選集精壯驍勇曾經戰陣機快兵壯人等三千名少或二千名各備鋒利器械編成隊伍坐委素能謀勇官員統領一面密行龍川河源等附近賊巢等縣亦各選募慣戰殺賊兵快二千名委官分押督同近巢知因被害義官新民頭目人等分截要路就仰知府陳祥總督諸軍親至賊巢去處指畫方略剋期進勦仍行先取知因鄉導數十人令其備將賊巢道路險易畫圖貼說要見某處平坦人馬可以直擣某處險阻可以把截某處係賊必遁之路可以設伏邀擊某處賊所不備可以間道撲掩各要一一詳察停當務盡機宜具由連圖差人馬上齎報以憑差官齎執令旗令牌剋期併力進攻必使根株悉拔噍類無

遺以靖地方

剋期進勦牌（正德十三年正月）

案照浰頭老賊池大鬢等不時糾衆攻打城池殺擄人口屢征屢叛近年以來陰圖不軌惡燄益熾除將賊首池仲容設計擒獲外其餘在巢賊黨若不趁機速勦不無禍變愈大地方何由安息本院已先密切分布哨道行仰知府陳祥統領典史姚思衡驛丞何春巡檢張行報效生員陳經世新民盧琢等官軍從何平入攻熱水巢五花障巢鐵石障巢直搗中浰大巢知府邢珣統領知縣王天與典史梁儀幷老人葉秀芳黃啓濟義官吳明等官兵從太平入攻芀竹湖巢白沙巢黃田坳巢中村巢直搗上浰大巢指揮姚璽統領新民梅南春等兵從烏虎鎮入攻淡方巢石門由巢直搗岑岡大巢指揮余恩統領百長王受黃金巢等兵從龍子嶺入攻谿尾巢塘涵洞巢古地巢空背巢直搗下浰大巢千戶孟俊統領義官陳英鄭志高新民盧琢等官兵從和平入攻平地水巢大門山巢黃狗坳巢直搗中浰大巢推官危壽統領義民葉芳百長孫洪舜等官兵

從南步入攻脫頭石巢鎮里寨巢羊角山巢直搗中浰大巢知府季斆兵從信豐縣黄田岡入攻新山徑巢古地巢縣丞舒富兵從信豐縣烏徑入攻旗嶺巢頓岡巢及行仰守備指揮郁文監督指揮姚璽余恩千戸孟俊等三哨官兵分路進勦本院亦自行督領帳下隨征官屬兵快人等從冷水徑直搗下浰大巢親自督戰刻期俱於本年正月初七日寅時四路並進外牌仰兵備副使楊璋不妨本道事務遵照本院欽奉敕諭事理前去軍前紀驗功次處置糧餉及行催督各哨官兵依期進勦所獲功次務要審驗明白從實紀錄仍候巡按紀功御史至日覆實照例造冊奏繳及造青冊一本送院查考其軍中一應進止機宜俱仰密切呈來定奪

批汀州知府唐淳乞休申

據知府唐淳申稱患病乞賜放歸看得知府唐淳沈勇多智精敏有爲兼之持守能謹制事以勤近固本院調委領兵征勦南安諸賊效勞備至斬獲居多雖克捷之奏已舉而賞功之典未頒況汀州所屬多係新民投招未久反側無常

正賴本官威懷緝撫以爲保障縱有微疾不便起居卽其才能豈妨臥治仰該府卽行本官不妨養疾照舊管事安心職務善求藥餌務竭委身之忠勿動乞休之念申繳

告諭

告諭百姓風俗不美亂所由興今民窮苦已甚而又競爲淫侈豈不重自困乏夫民習染既久亦難一旦盡變吾姑就其易改者漸次誨爾吾民居喪不得用鼓樂爲佛事竭貲分帛費財於無用之地而儉於其親之身投之水火亦獨何心病者宜求醫藥不得聽信邪術專事巫禱嫁娶之家豐儉稱貲不得計論聘財裝奩不得大會賓客酒食連朝親戚隨時相問惟貴誠心實禮不得徒飾虛文爲送節等名目奢靡相尚街市村坊不得迎神賽會百千成羣凡此皆靡費無益有不率教者十家牌鄰互相糾察容隱不舉正者十家均罪爾民之中豈無忠信循理之人顧一齊衆楚寡不勝衆不知違棄禮法之可恥而惟慮市井小人之非笑此亦豈獨爾民之罪有司者教導之不明與有責焉至於孝親敬

長守身奉法講信修睦息訟罷爭之類已嘗屢有告示懇切開諭爾民其聽吾誨爾益敦毋怠

仰南安贛州印行告諭牌

照得有司之政風俗爲首習俗侈靡亂是用生本院近因地方多盜民遭荼毒驅馳兵革朝夕不遑所謂救死不贍奚暇責民以禮義哉今幸盜賊稍平民困漸息一應移風易俗之事雖亦未能盡舉姑先就其淺近易行者開道訓誨爲此牌仰本府官吏即將發去告諭照式翻刊多用紙張印發所屬各縣查照十家牌甲每家給與一道其鄉村山落亦照屯堡里甲分散務遵依告諭互相戒勉共與恭儉之風以成淳厚之俗該府仍行各縣於城郭鄉村推選素行端方人所信服者幾人不時巡行曉諭各要以禮優待作與良善以勵末俗毋得違錯

禁約榷商官吏

照得商人比諸農夫固爲逐末然其終歲棄離家室辛苦道途以營什一之利

良亦可憫但因南贛軍資無所措備未免加賦於民不得已而爲此本亦寬恤貧民之意奈何奉行官吏不能防禁姦弊以致牙行橋子之屬騷擾客商求以寬民反以困商商獨非吾民乎除另行訪拏禁約外仰鈔案回道即便備行收稅官吏今後商稅遵照　奏行事例抽收不許多取毫釐其餘雜貨俱照舊例三分抽一若資本微細柴炭雞鴨之類一概免抽橋子人等止許關口把守開放不得擅登商船假以查盤爲名侵凌騷擾違者許赴軍門口告照依軍法拏問其客商人等亦要從實開報不得聽信哄誘隱匿規避因小失大事發照例問罪客貨入官及照船稅一事亦被總甲侵擾今後官府合行船隻俱要實價給顧就行抽分廠查給票帖以防詐僞該道仍將應抽免抽逐一查議則例呈來

批贛州府賑濟石城縣申

看得所申賑濟既該府議許中戶糴買下戶給散准如所議施行今出糴之數止及二千而坐濟之民不知幾許附郭者得遂先獲之圖遠鄉者必有不霑之

惠近日贛縣發倉其弊可見仰行知縣林順會同先委縣丞雷仁先選該縣殷實忠信可託者十數輩不拘生員耆老義民各給斗斛候遠鄉之民一至即便分曹給散仍選公直廉明之人數輩在傍糾察如有賷緣頂冒即時擒拏照議罰治庶幾小民得蒙救急之惠而遠鄉可免久候之難

議處河源餘賊

看得河源等處賊情本院屢經批仰該道會同守巡等官從長計議相機勦捕今復據呈看得賊勢漸盛民患日深該道既以兵力勞憊勢未能克即須會同守巡守備等官或親至賊巢或於附近賊巢處所屯劄選差知因通賊曉事人役賷執告示榜文權且撫諭各賊委曲開譬或姑賜以牛酒銀布耕具種子之類令其收衆入巢趁時耕作因使吾民亦得暫免防截之役及時盡力農畝一面選兵勵士密切分布哨道候收斂已畢各巢亦積有糧米然後的探虛實剋期並舉出其不趨掩其不備是乃籍兵於民因糧於賊非獨可以稍紓目前之急亦因得以永除日後之患矣今若兵力不足既未能勦又不從權撫插任其

出沒往來則非惟民不安生窮困愈甚抑且賊亦失其農業衣食不給若非擄掠何以爲生是所謂益重吾民之苦而愈長羣賊之姦兵糧日耗後欲圖之功愈難矣仰該道會同守巡守備等官上緊議處施行回報毋得徒事往復致釀後艱其各該官司兵快人等不論或撫或勦俱要時時操練整束密切隄備不得縱弛致有疏虞

告諭父老子弟　正德十四年二月

頃者頑卒倡亂震驚遠邇父老子弟甚憂苦騷動彼冥頑無知逆天叛倫自求誅戮究言思之實足憫悼然亦豈獨此冥頑之罪有司者撫養之有缺訓迪之無方均有責焉雖然父老之所以倡率飭勵於平日無乃亦有所未至歟今倡亂渠魁皆就擒滅脅從無辜悉已寬貸地方雖已寧復然創今圖後父老所以教約其子弟者自此不可以不預故今特爲保甲之法以相警戒聯屬父老其率子弟慎行之務和爾鄰里齊爾婣族道義相勸過失相規敦禮讓之風成淳厚之俗本院奉　命撫巡茲土屬有哀疚未遑徧閭來問父老疾苦廉有司之

不職究民之利弊而興除之故先遣諭父老子弟使各知悉方春父老善相保愛督子弟及時農作毋惰

行龍川縣撫諭新民

先據推官危壽幷龍川縣各申依奉本院鈞牌將新民盧源陳秀堅謝鳳勝等安插和平及撥田地耕種幷拘仇家當面開釋各安生理毋相搆害緣由近訪得各民因聞廣東征勦從化等賊自生疑惑東逃西竄致令和平居民因而驚擾似此互相扇惑地方何時寧靖本當拏究為首之人綁赴軍門斬首示衆但念各民意亦無他姑且記罪曉諭為此牌仰龍川縣掌印官卽將投城居民諭以前項聽撫新民俱已改惡從善止因廣東調兵征勦居民素懷仇隙者因而假此恐嚇致令東奔西竄各民意在避兵本非叛招出劫爾等毋得妄生驚疑及差人拘集新民盧珂陳秀堅等諭以廣東官兵征勦各有界限爾等緣何輕信恐嚇妄自驚竄俱各着令回原村寨安居樂業趁此春和各務農作仍諭盧源陳秀堅謝鳳勝等各要嚴束手下甲衆各念死中得生之幸悔罪畏法保爾

首領如或面從心異外託驚懼之名內懷反覆之計自求誅戮悔後何及

優奬致仕縣丞龍韜牌

訪得贛縣致仕縣丞龍韜平素居官清謹迨其老年歸休遂致貧乏不能自存薄俗愚鄙反相譏笑夫貪汚者乘肥衣輕揚揚自以爲得志而愚民競相歆羡清謹之士至無以爲生鄉黨鄰里不知以爲周恤又從而笑之風俗薄惡如此有司者豈獨不能辭其責孟子云使饑餓於我土地吾恥之是亦有司者之恥也爲此牌仰贛州府官吏即便措置無礙官銀十兩米二石羊酒一付掌印官親送本官家內以見本院優恤奬待之意仍仰贛縣官吏歲時常加存問量資柴米毋令困乏嗚呼養老周貧王政首務況清謹之士既貧且老有司坐視而不顧其可乎遠近父老子弟仍各曉諭務洗貪鄙之俗共敦廉讓之風具依准

犄措送過繳牌

別錄九　公移

公移二　巡撫江西　征寧藩

牌行贛州府集兵策應　正德十四年六月十八日

照得本院奉　敕前往福建公幹於六月初九日自贛州啓行由水路十五日至豐城縣地名黃土腦節據知縣顧佖等幷沿途地方總甲等稟報江西省城突然變亂撫巡三司等官俱遭拘執殺害遠近軍民甚是驚惶再三阻遏本院且勿前進本院原未帶有官軍勢難輕進欲馳還贛州起兵則地里相去益遠已暫回吉安府就近住劄一面調集兵糧號召義勇一面差人分投爪探的確另行外爲此牌仰本府官吏照牌事理幷行附近衛所各行所屬起集父子鄉兵軍餘人等晝夜加謹固守城池以保不測仍仰知府邢珣查將貯庫錢糧盡數開具印信手本先行呈報毋得隱匿一面行取安遠等縣原操不論上下班次官兵各備鋒利器械通到教場日逐操練重加犒餉選委謀勇官員管領聽

候本院公文一至即刻就便發行敢有違誤定以軍法處治決不輕貸
咨兩廣總制都御史楊共勤　國難
節該欽奉　敕福州三衛軍人進貴等脅衆謀反特命爾暫去彼處地方會同
查議處置參奏定奪欽此欽遵於六月初九日自贛啓行於本月十五日行至
豐城縣地名黃土腦據知縣顧佖等稟稱本月十四日寧府將巡撫孫都御史
許副使等官殺死巡按及三司府縣大小官員不從者俱被執縛各衙門印信
盡數收去庫藏搬搶一空聲言直取南京一面分兵北上各官競阻本職不宜
輕進本職自顧單旅危途勢難復進方爾回程隨有兵卒千餘已夾江並進來
追偶遇北風大作本職亦張疑設計整舟安行兵不敢逼幸而獲免本月十八
日回至吉安府據知府伍文定等稟稱地方無主乞留暫爲區畫遠近居民亦
皆遮擁呼號隨又據臨江府幷新淦豐城奉新等縣各差人飛報寧府遣兵四
出攻掠拘收印信等因本職奉有前　旨欲遂徑往福建但天下之事莫急於
君父之難若彼順流東下萬一南都失備爲彼所襲彼將乘勝北趨動搖京輔

如此則勝負之算未有所歸此誠天下安危之大機慮念及此痛心寒骨義不忍舍之而去故遂入城撫慰軍民督同知府伍文定等調集兵糧號召義勇定謀設策收合渙散之心作起忠義之氣牽其舉動而使進不得前搗其巢穴而使退無所據庶幾叛逆可擒大難可靖本職自惟弱劣多病屢疏乞休況地方之責亦非本職原任今茲扶疾赴闕實亦意圖便道歸省適當君父之急不忍失此事機姑復暫留期紓　國難除具奏外爲照前項事情係國家大難存亡所關雖經起調吉安等府兵快非惟武藝無素尤恐兵力不敷必須添調兵馬方克濟事照得南韶惠潮等府各有慣戰精兵堪以調用擬合移咨督發爲此合咨貴院煩爲選取驍勇精壯兵快夫款打手人等大約四五千名各備鋒利器械選委謀勇膽略官員或就委嶺南道兵備僉事王大用監統給與各兵行糧不分兩夜兼程前來共勤　國難諒貴院素秉忠孝之節久負剛大之氣聞此必將奮袂而起秉鉞長驅當在郭汾陽之先肯居祖士遠之後哉紛擾之中莫罄懇切惟高明速圖之

案行南安等十二府及奉新等縣募兵策應 六月二十六日

切照叛逆天下之大惡討賊天下之大義 國家優禮藩封恩德隆重乃敢輒萌異圖以干憲辟上逆天道下犯衆怒滅亡之期計日可待本院職任雖非專責危難安忍坐視仗順伐逆鼓率忠義豪傑四起發謀協力除行吉安等府縣起調兵快防守地方及行廣東福建湖廣等處各調兵策應外照得本省所屬各府州縣衛所見今巡撫都布按等衙門俱各缺官事無統束擬合通行爲此仰抄案回府卽行所屬縣分幷衛所衙門各起調官軍鄉兵固守城池保障地方仍一面分調兵快散布關隘嚴加把截一面選募驍勇精兵大縣約四五千名小縣約二三千名以上各備鋒利器械供給糧草擇委能幹勇力官員管領操練其各項錢糧費用聽將在官錢糧動支隨申本院查考其濱江去處多備船隻聽候本院差官齎捧旗牌至日卽刻依期啓行進攻仍選差慣便人役多方探聽消息不時飛報以憑區畫此係守土官員切責而臣子效忠致身正在今日各宜奮發義氣鼓動軍民共成滅賊之功以輸報國之念毋得遲違觀望

失誤軍機自取罪戾

寬恤禁約

照得江西省城近遭變亂各府州縣兵戈騷動供億勞費兼值天時亢旱秋成無望人民窘迫言之痛心中閒恐有無賴之徒乘機竊發驚擾地方理合寬恤禁約但巡撫衙門見今缺官本院駐軍境內不容坐視合就權宜處置通行爲此除一面奏聞外仰抄案回府照依案驗內事理幷行所屬各縣官員務須軫念地方痛恤民隱凡一應不急詞訟工役俱各停止其軍前合用兵夫糧草各官俱要持廉秉公親自編派毋得因而科擾及聽信下人受財作弊仍嚴加曉諭軍民人等務要各守本分安居田里不許扇惑搬移妄生事端大戶毋逼債負小民毋激仇嫌鄉落居民各自會推家道殷實行止端莊一人充爲約長二人副之將各人戶編定排甲自相巡警保守各勉忠義共勤 國難敢有抗違生事驚擾地方者就便拏解赴官治以軍法約長若有乘機侵害衆戶及受財不舉許被害之人告發重治仍仰各縣將前項寬恤禁約事宜翻刻告示發仰

鄉村張掛曉諭俟巡撫官員到日再行議處無違錯

獎瑞州府通判胡堯元擒斬叛黨 六月二十七日

據瑞州府通判胡堯元報稱擒獲從叛儀賓李蕃斬獲叛黨九十四名等因看得逆賊稱亂天怒人怨誅滅非久然今勢焰正張本官乃能獨奮忠勇首挫賊鋒遠近聞之義氣自倍合行獎勞以勵人心爲此牌仰瑞州府官吏卽行動支官錢買辦花紅羊酒委官率領官吏師生送至本官用見本院獎勸之意其餘有功人員分別等第量加犒賞被傷兵夫給與湯藥陣亡者厚恤其家候功成之日通行造冊申報陞賞仍一面起調驍勇精兵固守城池聽候本院調發毋得違誤

策應豐城牌

據豐城縣知縣顧佖稟稱本縣起調鄉兵固守城池惟恐兵力不敷必須請兵策應庶保無虞等因看係地方重務已經調發龍泉安福永新等縣并吉安千戶所機快軍兵陸續前去策應照得發去官兵必須選委謀勇膽略官員統領

庶幾調度得宜爲此仰通判楊昉即將後開軍兵名數督同千戶蕭英監統協同知縣顧佖等計議攻守方略相度險夷要害遠斥堠以防奸動訓練以齊衆探知賊人入境即便設奇布伏以逸待勞擊其不意務在先發制人毋令乘閒抵隙軍兵人等務要嚴爲約束毋令侵擾敢有違犯退縮許以軍法從事各官尤要同心并力協和行事共效忠貞之節以紓國家之難如或執拗參錯觀望逗遛違犯節制致有疏虞軍令具存決難輕貸

調取吉水縣八九等都民兵牌

訪得吉水縣八九等都民人王益題曾思温易弘爵王昭隆等各戶下人丁素習武勇人多尚義前任知縣周廣曾經起調征進皆係驍勇慣戰之人今玆逆黨倡亂民遭荼毒應合調取以赴　國難爲此訪差致仕縣丞龍光齎牌前去吉水縣着落當該官吏即將各戶義兵照數調集各備鋒利器械編成行伍僉選百長總小甲管領就仰該縣查支官錢給與口糧暫且就屯本縣操演武藝聽候本院指日東下隨軍進勦照得江西一省人民久被寧府毒害侵肌削骨

破家蕩產冤困已極控訴無門今其惡貫滿盈天假義兵爲民除暴尚聞愚昧之徒阻避寧府威勢不敢舉動殊不知寧府未叛之前尚爲親王人不敢犯今逆謀既著即係反賊人人得而誅之復何所憚爾等義民正宜感激忠義振揚威武爲百姓報讎泄憤共立不世之勳以收勤王之績毋得稽遲觀望自取軍法重究差去官員不許假此擾害妄生事端體訪得出罪不輕貸

預備水戰牌

案照已經行仰起調軍馬前來策應日久尚未見到近據探報逆黨南下將攻南都計此時南都必已有備各逆黨進無所獲必退保九江如此則水戰之具爲急不可不備爲此牌仰福建布政司即行選募海滄打手一萬名動支官庫不拘何項銀兩從厚給與衣裝行糧各備鋒利器械就仰左布政使席書兵備僉事周期雍自行統領星夜前赴軍門相機前進并力擒勦仍行巡撫等衙門同心協力後先監督應援此係叛逆謀危　宗社天下荼毒所關呼吸存亡旦暮成敗閒不容髮非比尋常賊情不得遲違觀望有虧臣節嗚呼　主憂臣辱

主辱臣死凡有血氣孰無是心況各官忠義自任剛大素聞必將奮臂疾驅有不容已兵快及領兵人等敢有違犯節制有誤軍機者仰卽遵照本院欽奉敕諭事理許以軍法從事無得姑息

咨都察院都御史顏權宜進勦 七月初五日

節該欽奉云云除具 題及咨南京兵部知會外爲照前項事情係 國家大難安危所關已經起調吉安等府兵快前去征勦并備行湖廣廣東福建各調兵策應外照得南畿係 朝廷根本重地今寧王謀逆搆亂舉兵北行圖據南都必得四面合攻庶克有濟及照貴院奉 命行勘前事卽今逆跡已露別無可勘事情合咨前去煩爲隨處行令所屬選取驍勇精兵及民閑忠義約二三萬名選委謀勇官員分領會約鄰近省郡合勢刻期進討仍煩貴院親督兼程前來共勤 國難諒貴院平日忠義存心剛直自許況今奉 命查勘寧藩正可權宜行事號召遠邇 主憂臣辱 主辱臣死他復何言紛擾之中莫罄懇切惟高明速圖之

權處行糧牌

據撫州府申稱建昌撫州廣信饒州四府正德十三年兌軍糧米不下十餘萬石原蒙撥在龍窟聽與撫州建安鉛山廣信饒州五所軍旗交兌因運船阻凍回遲於今年六月始行較斛開兌其已兌者裝載軍船未兌者仍在民艘不意十五日省城有變遂行停兌至十八日逆黨乘機劫奪各船順流放至饒州河下得無驚擾但今江河梗塞難以兌運節奏明文動調大軍征討叛逆要將兌軍淮糧暫留以備軍餉申詳到院查得先據吉安等府申稱爲各府官軍將臨欲將官庫紙米贓罰等銀幷京庫等銀及將兌淮糧米從權給支借用等情已經批仰依擬查取去後今申前因擬合准行爲此仰府官吏卽行掌印官查將見在饒州灣泊兌軍淮糧准從權宜坐委能幹官員無分雨夜督運江西省城聽候支給各兵行糧毋違時刻候事平之日備造印信文冊繳報查照仍令委官前去查照免致下人因而侵欺未便

牌行吉安府敦請鄉士夫共守城池 七月初八日

照得寧府反叛本院調兵進勦卽日啓行各府縣掌印正官旣該統兵前進所據各該府縣城池雖已行委各佐貳官防守但艱危之際事變不測必須歷練老成之人相與維持鎭定庶幾人心不致驚疑政務有所倚賴爲此案行吉安府官吏通行各縣署印官員徑自以禮敦請老成鄕宦衆所推服者一二員在城以備緊急協同行事該府城池關係尤重查得致仕按察使劉遜素有才望忠義奮激就仰該府請至公館仍仰署印官待以賓師之禮託以咨決之事一應軍機事宜咨稟計議而行以安人心以濟大事仍行本官務以 國家大難爲心盡心竭力共圖殄賊毋以休致致自嫌諒 朝廷報功之典當亦自不相負如誤大事咎亦有歸通無違錯

牌行各哨統兵官進攻屯守 七月十七日

仰一哨統兵官吉安府知府伍文定卽統部下官軍兵快四千四百二十一員名進攻廣潤門就留兵防守本門直入布政司屯兵分兵把守王府內門

仰二哨統兵官贛州府知府邢珣卽統部下官軍兵快三千一百三十餘員名

進攻順化門就留兵防守本門直入鎮守府屯兵
仰三哨統兵官袁州府知府徐璉卽統部下官軍兵快三千五百三十員名進
攻惠民門就留兵防守本門直入按察司察院屯兵
仰四哨統兵官臨江府知府戴德孺卽統部下官軍兵快新喻二縣三千六百
七十五員名進攻永和門就留兵防守本門直入都察院提學分司屯兵
仰五哨統兵官瑞州府通判胡堯元童琦卽統部下官軍兵快四千員名進攻
章江門就留兵防守本門直入南昌前衛屯兵
仰六哨統兵官泰和縣知縣李楫卽統部下官軍兵快一千四百九十二員名
夾攻廣潤門直入王府西門屯兵守把
仰七哨統兵官新淦縣知縣李美卽統部下官軍兵快二千員名進攻德勝門
就留兵防守本門直入王府東門屯兵守把
仰中軍營統兵官贛州衛都指揮余恩卽統部下官軍兵快四千六百七十員
名進攻進賢門直入都司屯兵

仰八哨統兵官寧都知縣王天與卽統部下官軍兵快一千餘員名夾攻進賢門留兵防守本門直入鐘樓下屯兵

仰九哨統兵官吉安府通判談儲卽統部下官軍兵快一千五百七十六員名夾攻德勝門直入南昌左衞屯兵

仰十哨統兵官萬安縣知縣王冕卽統部下官軍兵快一千二百五十七員名夾攻進賢門就守把本門直入陽春書院屯兵

仰十一哨統兵官吉安府推官王暐卽統部下官軍兵快一千餘員名夾攻順化門直入南新二縣儒學屯兵

仰十二哨統兵官撫州通判鄒琥知縣傅南喬卽統部下官兵三千餘員名夾攻德勝門就留兵防守本門隨於城外天寧寺屯兵

承委官員務要竭忠奮勇擒勦叛逆以靖　國難如或退縮觀望違犯節制定以軍法論處軍兵人等敢有臨陣退縮者就仰本官遵照本院欽奉　敕諭事理就於軍前斬首示衆牌候事完日繳

告示在城官 七月十八日

照得寧王造謀作亂神人共憤法所必誅在城宗支郡王儀賓皆被逼脅如鍾寧王無罪削爵建安王父子俱死軍民人等或覆宗滅族或蕩家傾產或勒取子女皆恨入骨髓敢怒而不敢言今日之事豈其本心本院仰仗 朝廷威靈調集兩廣幷本省狼達漢土官兵二十餘萬卽日臨城亦無非因民之怨惟首惡是問告示至日宗支郡王儀賓各閉門自保商賈買賣如故軍民棄甲投戈各歸生理無得驚疑該府內臣校尉把守人員開門出首或反兵助順擒斬首惡一體奏 聞陞賞其有懷奸稔惡從逆不悛者必殺不赦凡我良善軍民卽便去惡從善毋陷族滅故示

示諭江西布按三司從逆官員

照得寧王悖逆天道造謀作亂殺戮大臣都布按三司官員各悚於暴虐保其妻子以致臨難之際不能自擇或俛首幽囚或甘心降伏貪生畏死反面事仇春秋之義雖嚴於無將之誅而志圖興復者尚不忍於峻絕探得各官見今在

城閉門自認者有之臨城巡闈者有之出入府庫運籌畫策者有之此皆大義未分孤立無助援之法理固不容誅推之人情實爲可憫即今本院統集狼達漢土官軍二十餘萬後先臨城各官果能去逆歸順尚可轉禍爲福故今特遣牌諭兵臨之日仰各開門出首仍一面將本院發去告示給散張掛撫諭良善百姓宗支儀賓人等各閉門自保毋輕出街市橫遭殺戮該府把守內臣校尉人等亦各諭以大義俾知背逆向順尚可免死投甲釋戈蓬頭面縛候本院臨審定奪敢有從惡不悛執迷不悟拒敵官兵者必殺無赦仍具改正緣由親齎投首以憑施行毋得遲違自取族滅牌具依准繳來

告示七門從逆軍民 七月二十一日

督府示諭省城七門內外軍民雜役人等除身犯黨逆不赦另議外其原被寧府迫脅僞授指揮千百戶校尉護衛及南昌前衛一應從亂雜色人役家屬在省城者仰各安居樂業毋得逃竄有能寄聲父兄子弟改過還善擒獲首惡詣軍門報捷者一體論功給賞逃回報首者免其本罪仍仰各地方將前項人役

一名名赴合該管門官處開報令各親屬一名每五日一次打卯其有收藏軍器許盡數送官各宜悔過毋取流亡

牌行江西二司安葬寧府宮眷

照得寧王造反稱兵向　闕行委僞官萬銳等把守省城音信不通本院所行告示負固不納以致討賊安民之義俱未知悉及至統兵攻城該府宮眷一聞銃砲震響閉門縊死燒焚宮室雖寧王背逆罪在不赦而　朝廷惇睦之仁何所不至本院已同宗支并原任布按二司及吉安等府知府等官伍文定等親赴該府驗看未焚庫藏已封號訖所據各宮眷身屍相應埋葬爲此合行案仰布按二司卽便啓知　建安王選委各郡王府老成內使火者三四員會同南昌府南新二縣官措置棺木以禮安葬毋得違錯不便

手本南京內外守備追襲叛首　七月二十三日

本年七月二十日准　欽差南京內外守備揭帖內開煩念南京根本重地宗廟陵寢所在作急整點精銳軍兵數萬名擇將統領星夜兼程前來粘踪追

襲攻擊其後保固根本重地所統官軍煩沿途經過去處應付廩給口糧馬匹草料事寧之日獲功官軍具奏陞賞請勿遲延等因卷查先爲飛報地方謀反重情事照得本院奉　敕前往福建地方公幹行至豐城縣聞寧府謀反遂返吉安住劄看係謀危　宗社重情隨卽具題幷行吉安贛州等府起調官兵俟釁而發及咨南京兵部幷巡撫應天都御史李煩爲通行在京大小衙門會謀集議作急繕完城守簡練舟師設伏沿江旁檄列郡先發操江之兵聲義而西約會湖湘互爲犄角本院亦砥鈍策駑牽躡其後以義取暴以直加曲不過兩月之間斷然一鼓可縛去後續據本院爪探人役回報寧王已下南京留有逆黨內官驅脅官民人等一萬餘員名固守城池虐焰昌熾阻絕往來等因又經節催府縣兵快分布哨道親自統領刻期於七月二十日寅時直抵省城進攻仍被逆黨砌塞城門分兵拒固當幸官兵用命奮勇攻破城門各賊遂皆奔潰當卽分兵擒搜及差人分投爪探叛首向往的確幷發官兵前去追襲外今准前因合用手本前去煩爲查照施行

咨兩廣總督都御史楊停止調集狼兵

案照本院看得前項事情係　國家大難存亡所關雖調各府兵快非惟武藝無素尤恐兵力不敷即隨備咨　欽差總督右都御史楊煩爲選取驍勇兵快大約三五千名就委嶺南道兵備僉事王大用監統給與各兵行糧兼程前來共勤　國難及行廣東布政司轉行各道幷呈鎮守撫按等衙門一體查照知會去後節據知縣顧佖等報寧王已下南京留有逆黨內官驅脅官民人等一萬餘員各固守城池阻絕往來等情隨該本院催督所調兵快分布哨道親自統領刻期於七月二十日寅時直抵省城進攻仍被逆黨砌塞城門分兵固拒當幸官兵用命奮勇攻破城門各賊遂皆奔潰隨即分兵搜擒外今照前項事情見該　欽命京邊官軍二十餘萬前來會勦及本院見統官兵五萬餘員名俱在江西省城即今分遣委官監督前去約會併勢追襲所據原調廣東土漢狼兵人等未審曾否齊集但今南贛吉安南昌等處沿江人民俱各畏懼狼兵悉皆驚惶及又訪得狼達土兵曾受寧王賦物私許助謀效力今調各兵本以

爲國除害惟恐返爲民害不無有悞大事擬合停止爲此合行移咨貴院煩爲
查照希將起調兵快停留本省應用施行

牌行撫州知府陳槐等收復南康九江七月二十四日

照得寧王謀反興兵向　闕南康九江見被攻破分留逆黨據守二府城池意
圖西扼湖兵之應援南遏我師之追躡仰賴　宗社威靈克復省城除遣知府
伍文定等分布哨道邀擊寧賊務在得獲外所據逆黨占據府縣應合分兵勦
復爲此牌仰知府陳槐等各選精兵身自統領星夜前去南康九江地方相機
行事務要攻復城池平靖反側仍將地方人民加意賑恤激以忠義撫以寬仁
權舉有司之職以理庶事查處倉庫之積以足軍資一面分兵邀誘寧賊毋令
東下幷差人爪探飛報軍門各官務要同心併力協和行事毋得人懷一心彼
此參錯致誤事機兵快人等敢有違犯節制者仰照本院欽奉　敕諭事理以
軍法從事一應事機呈稟往復慮有稽緩俱聽一面從宜區畫一面呈報軍門
仍備查各官棄城逃走致賊焚掠屠戮之故具由申報以憑參拏究治

犒賞福建官軍

據福建按察司整飭兵備兼管分巡漳南道僉事周期雍呈稱依奉本院案驗起取上杭等處軍兵共五千餘名分委指揮劉欽知縣邢暄等及起取漳州府海滄打手三千餘名行委通判李一寧等管領本道躬親統督先後啓行前來等因到院案照先爲飛報地方謀反重情事看係　國家大難存亡所關隨卽備咨南京兵部及巡撫兩廣湖廣等衙門并福建三司等官選取驍勇兵快選委謀勇官員監統兼程前來共勤　國難去後今據前因看得逆賊已經成擒餘黨悉漸殄滅除將各該官兵先行發回外切照福建漳南相距江西省城約計程途有一千七八百里之遙該道乃能不滿旬月調集官軍兵快八千員名之衆首先各省而至足見本官勇略多謀預備有素忠義之誠足以感激人心敏捷之才足以綜理庶務故一呼而集兼程赴難除另行旌奬外及照調來官兵衝冒炎暑遠赴　國難忠義既有可嘉勞苦尤爲足憫合加犒賞以勵將來爲此除將支出官銀差官領齎該道抑抄案回司卽將原調領兵官員并軍兵

鄉夫人等酌量犒賞用見本院奬勞之心以爲將來忠勤之勸仍仰該道備查各兵原係操練者照舊在班操練以備緊急調用添募者省令回還田里各安生業務爲良善之民共嚮太平之福毋得分外爲非致招身家之累備行巡按衙門知會

釋放投首牌

據吳國七林十一等口稱閔念四等落水身死今訪得閔念四等見在寧州界上告要投招前者已曾發有告示許令脅從新民俱准投首免死給照復業生理近日　朝廷降有黃榜亦准投首免死今聞各地方居民不體　朝廷及本院好生之意輒便起兵勦殺激使不敢出身投首反使　朝廷及本院失信於人本當綁拏重究姑且再行誡諭爲此牌仰寧州知州汪憲探訪前項一起投首之人是否閔念四等正身若果有投首真情卽便帶領前赴軍門發落准與楊子橋等一例釋放給與執照各自復業當差如或聚衆不散星夜飛報軍門以憑發軍勦滅俱毋違錯

牌仰沿途各府州縣衛所驛遞巡司衙門慰諭軍民

照得先因寧王謀反請兵征勦續該本院親督各哨於七月二十日攻復省城二十四等日在鄱陽湖連日與賊大戰至二十六日遂將寧王俘執及其謀黨李士實等賊首林十一等俱已前後擒獲餘黨蕩平地方稍靖已於本月三十日具本奏捷訖近因傳報京軍復來愚民妄相逃竄往往溺水自縊本院親行撫諭尚未能息殊不知　朝廷出兵專爲誅勦寧賊救民水火之中況統兵將帥皆係素有威望老臣宿將紀律嚴明遠近素所稱服縱使復來亦必自無擾害況今寧賊已擒地方已靖京軍豈有無事遠涉之理愚民無知轉相驚惑深爲可憫誠恐沿途一帶居民亦多聽信傳聞不實之言而北來京軍尚或未知寧王已就擒獲合行差官沿途曉諭軍民及一面迎候北來官兵煩請就彼回轉除將寧王反逆黨與本院親自量帶官兵徑從水路解赴京師外仰沿途軍衛有司驛遞等衙門照牌事理卽行抄牌備出告示曉諭遠近鄉村軍民人等使知寧賊已擒京軍已轉免致爲疑釀成他變差去官員仍仰程程護送同與

迎候京軍堅請就彼回轉以免沿途百姓供億之苦仍諭以本院押解賊犯量帶官兵皆自備行糧廩給沿途經過有司等衙門止備人夫牽拽船隻及略供柴草給付各兵燒用其他一無所擾不得因此科害里甲軍民差去官員晝夜前進毋得在途遲滯抄牌官吏各俱依准候本院經過日繳

案行江西按察司停止獻俘呈

據江西按察司呈奉 欽差提督軍務御馬監太監張 劄付內開會同 欽差提督軍務平賊將軍充總兵官左都督朱儀得止兵息民不為無見但照奔潰黨惡見該各屬日報嘯聚流劫亦非已靖黨惡閔念四等又係職等行文之後拿獲之數亦或尚多撫按守臣當此新亂之餘正宜留心撫綏地方聽候勘明解京良由不知前因固執一見輒要自行獲解私請回師再照妃媵係 宗藩眷屬外官押解恐有妨礙設或越分擅為咎歸何人職等體念民力不堪供給軍餉責令將官將所領官兵分布各府住劄聽掣當職止帶合用參隨執打旗號等項人員徑趨江西公同巡撫等官查驗巢穴及遍給告示曉諭撫安地

方一面具請定示另行除差委錦衣衛都指揮僉事馬驥前來外劄仰本司各
該官吏照依劄付內事理即便遵照　鈞帖內事理備行巡撫都御史王　等
將已獲賊犯留彼聽候　明旨欽遵施行等因備呈到院卷查先爲飛報地方
謀反重情事云云本職將寧王并其逆黨親自量帶官兵徑赴水路照依原擬
日期啓行解赴京師已至廣信地方今准前因爲照前項逆黨俱已擒獲其餘
脅從遵照欽降黃榜事例俱已許令投首解散　宗藩眷屬俱係取到各將軍
府內使管伴監守保無他嫌今　欽差提督贊畫機密軍務御用監太監張及
欽差提督軍務御馬監太監張　欽差提督軍務平賊將軍充領兵官左都
督朱憂國愛民之心素聞遠近況號令嚴明秋毫無犯今來體勘逆賊巢穴果
已破平百姓貧困顛連必能大加撫諭安輯以仰布　朝廷懷惠小民之仁本
職縱使復回省城亦安能少效一籌不過往返道途違誤奏過程期有損無益
爲此仰抄案回司着落當該官吏照依案驗內事理即便備呈前去煩請徑自
查照施行

咨兵部查驗文移

照得本職已將寧王宸濠幷其黨與及宮眷人等照依原擬具奏日期起程親自解赴　闕下間隨據南康府申幷江西按察司呈各奉　欽差提督軍務御馬監太監張劄付內開訪得宸濠已該本職擒獲克復省城等語未曾親到江西又無堪信文移止是見人傳說遽難憑據況係　宗藩人衆中間恐有撥置同謀逆黨未盡等因及節准　欽差提督贊畫機密軍務御用監太監張揭帖開稱將各犯委的當人員用心防守調攝飲食獻俘　闕下會官封記庫藏俱候按臨地方區畫等因又准　欽差提督軍務充總兵官安邊伯朱手本開稱卽查節次共擒斬叛賊級若干內各處原奏報有名若干無名若干有名未獲漏網幷自首及得獲馬騾器械等項各若干連獲官軍衛所職役姓名備查明白俱各存留江西省城聽候審驗仍查餘黨有無奔潰及曾否殄滅盡絕緣由通行開報以憑回報等因各到職爲照宸濠幷其同謀黨與俱已擒獲餘孽亦就誅戮雖有脅從數亦不多皆非得已隨卽遵奉　欽降黃榜曉諭俱赴所在

官司投首解散其庫藏等項該本職會同多官於未准揭帖之先眼同封貯在
官聽候　命下定奪官軍兵快擒斬功次見該原經奏留兩廣監察御史謝源
伍希儒查造奏繳及照宸濠幷各重犯宮眷人等見解廣信地方設若往返恐
致疏虞及違悞本職奏報原擬日期除照舊督解前赴　闕下獻俘以照　聖
武及具揭帖各另回覆外今照前因照得本職繆當軍旅重寄地方安危所關
三軍死生攸係一應事機若非奉有　御寶勅旨及兵部印信咨文安敢輕易
憑信今前項各官文移既非祖宗舊章成憲就使果皆出於　上意亦須貴部
行有知會公文萬一奸人假托各官名目乘間作弊致有不測變亂本職雖死
亦何所及除奉　欽差總督軍務威武大將軍總兵官後軍都督府太師鎮國
公朱鈞帖曾奉　朝旨相應遵奉其餘悉遵舊章施行外緣前項各官文移未
委虛的俱合備行咨報貴部為此備抄揭帖粘連咨請查驗施行

案行浙江按察司交割逆犯暫留養病　十月初九日

照得當職先因患病具本乞休閑奉　勅扶病前往福建公幹六月十五日行

至江西豐城地方適遇寧王興兵作亂看係　君父大難義不忍去復回吉安府督同知府伍文定等起調兵夫招集義勇扶病親行統領於七月二十日攻復省城本月二十四五六等日於鄱陽湖連日大戰擒獲寧王宸濠及逆黨李士實劉養正王春等賊首吳十三淩十一閔念四吳國七閔念八等先後具本
奏報外隨聞　大駕南征禮當解赴　軍門又因宸濠連日不食慮恐物故無以獻俘奏凱彰　朝廷討賊之義兼之合省內外人情洶洶或生他變當具本
題知於九月十一日啓行將宸濠及逆黨宮眷解赴　軍門當職力疾沿途醫藥親行押解行至廣信地方又奉　欽差總督軍務鈞帖備仰照依制諭內事理卽便轉行所屬司府衛所州縣驛遞等衙門欽遵施行等因遵依通行間續准　欽差提督軍務御馬太監張照會及准　欽差總督軍務充總兵官安邊伯朱手本各遣官邀回本職幷將所解宸濠等逆犯回省聽候會審本職看得既奉　總督軍門鈞帖自合解赴面受節制若復退還省城坐待駕臨恐涉遲謾且誤　奏過程期又復扶病日夜前進行至浙江杭州府地方前病愈加沈

重不能支持請醫調治間適遇　欽差提督贊畫機密軍務御用監太監張奉
命前來江西體勘宸濠等反逆事情及查理庫藏宮眷等事當准鈞帖開稱
宸濠等待親臨地方覆審明白具奉　軍門定奪等因爲照本職先因父老祖
喪累疏乞休未蒙　俞允隨扶病赴闕意圖了事卽從彼地冒罪逃歸旬日之
前亦已具奏不意行至中途遭值寧王反叛此係　國家大變臣子之義不容
舍之而去又闔省巡撫地方等官無一人見在天下事機間不容髮故復忍死
暫留爲牽制攻討之圖候　命師既至地方稍靖卽從初心死無所避臣區區
報國血誠上通於天不辭滅宗之禍不避形迹之嫌冒非其任以勤　國難亦
望　朝廷鑒臣此心不以法例繩縛使得少申烏鳥之私等情具奏外今照前
事本職自度病勢日重猝未易愈前進既有不能退回愈有不可若再遲延必
成兩誤除本職暫留當地請醫調治俟稍痊可一面仍回省城或仍前進沿途
迎　駕一面具本乞恩養病另行外所據原解逆犯合就查明交割帶回省城
聽候　駕臨審處通行爲此仰抄案回司着落官吏備呈　欽差提督軍務贊

畫機密軍務御用監太監張炆請會同監軍御史公同當省都布按三司等官將見解逆首宸濠及逆黨劉吉等各犯幷宮眷馬匹等項逐一交查明白仍請徑自另委相應官員兵快人等管押帶回省城從宜審處施行仍備呈兵部查照知會抄案依准幷行過日期先行呈來

告諭軍民　十二月十五日

告諭軍民人等爾等困苦已極本院才短知窮坐視而不能救徒含羞負愧言之實切痛心今京邊官軍驅馳道路萬里遠來皆無非爲　朝廷之事拋父母棄妻子被風霜冒寒暑顛頓道路經年不得一顧其家其爲疾苦殆有不忍言者豈其心之樂居於此哉況南方卑濕之地尤非北人所宜今春氣漸動瘴疫將與久客思歸情懷益有不堪爾等居民念自己不得安寧之苦卽須念諸官軍久離鄉土拋棄家室之苦務敦主客之情勿懷怨恨之意亮事寧之後凡遭兵困之民　朝廷必有優恤今軍馬塞城有司供應日不暇給一應爭鬬等項詞訟俱宜含忍止息勿輒告擾各安受爾命寧奈爾心本院心有餘而力不足

聊布此苦切之情於爾百姓其各體悉無怨

欽奉　詔書寬宥脅從

節該伏覩　詔書朕親統六師正名討罪除首惡宸濠并同謀有名逆賊不赦外其餘脅從之徒盡行寬宥釋放欽此欽遵照得先因寧府作亂該本院出給告示官兵臨城之日惟首惡是問宗支郡王儀賓人等各閉門自保商賈買賣如故軍民棄甲投戈各歸生理毋得驚疑其有懷奸稔惡不悛者必殺無赦脅從人等但能赴官投首即與釋放免罪等情已經發仰遠近張掛曉諭外後宸濠既擒被脅之徒前後赴官投首不下千餘皆經查審釋放其間尚有欲赴首官司多被地方攔阻本院隨又督解逆犯出外以是一向遲疑未即出投續該

欽差提督軍務各衙門臨省前項被脅之人始各赴官投首就與本院事體一同即是去惡從善之民近訪得有等無籍之徒用言扇惑乘機詐害致使驚疑未安生理除訪拏究問外仰按察司抄捧回司即便大書出給告示發仰人煙輳集去處常川張掛曉諭自破城以後但有被脅旗校軍民人等改惡遷善

已經赴官投首驗有執照者皆係良善俱仰遵照前項　詔書內事理盡行寬宥釋放各安生理毋得信人恐嚇自生猜疑地方里鄰總甲人等敢有懷挾私讎羅織擾害誑言扇惑詐騙財物者仰即赴院告理以憑拏問發遣仍取各首到官姓名并給過告示曉諭緣由呈報

批追徵錢糧呈

據江西布政司呈看得江西一省重遭大患民困已極屢經　奏免糧稅日久未奉　明旨近因南科奏停隨復部使催督一以為蠲免一以為追徵非惟下民無所遵守亦且官府難於施行今該司議謂兌淮起運係京儲額數而王府祿米亦歲月難缺要行所屬先納兌淮次及京庫折銀次及南京倉米次及王府祿米其餘俱候　明降等因此亦深覩民患欲濟不能委曲調停計出無柰仰司即如所議備行各該府州縣查照施行後有　恩旨當亦止免十五年以後錢糧其十四年以前拖欠必須帶徵終有不免莫若速了為便各府州縣宜以此意備曉下民姑忍割肉之痛以救燃眉之急嗚呼目擊貧民之疾苦而不

能救坐視徵求之急迫而不能止徒切痛楚之懷曾無拯援之術傷心慘目汗背赧顏此皆本院之罪其亦將誰歸咎各府州縣官務體此意雖在催科恆存撫字仍備出告示使各知悉此繳

再批追徵錢糧呈

據江西布政司呈看得本省十四年以前一應錢糧已經給事等官奉奏 明旨果係小民拖欠俱准暫且停徵還着各該官司設法賑濟毋視虛文此 朝廷之深仁厚德憫念窮民誠愛惻怛之所發小民莫不歡欣鼓舞臣子所當遵守奉行乃今停徵之令甫下而催併之檄復行賑濟之仁未布而箠楗之苦已加法令如此有司何以奉行下民何所取信夫爲人臣者上有益於國下有益於民雖死亦甘爲之今日所行上使 朝廷失信於民下使百姓歸怨於上重貧民之困益地方之災縱使錢糧果可立辦忍心害理亦不能爲況旬月之間而欲追併了絕便使神輸鬼運亦於事勢不能徒使斂怨殃民何益於事除本院身爲巡撫不能爲 國爲民自行住俸待罪外仰布政司行各該府縣官以

理勸化小民且諭以今日之舉非關　朝廷失信實由京儲缺乏司國計者勢不得已與起其忠君親上之心勉令漸次刻期完納果克濟事兩月之後亦未爲遲其各該官員本非其罪不必住俸革去冠帶行令照舊盡心職業勿因事變之難有灰愛民之志後有違慢之戮本院自當其罪仍呈提督漕運行督糧官及巡按衙門知會此繳

批南昌府追徵錢糧呈

據南昌府所申凋弊徵求之苦本院繆當斯任實切憂惻部堂諸公非無恤民之念但身司國計不得不以空乏爲虞在外有司非無國計之憂但目擊民瘼不能不以撫恤爲重若使平民尚堪朘削一時忍痛幷徵以輸國用豈非臣子之心但恐徒爾虐民無濟國事非徒無濟兼恐生虞斟酌調停事在善處仰布政司會同二司各官將該府所申事理即加酌議或先徵新糧將舊糧減半帶徵或儘其力量可及分作幾限令民依期逐漸辦納但可通融調攝皆須悉心議處務使窮民不致重傷而國用終亦無損一面備行各該府縣查照施行一

面具由呈來以憑咨　奏此繳

褒崇陸氏子孫

正德十五年正月

據撫州府金谿縣三十六都儒籍陸時慶告看得宋儒陸象山先生兄弟得孔孟之正傳爲吾道之宗派學術久晦致使湮而未顯廟堂尚缺配享之典子孫未沾褒崇之澤仰該縣官吏將陸氏嫡派子孫差役查照各處聖賢子孫事例俱與優免其間有聰明俊秀堪以入學者具名送提學官處選送學肄業務加崇重之義以扶正學之衰具依准繳

告諭安義等縣漁戶

告諭安義縣等漁戶及遠近軍民人等地方不幸近遭大變加以師旅征輸人民困苦已極府官思欲休養賑恤而無其由近聞漁戶人等曾被寧王驅脅者慮恐官府追論舊惡心不自安往往廢棄生業詢其所以皆由讎家煽動意在激使爲惡因而陷之死地以快其憤不知　朝廷已屢有榜文凡被寧賊驅脅者一槩釋而不問況訪得安義等處漁戶各係詩禮大家素敦良善雖或間有

染於非僻及爲王府所脅誘者然鄉里遠近自有公論善惡終不可混近據通判林寬稟稱各戶痛懲既往已將漁船折卸似此誠心改行亦復何所憂懼爲此特仰南康府通判林寬將本院告諭真寫翻刊親齎各戶逐一頒諭務使舍舊圖新各安生理不得輕信人言妄有疑猜自求罪累其素敦詩禮良善者愈加勸勉務益興行禮讓講信修睦以爲改惡從善者之倡族黨之中果有長惡不悛不聽勸諭者衆共拘執送官明正典刑以安善類毋容萛蕘致害嘉禾若舊雖爲顯惡今能誠心改化者亦不得懷記舊讎搜求羅織激使爲非事發究竟責有所歸嗚呼吾民同胞不幸陷於罪戮惻然尚不忍見豈有追尋舊惡必欲置之死地之理本院舊在南贛曾行十家牌式軍民頗安盜賊頗息除各該地方行分巡分守官編置外前項漁戶人等就仰通判林寬照式逐一編置務在着實舉行以收成效特茲告諭各宜知悉

批按察使伍文定患病呈

據江西按察使呈看得按察使伍文定茂著戎功新膺憲命當其衆難交攻尚

以一身獨任偶茲微恙豈妨供職諒本官自切百姓瘡痍之憂豈遑一身痛痒之顧仰該司即行本官照舊管事果有疾患一面調理毋得再呈辭致曠職業繳

批臨江府耆民建立生祠呈

據臨江府清江縣耆民董惟謙等呈立知府戴德孺生祠看得知府戴德孺素堅清白之守久著循良之政今其去任而郡民建祠報德此亦可見天理之在人心自不容已仰該府縣官俯順民情量行撥人看守非徒激勵後人俾有所興且以成就民德使歸於厚繳

批吉安府救荒申

據吉安府申備廬陵縣申看得所申要將陳腐倉穀賑給貧民此本有司之事當茲災患正宜舉行但誠於愛民者不徒虛文之舉忠於謀國者必有深長之思故目前之災雖所宜恤而日後之患尤所當防以今事勢而觀後患決有難測近據崇仁縣知縣祝鰲申要將預備倉穀凶荒之時則倍數借給以濟貧民

收成之日則減半還官以實儲蓄頗有官民兩便已經本院批准照議施行看得各縣事體不甚相遠此議或可通行仰布政司再加裁酌議處施行各屬遇災地方凡積有稻穀者俱查照此議而行仍仰各該掌印官務要身親給散使貧民得實惠之沾官府無虛出之弊乃可其一應科派物料等項當兹兵亂之餘加以水災民不聊生豈堪追併仰布政司酌量緩急分别重輕略定徵收先後之次備行各屬以漸而行庶幾用一緩二之意少免醫瘡剜肉之苦通仰該司定議施行回報

批撫州府同知汪嵩乞休呈

據撫州府同知汪嵩呈看得同知汪嵩久存恬退遇難復留以盡報　國之忠仍堅歸田之請出處得宜誠可嘉尚但本官政素獲民年未甚老已經勉留照舊供職而本官稱疾愈篤求退益懇仰府再行查看如果病勢難留准令就彼致仕該府以禮起送還鄉仍備行原籍官司歲時以禮優待務獎恬退以勵鄙薄此繳

批提學僉事邵銳乞休呈
據江西按察司呈看得提學僉事邵銳求歸誠切堅守考槃之操而按察使伍
文定挽留懇至曲盡緇衣之情是亦人各有志可謂兩盡其美然求歸者雖亦
明哲保身使皆潔身而去則君臣之義或幾乎息挽留者雖以為國惜賢使皆
靦顏在位則高尚之風亦日以微況本院自欲求退而未能安可沮人之求退
仰該司備行本官再加酌量於去就之間務求盡合於天理之至必欲全身遠
害則掛冠東門亦遂聽行所志若猶眷顧　宗國未忍割情獨往且可見危受
命同舟共艱稍須弘濟卻遂初心則臨難之義既無苟免於搶攘之日而恬退
之節自可求伸於事定之餘與言及此中心愴切

禮取副提舉舒芬牌
照得當職奉　命提督軍務兼理巡撫深慮才微責重無以仰稱　任使合求
賢能以資贊翼訪得福建市舶提舉司副提舉舒芬志行高古學問深醇直道
不能趨時長才足以濟用合就延引以匡不及為此牌仰福建布政司官吏即

行泉州府措辦羊酒禮幣賫送本官用見本院優禮之意仍照例起關應付前赴軍門以憑諮訪本官職任就委別官暫替

南贛鄉約

咨爾民昔人有言蓬生蔴中不扶而直白沙在泥不染而黑民俗之善惡豈不由於積習使然哉往者新民蓋常棄其宗族畔其鄉里四出而爲暴豈獨其性之異其人之罪哉亦由我有司治之無道教之無方爾父老子弟所以訓誨戒飭於家庭者不早薰陶漸染於里閈者無素誘掖獎勸之不行連屬叶和之無具又或憤怨相激狡僞相殘故遂使之靡然日流於惡則我有司與爾父老子弟皆宜分受其責嗚呼往者不可及來者猶可追故今特爲鄉約以協和爾民自今凡爾同約之民皆宜孝爾父母敬爾兄長教訓爾子孫和順爾鄉里死喪相助患難相恤善相勸勉惡相告戒息訟罷爭講信修睦務爲良善之民共成仁厚之俗嗚呼人雖至愚責人則明雖有聰明責己則昏爾等父老子弟毋念新民之舊惡而不與其善彼一念而善即善人矣毋自恃爲良民而不修其身

爾一念而惡即惡人矣人之善惡由於一念之間爾等慎思吾言毋忽
一同約中推年高有德爲衆所敬服者一人爲約長二人爲約副又推公直果斷者四人爲約正通達明察者四人爲約史精健廉幹者四人爲知約禮儀習熟者二人爲約贊置文簿三扇其一扇備寫同約姓名及日逐出入所爲知約司之其二扇一書彰善一書糾過約長司之
一同約之人每一會人出銀三分送知約具飲食毋大奢取免饑渴而已
一會期以月之望若有疾病事故不及赴者許先期遣人告知約無故不赴者以過惡書仍罰銀一兩公用
一立約所於道里均平之處擇寺觀寬大者爲之一彰善者其辭顯而決糾過者其辭隱而婉亦忠厚之道也如有人不弟毋直曰不弟但云聞某於事兄敬長之禮頗有未盡某未敢以爲信姑書之以俟凡糾過惡皆例此若有難改之惡且勿糾使無所容或激而遂肆其惡矣約長副等須先期陰與之言使當自首衆共誘掖奬勸之以與其善念姑使書之使其可改若不能改然後糾而書

之又不能改然後白之官又不能改同約之人執送之官明正其罪勢不能執戮力協謀官府請兵滅之

一通約之人凡有危疑難處之事皆須約長會同約之人與之裁處區畫必當於理濟於事而後已不得坐視推託陷人於惡罪坐約長約正諸人

一寄莊人戶多於納糧當差之時躲回原籍往往負累同甲今後約長等勸令及期完納應承如蹈前弊告官懲治削去寄莊

一本地大戶異境客商放債收息合依常例毋得磊算或有貧難不能償者亦宜以理量寬有等不仁之徒輒便捉鎖磊取挾寫田地致令窮民無告去而爲之盜今後有此告諸約長等與之明白償不及數者勸令寬捨取已過數者力與追還如或恃強不聽率同約之人鳴之官司

一親族鄉鄰往往有因小忿投賊復讎殘害良善釀成大患今後一應鬭毆不平之事鳴之約長等公論是非或約長聞之即與曉諭解釋敢有仍前妄爲者率諸同約呈官誅殄

一軍民人等若有陽爲良善陰通賊情販買牛馬走傳消息歸利一己殃及萬民者約長等率同約諸人指實勸戒不悛呈官究治

一吏書義民總甲里老百長弓兵機快人等若攬差下鄉索求賫發者約長率同呈官追究

一各寨居民昔被新民之害誠不忍言但今既許其自新所占田產已令退還毋得再懷前讎致擾地方約長等常宜曉諭令各守本分有不聽者呈官治罪

一投招新民因爾一念之善貸爾之罪當痛自克責改過自新勤耕勤織平買平賣思同良民無以前日名目甘心下流自取滅絶約長等各宜時時提撕曉諭如踵前非者呈官懲治

一男女長成各宜及時嫁娶往往女家責聘禮不充男家責嫁裝不豐遂致愆期約長等其各省諭諸人自今其稱家之有無隨時婚嫁

一父母喪葬衣衾棺槨但盡誠孝稱家有無而行此外或大作佛事或盛設宴樂傾家費財俱於死者無益約長等其各省諭約內之人一遵禮制有仍蹈前

非者即與糾惡簿內書以不孝

一當會前一日知約預於約所灑掃張具於堂設告諭牌及香案南向當會日同約畢至約贊鳴鼓三衆皆詣香案前序立北面跪聽約正讀告諭畢約長合衆揚言曰自今以後凡我同約之人祗奉戒諭齊心合德同歸於善若有二三其心陽善陰惡者神明誅殛衆皆曰若有二三其心陽善陰惡者神明誅殛皆再拜興以次出會所分東西立約正讀鄉約畢大聲曰凡我同盟務遵鄉約衆皆曰是乃東西交拜興各以次就位少者各酌酒於長者三行知約起設彰善位於堂上南向置筆硯陳彰善簿約贊鳴鼓三衆皆起約贊唱請舉善衆曰是在約史約史出就彰善位揚言曰某有某善某能改某過請書之以爲同約勸約正遍質於衆曰如何衆曰約史舉甚當約正乃揖善者進彰善位東西立約史復謂衆曰某所舉止是請各舉所知衆有所知即舉無則曰約史所舉是矣約長副正皆出就彰善位約史書簿畢約長舉杯揚言曰某能爲某善某能改某過是能修其身也某能使某族人爲某善改某過是能齊其家也使人人若

此風俗焉有不厚凡我同約當取以爲法遂屬於其善者善者亦酌酒酬約長曰此豈足爲善乃勞長者過奬某誠惶怍敢不益加砥礪期無負長者之教皆飲畢再拜謝約長約長答拜興各就位知約撤彰善之席酒復三行知約起設糾過位於階下北向置筆硯陳糾過簿約贊鳴鼓三衆皆起約贊唱請糾過衆曰是在約史約史就糾過位揚言曰聞某有某過未敢以爲然姑書之以俟後圖如何約正遍質於衆曰如何衆皆曰約史必有見約正乃揖過者出就糾過位北向立約史復遍謂衆曰某所聞止是請各言所聞衆有所聞卽言無則曰約史所聞是矣於是約長副正皆出糾過位東西立約史書簿畢約長謂過者曰雖然姑無行罰惟速改過者跪請曰某敢不服罪自起酌酒跪而飲曰敢不速改重爲長者憂約正副史皆曰某等不能早勸諭使子陷於此亦安得無罪皆酌自罰過者復跪而請曰某旣知罪長者又自以爲罰某敢不卽就戮若許其得以自改則請長者無飲某之幸也趨後酌酒自罰約正副咸曰子能勇於受責如此是能遷於善也某等亦可免於罪矣乃釋爵過者再拜約長揖之興

各就位知約撤糾過席酒復二行遂飯飯畢約贊起鳴鼓三唱申戒衆起約正中堂立揚言曰嗚呼凡我同約之人明聽申戒人孰無善亦孰無惡爲善雖人不知積之既久自然善積而不可揜爲惡若不知改積之既久必至惡積而不可赦今有善而爲人所彰固可喜苟遂以爲善而自恃將日入於惡矣有惡而爲人所糾固可愧苟能悔其惡而自改將日進於善矣然則今日之善者未可自恃以爲善而今日之惡者亦豈遂終於惡哉凡我同約之人盍共勉之衆皆曰敢不勉乃出席以次東西序立交拜興遂退

旌獎節婦牌

訪得吉水縣民人陳文繼妻黄氏廬陵縣生員胡兗妻曾氏俱各少年守制節操堅厲遠近傳揚士夫稱嘆當兹風俗頽靡之時合行旌獎以勵澆薄爲此仰府官吏即行吉水廬陵二縣掌印官支給無礙官錢買辦禮儀前去各家慰集鄉鄰老幼之人宣揚本婦志節之美務使姻族知所崇重里巷知所表式用獎貞節以激偷鄙仍備述各婦節操志行始末及將獎勵過緣由同依准隨牌繳

報以憑施行

興舉社學牌

看得贛州社學鄉館教讀賢否尚多淆雜是以詩禮之教久已施行而淳厚之俗未見興起爲此牌仰嶺北道督同府縣官吏即將各館教讀通行訪擇務學術明正行止端方者乃與玆選官府仍籍記姓名量行支給薪米以資勤苦優其禮待以示崇勸以各童生之家亦各通行戒飭務在隆師重道教訓子弟毋得因仍舊染習爲偷薄自取愆咎

頒定里甲雜辦

據龍南縣申稱先年里甲使用俱係丁糧分派照日應當以致多寡不均要將正德十六年里甲通行查審除逃絕人丁外將一年使用春秋祭祀軍需歲報使客夫馬等項俱於丁糧議處每石出銀若干陸續稱收貯庫推舉老人公同里長使用註簿儻有餘剩照多寡給還等因到院簿查先該贛州府知府盛茂同知夏克義議過贛縣里長額辦雜辦已經批仰嶺北道再加酌議續據副使

王度呈稱查算本縣額辦使用該銀三千七百三十一兩七分二釐四毫九絲原轄里長一百一十里內除十里逃絶止有一百里十六年分每糧一石算一分人丁二丁算一分一年丁糧共該一千一百二十六分半每分該出銀三兩三錢一分二釐一毫一絲一忽合行該縣印鈐收銀文簿一扇將各都該辦銀兩分爲二次查追貯庫又置文簿二扇一寫本縣支出數目一發支用人役註附每月選有行止老人二名公同直日里長赴縣支領每月備具用過揭帖三本一送都察院一分巡道一本府各不時稽察年終羨餘並聽上司查處以補無名徵需府縣不得擅支仍將各里該納分數刷印告諭遍張鄉村曉諭如有官吏額外科派及收銀人役多取火耗秤頭幷里甲恃頑不辦許各呈告以憑拏問呈乞照詳又經批仰照議即行該縣丞丞查照仍備刻告示遍行曉諭及多行刷印頒給各里收照以防後奸今申前因看與本院新定則例相同及照寧都等九縣及南安所屬大庾等縣事體民情當不相遠合就通行查編爲此仰抄案回道即便速行各縣俱查本院近定規則各照丁糧多寡派編銀兩追

收貯庫選委行止端實老人公同該日里長支用置簿稽察刊榜曉諭禁約事
宜悉照原議施行敢有違犯者就便拿問呈詳通取各縣派定過緣由類報查
考

批江西布政司設縣呈

據江西布政司呈將新淦縣知縣田邦傑建言設縣緣由看得近來各處設縣
皆因窮山絶谷盜賊盤據人迹罕通聲教不及不得已而爲權宜之計若腹裏
平衍四通五達之區止宜減并不貴增添蓋增一縣卽增一縣之事官吏供給
學校倉庫囹獄差徭一應煩費未易悉舉且又有彼此推避之奸互相牽制之
患計其爲利不償所害古人謂省吏不如省官省官不如省事凡今作事貴在
謀始仰布政司再行會同二司各官從長計議設縣之外果無別策可以致理
具議呈奪繳

議處官吏廩俸

照得近來所屬各州縣衛所倉場等衙門大小官吏以贓問革者相望而冒犯

接踵究詢其由皆云家口衆多日給不足俸資所限本以涼薄而近例減削又復日甚加有上下接應之費出入供送之繁窮窘困迫計出無聊中間亦有甘貧食苦刻勵自守者往往狼狽藍縷至於任滿職革債負纏結不得去歸其鄉夫貪墨不才法律誠所難貸而其情亦可矜憫夫忠信重祿所以勸士在昔任人既富方穀庶民在官祿足代耕此古今之通義也　朝廷賦祿百司厚薄既有等級要皆使各裕其資養免其內顧然後可望以盡心職業責以廉恥節義今定制所限既不可得而擅增至於例所應得又從而裁削之使之仰事俯育且不能遂是陷之於必貪之地而責之以必廉之守中人之資將有不能而況其下者之衆乎所據前項事理非獨人情有所未堪其於政體亦有所損合行會議查處參酌事理輕重及查在外官員自二品至九品幷雜職吏胥等俸米除本色外其折色原例每石作銀若干於何年月裁減作銀若干應否復舊或量行加增務要議處停當呈來定奪施行

咨六部伸理冀元亨

照得湖廣常德府武陵縣舉人冀元亨忠信之行孚於遠邇孝友之德化於鄉閭本職往年謫官貴州本生曾從講學近來南贛延之教子時因寧藩宸濠潛謀不軌虐焰日張本職封疆連屬欲爲曲突徙薪之舉則既無其由將爲發奸摘伏之圖則又無其實偶值宸濠飾詐要名禮賢求學本職因使本生乘機往見宸濠冀得因事納規開陳大義沮其邪謀如其不可勸喻亦因得以審察動靜知其叛逆遲速之機庶可密爲禦備本生既與相見議論大相矛盾宸濠以本職所遣一時雖亦含忍遣發而毒怒不已陰使惡黨四出訪緝欲加陷害本生素性愿恪初不之知而本職風聞其說當遣密從間道潛回常德以避其禍後宸濠既敗痛恨本職起兵攻勦雖反噬之心無所不至而天理公道所在無因得遂其奸乃以本生係本職素所愛厚之人輒肆詆誣謂與同謀將以泄其讎憤且本生既與同謀則宸濠舉叛之日本生何故不與共事卻乃反回常德聚徒講學宸濠素所同謀之人如李士實劉養正王春之流宸濠曾不一及而獨口稱本生與之造始此其挾讎妄指蓋有不待辦說行道之人皆能知者但

當事之人不加詳察輒爾聽信遂陷本生一至於此本生篤事師之義懷報國之忠蹈不測之虎口將以轉化凶惡潛消奸宄論心原迹尤當顯蒙賞錄乃今身陷俘囚妻子奴虜家業蕩盡宗族遭殃信奸人之口爲叛賊泄憤報讎此本職之所爲痛心刻骨日夜冤憤而不能自已者也本職義當與之同死幾欲爲之具奏伸理而本生雖在拘囚傳聞不一或以爲旣釋或以爲候 旨兼慮當事之人或不見諒反致激成其罪故復隱忍到今又恐多事紛紜之日萬一玉石不分竟使忠邪倒置徒以沮義士之志而快叛賊之心則本職後雖繼之以死將亦無以贖其痛恨爲此合行具咨貴部煩請咨詢鑒察特賜扶持分辯施行

獎勵主簿于旺

看得近來所屬下僚鮮能持廉守法訪得興國縣主簿于旺獨能操持清白處事詳審近委管理抽分纖毫無玷奸弊剗革撫屬小官之內誠不多見相應獎勵以勸其餘爲此牌仰官吏即便支給商稅銀兩買辦花紅彩段羊酒各一事

幷將本院發去官馬一匹帶鞍一付備用鼓樂差官以禮送付本官用見本院
獎勵之意

申諭十家牌法

本院所行十家牌諭近來訪得各處官吏類多視爲虛文不肯着實奉行查考據法卽當究治尙恐未悉本院立法之意故今特述所以再行申諭凡置十家牌須先將各家門面小牌挨審的實如人丁若干必查某丁爲某官吏或生員或當某差役習某技藝作某生理或過某房出贅或有某殘疾及戶籍田糧等項俱要逐一查審的實十家編排既定照式造冊一本留縣以備查考及遇勾攝及差調等項按冊處分更無躲閃脫漏一縣之事如視諸掌每十家各令挨報甲內平日習爲偷竊及喇唬教唆等項不良之人同具不致隱漏重甘結狀官府爲置舍舊圖新簿記其姓名姑勿追論舊惡令其自今改行遷善果能改化者爲除其名境內或有盜竊卽令此輩自相挨緝若係甲內漏報仍幷治同甲之罪又每日各家照依牌式輪流沿門曉諭覺察如此卽奸僞無所容而盜

賊亦可息矣十家之內但有爭訟等事同甲卽時勸解和釋如有不聽勸解恃强淩弱及誣告他人者同甲相率稟官官府當時量加責治省發不必收監淹滯凡遇問理詞狀但涉誣告者仍要查究同甲不行勸稟之罪又每日各家照牌互相勸諭務令講信修睦息訟罷爭日漸開導如此則小民益知爭鬭之非而詞訟亦可簡矣凡十家牌式其法甚約其治甚廣有司果能着實舉行不但盜賊可息詞訟可簡因是而修之補其偏而救其弊則賦役可均因是而修之連其伍而制其什則外侮可禦因是而修之警其薄而勸其厚則風俗可淳因是而修之導以德而訓以學則禮樂可興凡有司之有高才遠識者亦不必更立法制其於民情土俗或有未備但循此而潤色修舉之則一邑之治真可以不勞而致今特略述所以立法之意再行申告言之所不能盡者其各爲我精思熟究而力行之毋徒紙上空言搪塞竟成掛壁之虛文則庶乎其可矣

申諭十家牌法增立保長

先該本院通行撫屬編置十家牌式爲照各甲不立牌頭者所以防脅制侵擾

之弊然在鄉村遇有盜賊之警不可以無統紀合立保長督領庶衆志齊一爲此仰抄案回司卽行各道守巡兵備等官備行所屬各府州縣於各鄉村推選才行爲衆信服者一人爲保長專一防禦盜賊平時各甲詞訟悉照牌諭不許保長干與因而武斷鄉曲但遇盜警卽仰保長統率各甲設謀截捕其城郭坊巷鄉村各於要地置鼓一面若鄉村相去稍遠者仍起高樓置鼓其上遇警卽登樓擊鼓一巷擊鼓各巷應之一村擊鼓各村應之但聞鼓聲各甲各執器械齊出應援俱聽保長調度或設伏把隘或并力夾擊但有後期不出者保長公同各甲舉告官司重加罰治若鄉村各家皆置鼓一面一家有警擊鼓各家應之尤爲快便此則各隨才力爲之不在牌例之內俱仰督令各縣卽行推選增置仍告諭遠近使各知悉各府仍要不時稽察務臻實效毋得虛文搪塞查訪得出定行究治不貸

頒行社學教條

先該本院據嶺北道選送教讀劉伯頌等頗已得人但多係客寓日給爲難今

欲望以開導訓誨亦須量資勤苦已經案仰該道通加禮貌優待給薪米紙筆之資各官仍要不時勸勵敦勉令各教讀務遵本院原定教條盡心訓導視童蒙如己子以啓迪爲家事不但訓飭其子弟亦復化喻其父兄不但勤勞於詩禮章句之閒尤在致力於德行心術之本務使禮讓日新風俗日美庶不負有司作興之意與士民趨向之心而凡教授於茲土者亦永有光矣仍行該縣備寫案驗事理揭置各學永遠遵照去後今照前項教條因本院出巡忙迫失於頒給合就查發爲此牌仰本道府卽將發去教條每學教讀給與二張揭置座右每日務要遵照訓誨諸生該道該府官員亦要不時親臨激勵稽考毋得苟應文具遂令日就廢弛

清理永新田糧

據參議周文光呈看得江西田糧之弊極於永新相傳已非一日今欲清理丈量實亦救時切務但恐奉行不至未免反滋弊端依議定委通判談儲推官陳相指揮高睿會同該縣知縣翁璣設法丈量該道仍要再加區畫曲盡物情務

仰各官秉公任事正己格物殫知竭慮剗弊除奸必能一勞永逸方可發謀舉
事如其虛文塞責則莫若熟思審處以俟能者事完之日悉照該道所議造冊
永永遵守施行繳

批寧都縣祠祀知縣王天與申

據寧都縣申看得知縣王天與舊隨本院征勦橫水桶岡諸賊屢立戰功後隨
本院討平寧藩竟死勤事況其平日居官政務修舉威愛兼行仰該縣即從士
民之請建祠報祀用伸士夫之公論以慰小民之遺思

曉諭安仁餘干頑民牌 正德十五年二月

照得安仁餘干各有梗化頑民數千餘家近住東鄉逃避山澤沮逆王化已將
數年即其罪惡俱合誅夷無赦但本院撫臨未及況查本院新行十家牌諭各
官因各民頑梗尚未編查若遽行擒勦似亦不教而殺爲此牌仰撫州府同知
陸俸督同東鄉縣知縣黃堂及安仁縣知縣汪濟民餘干縣知縣馬津親詣各
民村都沿門挨編推選父老子弟知禮法者曉諭教飭令各革心向化自求生

路限在一月之內仇者釋其怨憤者平其心逋者歸其負罪者伏其辜具由呈來仍舊待以良善若過限不改不必再加隱忍姑息徒益長奸縱惡即便密切指實申來以憑別有區處施行

告諭頑民 十二月十五日

告諭安仁餘干東鄉等縣父老子弟自本院始至江西即聞三縣閒有頑梗背化之民數千家其時本院方事勦平閩廣湖郴諸蠻寇且所治止於南贛政教有所未及自去歲征討逆藩　朝廷復有兼撫是方之命　隨因　聖駕南巡奔走道路故亦未遑經理今復還省城備詢三司府縣各官及遠近士夫軍民皆謂爾民梗化日久積惡深重已在必誅無赦夫　朝廷威令雷厲風行於九夷八蠻之外而中土郡縣之民乃敢悖抗若此不有誅滅以示懲戒亦將何以爲國欲即發兵勦捕顧其閒尚多良善恐致玉石無辨且前此有司所以處之亦有未善何者安仁餘干里分本少於東鄉而地勢又限以山谷顧乃割小益大以啓爾民規避之端其失一矣既而兩邑之民徭賦不平爭訟競起其時若

盡改復舊亦有何說顧又使其近東鄉者歸安仁近安仁者附東鄉以益爾民紛爭之謗其失二矣及爾等抗拒之迹既成尙當體悉爾等中間或有難忍之怨屈抑不平之情亦須爲之申泄斷理或懲或戒使兩得其平若終難化諭者即宜斷然正以國法顧乃憚於身任其勞一切惟事姑息外逃租賦遂從而免其租賦欲逃逋債遂從而貸其逋債於彼則務隱忍之政而聽其外附於此又信一偏之詞而責其來歸紀綱不立冠履倒置長奸縱惡日增月熾以成爾民背叛之罪而陷之必死之地其失三矣然爾等罪惡皆在本院未臨之前自本院撫臨以來尙未增有一言開諭爾等況查本院新行十家牌諭以弭盜息訟勸善糾惡而各該縣官又因爾等恃頑梗化皆未曾編查曉諭爾等皆未知悉其間或有悔創自新之願亦未可知若遽行擒勦是亦不教而殺雖爾等在前之惡受此亦不爲過然於吾心終有所未盡也近日撫州同知陸俸來稟爾等尙有可憫之情各懷求生之願故特委同知陸俸親齎本院告輸往諭爾等父老子弟因而查照本院十家牌式通行編排曉諭使各民互相勸戒糾察痛懲

已往之惡共爲維新之民爾等父老子弟其閒知識明達者盍亦深思熟慮之
世豈有不納糧不當差與官府相對背抗而可以長久無事終免於誅戮者乎
世豈有恃頑樹黨結怨搆仇劫衆拒捕不伏其辜而可以長久無事終免於誅
戮者乎就使爾等各有子弟奴僕與爾抗拒背逆若此爾等當何以處之夫寧
王宸濠挾奸雄之資籍　宗室之勢謀爲不軌積十餘年誘聚海內巨寇猾賊
動以萬計奮其財力甲兵之強自以爲無敵於天下矣一旦稱亂舉事本院奉
　朝廷威令與一旅之師不旬日而破滅之如虜芘雛爾輩縱頑梗兇悍自是
以爲孰與宸濠吾若聲汝之罪不過令一偏裨領衆數百立虀粉爾輩如几上
肉耳顧念爾等皆吾赤子其始本無背叛之謀止因規利爭忿肆惡長奸日迷
日陷遂至於此夫父母之於子豈有必欲殺之心惟其悖逆亂常之甚將至於
覆宗滅戶不得已而後置之法茍有改化之機父母之心又未嘗不欲生全之
也前此官府免爾租稅蠲爾債負除爾罪名而遂謂爾可以安居復業是終非
所以生汝吾今則不然不免爾租賦不蠲爾債負不除爾罪名爾能聽吾言改

惡從善惟免爾一死限爾一月之內釋怨解仇逃稅者輸其賦負債者償其直有罪者伏其辜吾則待爾如故爾不聽吾言任汝輩自爲之吾心既無不盡吾可以無憾矣爾後無悔

批江西都司掌管印信

看得三司各官推舉該衛所掌印僉書等官頗已得宜俱依議仰行按察司將本院原發貯庫印信看驗明白照議給領掌管茲當該衛改革之初仍行各官務在圖新更始端本澄源共惟同心同德之美以立可久可大之規不獨顯功業於當時必欲垂模範於來裔上不負　廟堂之特選而下可副諸司之舉任其或庸碌浮沈甚至欺公剝下豈徒敗其身名亦難免於刑憲其餘空閒各官觀其才識皆可器使但以闕少人多未及盡用各官惟務持身勵志藏器待時但恐見用而無才勿慮有才而未用若果囊中之錐無不脫穎而出毋謂上人不知輒自頹靡是乃自棄非人棄汝矣俱仰備行各官查照施行

牌行崇義縣查行十家牌法

看得新開崇義縣治雖經本院委官緝理經畫大略規模已具終是草創之初經制未習該縣官員若不假以威權聽其從宜整理則招徠安習之功亦未可責效除行守巡兵備等衙門外牌仰知縣陳瓚上緊前去該縣首照十家牌諭查審編排連屬其形勢輯睦其鄰里務要治官如家愛民如子一應詞訟差徭錢糧學校等項俱聽因時就事從宜區處應申請者申請應興革者興革一務畜衆安民不必牽制文法大抵風土習尚雖或有異而天理民彝則無不同若使爲縣官者果能殫其心力悉其聰明致其惻怛愛民之誠盡其撫輯教養之道雖在蠻貊無不可化況此中土郡縣之區向附新民本多善類我能愛之如子彼亦焉有不愛我如父者乎夫仁慈以惠良善刑罰以鋤兇暴固亦爲政之大端若此新民之中及各縣分割都圖人戶果有頑梗強橫不服政化者卽仰遵照本院欽奉敕諭事理具由申請卽行擒拿治以軍法毋容縱恣益長刁頑

牌諭都指揮馮勳等振旅還師

牌諭都指揮馮勳通判林寬典史徐誠等本月二十一日據知縣熊价所稟已知安義叛賊略平所漏無幾俟餘黨一盡各官卽行振旅而還就將所擒叛賊通行牢固綁縛分領解赴軍門各官在途務要肅整行伍申嚴紀律禁緝軍兵不得犯人一草一木今差參隨官詹明賫執各官原領　令旗令牌監軍而回但有違令侵擾於人者卽行斬首示衆其奮命當先被殺被傷義勇之士及獲功人役各官務要從公從實開報以憑優恤給賞不得互分彼此輒有偏私輕重但能推功讓美者勳勞雖微亦在褒賞若有爭功專利者功蹟雖茂亦從擯抑其奉新兵快往年從征多犯禁令今既效有勤勞尤宜保全始終毋蹈前非自取軍法重罪知縣熊价不必解賊且可在縣撫安被擾軍民令各安居樂業既行申嚴十家牌諭互相保障仍量留九姓義勇分班守縣候事體定帖以漸散回

批瑞州知府告病申

看得知府胡堯元始以忠義興討賊之功繼以剛果著及民之政雖獲上之誠

或有未孚而守身之節初無可議據申告病情由亦似意有所爲大抵能絜矩者必推己及人當大任者在動心忍性仰布政司卽行本官照舊盡心管理府事毋因一朝之忿遂忘三反之功事如過激欲抗彌卑理苟不渝雖屈匪辱此繳

賑恤水災牌

據南康建昌撫州宜黃等縣申稱非常水災乞賜大施賑恤急救生靈流移等情看得橫水非常下民昏墊實可傷憫但計府縣所積無多實難溥賑其地方被水既廣而民困朝不謀夕若候查實報名造冊給散未免曠日遲久反生冒濫已行二府各委佐貳官及行所屬被水各縣掌印等官用船裝載穀米分投親至被水鄉村驗果貧難下戶就便量行賑給爲照南昌所屬水災尤劇但居民稠雜數多頑梗若賑給之時非守巡臨督於上或致騰踴紛爭爲此仰分守巡南昌官吏卽便分督該府縣官於預備倉內米穀用船裝運親至被水鄉村不必揚言賑饑專以踏勘水災爲事其閒驗有貧難下戶就便量給升斗暫救

目前之急給過人戶略記姓名數目完報查考不必造冊擾害所至之地就督各官申嚴十家牌諭通加撫慰開導令各相安相恤仍督各官俱要視民如子務施實惠不得虛文搪塞徒費錢糧無救民患取罪不便

仰湖廣布按二司優恤冀元亨家屬

照得湖廣常德府武陵縣舉人冀元亨忠信之行孚於遠邇云云已經備咨六部院寺等衙門詳辦去後今照冀元亨該科道等官交章申暴各該官司辦無干礙先已釋放不期復染瘧痢身故該部司屬官員及京師賢士大夫莫不痛悼相與資給衣棺本院亦已具舟差人扶柩歸葬但恐本生原籍官司一時未知詳悉仍將家屬羈監未免枉受淹禁除將本生節義另行具本奏 請褒錄外擬合通行為此牌仰抄案回司即行常德府速將舉人冀元亨家屬通行釋放財產等項亦就查明給還收管仍將本生妻子特加優恤使奸人知事久論定之公而善類無作德降殃之惑其於民風士習不為無補矣

批江西按察司故官水手呈

看得僉事李素處心和易居官清謹生既無以爲家死復無以爲殮寡妻弱妾旅櫬萬里死喪之哀實倍恆情該司議欲加撥長夫水手護送非獨僚友之情實亦惇廉周急之義准議行令各府僉撥長夫水手照例起關差人護送還鄉

仰南康府勸留教授蔡宗兗

據南康府儒學申看得教授蔡宗兗德任師儒心存孝義今方奉慈母而行正可樂英才之化況職主白鹿當宋儒倡道之區勝據匡廬又昔賢棲隱之地偶有親疾自可將調輒與掛冠之請似違奉檄之心仰布政司備行南康府掌印官以禮勸留仍與修葺學宮供給薪水稍厚養賢之禮以見崇儒之意繳

批江西布政司禮送致仕官呈

據江西布政司呈查勘新建知縣李時告送僉事李素喪歸雲南任內無礙緣由看得知縣李時所呈量才能而知止已見恬退之節因友喪而求去尤見交誼之敦既經查勘明白亦合遂其高致仰司即行該府聽令本官以禮致仕動支無礙官銀置備綵帳羊酒從厚送餞加撥長夫水手資送還鄉該司仍將本

官致仕緣由行原籍官司用彰行誼之美以爲風俗之勸繳

王文成公全書卷之十七

西元二〇二一年六月一日重製一版

陽明全集 冊二（明王守仁撰）

平裝四冊基本定價參仟元正
（郵運匯費另加）

發行人 張敏君
發行處 中華書局
臺北市內湖區舊宗路二段一八一巷八號五樓（5FL., No. 8, Lane 181, JIOU-TZUNG Rd., Sec 2, NEI HU, TAIPEI, 11494, TAIWAN)
客服電話：886-8797-8396
公司傳真：886-8797-8909
匯款帳戶：華南商業銀行西湖分行
179100026931
印　刷：維中科技有限公司
海瑞印刷品有限公司

No. N2026-2

國家圖書館出版品預行編目(CIP)資料

陽明全集/(明)王守仁撰. -- 重製一版. -- 臺北
市 : 中華書局, 2021.06
面 ; 公分
ISBN 978-986-5512-55-2(全套 : 平裝)

1.(明)王守仁 2.學術思想 3.陽明學

126.4 110008824